大 / 学 / 公 / 共 / 课 / 系 / 列 / 教 / 材

DAXUESHENG CHUANGXIN
PEIYU JIAOCHENG

大学生创新素质
培育教程

赵作斌◎主编

北京师范大学出版集团
BEIJING NORMAL UNIVERSITY PUBLISHING GROUP
北京师范大学出版社

图书在版编目(CIP)数据

大学生创新素质培育教程 / 赵作斌主编. —北京：北京师范大学出版社，2021.1(2026.1 重印)

ISBN 978-7-303-27205-1

Ⅰ.①大… Ⅱ.①赵… Ⅲ.①大学生－创造性思维－高等学校－教材 Ⅳ.①G640

中国版本图书馆 CIP 数据核字(2021)第 170982 号

出版发行：北京师范大学出版社 https://www.bnupg.com
北京市西城区新街口外大街 12-3 号
邮政编码：100088

印　　刷：三河市兴达印务有限公司
经　　销：全国新华书店
开　　本：787 mm×1092 mm　1/16
印　　张：17.25
字　　数：347 千字
版　　次：2021 年 1 月第 1 版
印　　次：2026 年 1 月第 8 次印刷
定　　价：55.00 元

策划编辑：周劲含　　责任编辑：吴纯燕
美术编辑：李向昕　　装帧设计：李向昕
责任校对：段立超　　责任印制：马　洁

主编简介

赵作斌　武昌理工学院校长、教授。长期从事高等教育、教育管理等领域研究。主持国家级重点攻关课题1项，省部级课题2项。著有《大学成功素质教育理论与实践》《大学素质学分制理论与实践》等专著10余部。在《人民日报》《光明日报》《中国教育报》《中国改革报》《中国高教研究》《中国高等教育》等媒体或专业教育刊物上发表《论素质》《论素质教育的本质内涵》《素质教育——中国教育的时代标帜》等论文20余篇。在我国高等教育界产生了重大影响。“大学生成功素质教育理论与实践”获国家级教学成果二等奖、湖北省教学成果一等奖；其成功素质教育专著与系列论文获得“亚洲教育改革论坛东京大学高峰会优秀论文”特等奖；《大学素质学分制理论与实践》荣获第七届全国高等学校科学研究优秀成果奖三等奖。主要兼职有：中国人民政治协商会议湖北省第八届委员会委员，第九届、十届、十一届、十二届委员会常务委员；中国民主同盟湖北省第十届、十一届委员会常务委员，第十二届、十三届委员会副主任委员；湖北省中华职业教育社副主任、中国民办教育协会高等教育专业委员会副理事长、中国高等教育学会常务理事、湖北省高等教育学会副会长、湖北省高等教育学会民办教育分会会长等。

编　委　会

序　言

创新是推动人类社会进步和发展的根本动力，是实现国家富强、民族振兴的必由之路。早在2013年，习近平总书记就指出，创新是一个民族进步的灵魂，是一个国家兴旺发达的不竭动力，也是中华民族最深沉的民族禀赋。党的二十大报告指出，“创新才能把握时代、引领时代”。在激烈的国际竞争中，唯创新者进，唯创新者强，唯创新者胜。可以说，任何时代、任何国家的进步都离不开创新，人类文明发展史就是一部创新史。尤其当今世界，科学技术日新月异，经济全球化进程进一步加快，竞争愈加激烈。中华民族要自立于世界民族之林，必须提高国家的创新能力。只有具备强大的创新能力，才能为提升综合国力提供支撑，从而应对各方面的挑战，在国际竞争中赢得先机。

要推进创新、建设创新型国家，必须依靠具有创新素质的人，一个人的创新素质是其积极开展创新实践和取得创新成果的内在决定性因素。在一定环境和机遇下，一个人是否具有创新素质和创新素质的高低，决定了其能否创新和创新成果价值的大小。进言之，国家创新能力也集中体现在国民创新素质的高低及创新型人才的数量和质量上。如果一个国家的国民创新素质较高，就会形成大众创新的社会氛围，促成各行各业蓬勃发展的局面，进而涌现大批高素质的创新型拔尖人才，不断增强国家的创新能力。因此，提升国民创新素质是提高国家核心竞争力的基础。各国的竞争，说到底是人才的竞争，是国民创新素质的竞争，国民创新素质成为一个国家在激烈的国际竞争中立于不败之地的关键因素之一。要提高国家核心竞争力，就必须大力培育和提高国民创新素质。青年学生是中国特色社会主义现代化建设的强大后备军，加强大学生创新素质的培育，不仅有利于他们成长为经济社会发展需要的创新型人才，在中国特色社会主义现代化建设中建功立业，而且有利于促进全体国民创新素质的提高。因此，开展大学生创新素质培育，是提升国家竞争力和建设创新型国家的迫切需要。

然而，尽管大学生创新素质培育的重要性人尽皆知，但如何培育大学生创新素质却是一个待解的难题。这一问题的症结在于尽管素质教育已经提出30余年，但“素质”及“素质教育”的内涵依然众说纷纭。我们认为，“素质”系个体在先天的潜质、潜能和后天的营养、信息(知识)的基础上，通过“开发内化创新”形成的，决定和支配人的言行等外在表现的品质。“素质”作为人的品质，一般由观念、品德、能力、身体、心理五个基本要素构成。在这一过程中，“开发”就是创设一定的条件，通过启发、诱发、激发等方法，激活潜质、潜能，调动内在能动性的过程；“内化”是指汲取营养和接收信息，能动地记忆、理解、吸收和运用知识，实现认知结构重构的过程；“创新”是在开发、内化的基础上，实现认知的飞跃或重构，生成新知识的过程。对潜质潜能的开发，对营养、信息(知识)的内化，以及开发内化基础上的知识创新，三者紧密联系、相互作用，逐渐引起人的内在认知结构的优化与重构，从而使其素质得以形成发展。“开发内化创新”是素质形成和发展的根本方式，大学生创新素质培育亦不例外。

多年来，武昌理工学院以“追求卓越、走向成功”为校训，致力于开展素质教育探究和实践，尤其注重加强对大学生创新素质的培育。经过长期探索，我们认为：创新素质培育是基于素质教育的根本导向和核心要义，遵循“开发内化创新”本质特征和渐进过程，旨在提升学生创新意识、创新精神、创新品格、创新能力。为总结经验、规范培育、促进交流，我们组织编写了本书。本书以大学生的创新意识、创新精神、创新品格、创新能力培育为写作框架，重点细化、突出创新能力的系统教育训练，以期帮助大学生全面提升创新素质，并抛砖引玉，促进学界更多关于大学生创新素质培育的研究和交流。

本书由导论及八章具体内容构成。导论较为系统地介绍了创新的内涵、种类、价值，以及创新素质的含义、重大作用和创新素质培育的基本要求；第一至第三章着眼素质教育中观念、品德等素质基本要素的培育，分别介绍了创新意识、创新精神、创新品格的培育和训练；第四至第八章突出能力这一基本素质，重点从创新思维能力、创新项目选择能力、实验能力、社会调查能力以及创新成果形成能力几个方面，提出了创新能力的培育理论和方法。相对其他创新培育教材而言，本书不是单纯地讲述创新的基本理论知识、创新方法或介绍分析创新案例，而是从素质教育的视角，基于创新素质对于主体创新的决定作用以及素质形成发展的基本规律，着重从认知和训练两方面入手，加强大学生创新素质的培育。同时，本书在系统、科学的基础上，紧贴大学生创新实践的训练，着力帮助大学生解决创新过程中可能遇到的实际问题，突出针对性和实效性。

坚持素质教育是人类社会发展的必然选择，是实现中国梦的迫切需要，更是推进教育改革创新的时代要求。习近平总书记多次明确提出要发展素质教育，推进教育公平，促进学生德智体美劳全面发展。希冀本书的出版，能为大学生创新素质培育乃至素质教育改革贡献绵薄之力。

赵作斌

于梅南山

目　录

导　论

【名人名言】

综合国力竞争说到底是创新的竞争，要深入实施创新驱动发展战略，推动科技创新、产业创新、企业创新、市场创新、产品创新、业态创新、管理创新等，加快形成以创新为主要引领和支撑的经济体系和发展模式。

——习近平

科学的存在全靠它的新发现，如果没有新发现，科学便死了。

——李四光

咱们不能人云亦云，这不是科学精神，科学精神最重要的就是创新。

——钱学森

生活不是静止，而是同静止作斗争，是创作，是创造，是对“永恒旧事物”的吸引力的永恒反叛。

——罗曼·罗兰

在需要创新、充满创新、致敬创新的新时代，开展创新素质培育实践，首先要从理论上搞清楚什么是创新和创新素质，以及如何开展创新素质培育这样两个基本问题。为此，需要全面、系统了解创新的内涵、种类、价值，懂得素质与创新素质的含义、创新素质的重大作用以及创新素质培育的基本要求，从而更加自觉地坚持素质培育的根本导向和核心要义，科学遵循“开发内化创新”① 的本质特征和渐进过程，全面提升自身的创新意识、创新精神、创新品格、创新能力。

① 赵作斌、牛换霞：《开发·内化·创新——高校课堂教学模式新探》，载《中国高等教育》，2019(Z2)。“开发内化创新”模式通过引导、研习、检验、精讲、互动五个模块，来实现“开发潜质潜能、内化知识、促进创新”的教育理念。“开发内化创新”是素质形成发展的根本方式，也是素质教育的教学模式。

一、创新

创新是推动人类社会发展的强大动力，是大学生全面成长进步的必然要求。

（一）创新的内涵

创新是指发现尚未发现的事物或发明、创造从前没有的事物以及改进现有事物的活动。正确理解创新概念的内涵，需要把握如下要义。

1. 创新内涵的核心是“新”，其成果一定是人类尚未发现或从前没有的事物。我们可以把这种“新”分为两个层次：一是世界范围内或某领域最高层次的“新”，亦称绝对的“新”。指在某个领域发现的新的事物或客观规律、对自然或社会现象作出新的科学解释（如马克思主义），或是创造出的世界上前所未有的新事物（如电灯、计算机、人造卫星等）。绝对的“新”是高水平的原始创新，要获得这种创新成果必须具备极高的创新素质。二是局部的“新”或称相对的“新”。指创新成果相对于已有事物来说具有新意，可能在某种理论或方法上有所发展，更加完善，也可能在某种产品的材料、构造、操作、功能、质量、效率等方面更加优越（如液晶电视、袖珍集成芯片等）。无论是绝对的“新”，还是相对的“新”，其成果都具备“新”的核心内涵。人类的活动最常见的是模仿和重复，模仿和重复能延续社会生活、增加社会积累，但其本质上不是创新。可见，“新”是判别创新与否的根本标准。

2. 创新的基本方式是发现、发明、创造和改进。发现指在研究探索中看到或揭示以前不知道的事物或规律，如牛顿发现万有引力，马克思发现剩余价值；发明指运用科学原理解决技术领域中特有问题而提出的创新性方案、方法或形成的创新性产物，如爱迪生发明电灯；创造指把以前没有的事物创立或制造出来，如爱因斯坦创立相对论；改进指改变事物原有状况使之得到提高，重大改进就是革新，即革除旧事物弊端和创造新事物，如现代汽车对第一代汽车的改进和革新，我国载人航天飞船从“神舟一号”到“神舟十二号”的一次次改进和革新。这四种基本创新方式虽有区别，但并非截然不同。

3. 创新与创造、创意、创作等概念既有联系又有区别。创新与创造的主要区别在于：创造是“做出前所未有的事情”，“想出新办法，建立新理论，做出新的成绩或东西”，具有鲜明的“原创性”特征，体现的是事物的质变；而创新包括的范围更广，不仅包括“无中生有”，也包括“有中生新”，可能是事物的质变，也可能是事物形式、内容、质量、功能、效率等方面的变化，其可能是原创性的，也可能是改进性或借鉴性的。只要是事物有“新的进展”，向更有优势方面的“转型”，都可以称为创新。创新与创意的主要区别在于：创意只是一种创新的构想，是创新的起点，如在科学技术和艺术创造相结合方面的设计创意。而创新既包括创意，又体现为创意的实践过程，即将创意转化为可实现的应用过程并且表现为有价值的成果之中。简言之，创新来源于创意，创意是一种创新的想法，而创新包括设想、过程和结果。创新与创作的主要区别在于：创作是指创造文学艺术作品，其对象只限于文学艺术领域；创新的对象极为广泛，包括人类认识所能达到的一切领域。创作的过程是创作者自始至终进行形象思维并通过语言、文字、符号、线条、色彩、声音等表现出来的过程，是创新在文学艺术作品方面的表现。

4. 创新的主体有个体和团队。每个大脑健全的人都具有主观能动性，都具备一定的创新潜能。创新不是少数发明家、科学家的专利，只要潜能得到有效开发，具备一定的创新素质，人人都可以成为创新者。两人以上的联合创新称为协同创新，包括科技社团以及企事业单位组成的团队创新。如今，人类认识和改造世界的深度和广度不断拓展，信息传播进入大数据时代，任何重大创新都离不开合作、协同，团队创新特征越来越突出，也越来越重要。

（二）创新的种类

根据不同标准，可将创新划分为不同种类。

1. 原始创新与改进性创新

以创新成果是否具有原创性为标准，可将创新划分为原始创新与改进性创新。

（1）原始创新

原始创新亦称“原创性”创新，是在某领域“从无到有”的具有开拓性的重大创新。原始创新有五个主要来源：第一，敏锐的观察和独具创意的实验，如1895年伦琴射线的发现。第二，新的科学仪器和装置的发明，如电子显微镜和隧道扫描显微镜的发明为20世纪材料科学和生命科学研究微观结构提供了新的工具。第三，良好的科学基础和前沿性、交叉性的研究，如宇宙背景辐射是在用新型卫星的天线接收系统进行测量时发现的。第四，数学与计算机工具创造性的应用，其可能带来自然科学、工程技术、经济与管理科学方法与理论的突破，如海森伯用矩阵方法创立的矩阵力学和薛定谔用代数方法创立的量子力学理论。第五，对已有科学知识的整理与发掘，如元素周期表便是门捷列夫在前人对大量化学元素研究的基础上总结出来的。

原始创新是最宝贵、最有价值的创新，它不仅会对原有知识体系和技术产生重大突破，发现新原理、新规律或创造出新事物，而且还会催生新的产业，引起产业结构和经济结构的重大变革。在科技竞争日趋激烈的今天，原始创新成为各国科技竞争的制高点。重大原始性科技创新及其引发的技术革命和进步，早已成为产业革命的源头。纵观世界历史，美、英、德、法等西方发达国家，无一不是抓住了历次科技革命的机遇，依靠原始创新引领技术变革和产业发展，步入世界强国之列。英国依靠牛顿发现力学定律、瓦特制成改良型蒸汽机等重大理论和技术创新，最早实现了工业化，进而确立了当时的世界经济中心和科技中心地位。美国借助贝尔发明商用电话、莱特兄弟发明飞机、爱因斯坦发现相对论、肖克莱发明半导体等一系列重大原始创新，迅速发展成为世界第一强国。我国古代以“四大发明”为代表的原始创新对人类社会的发展产生了深远的影响。但近代以来，我国科学技术在原始创新方面严重不足。中华人民共和国成立后，我们取得了“两弹一星”等一大批重大科技成就，科技事业获得长足进步，为我国在短短几十年内成为有重要影响力的世界大国提供了重要支撑。当前我国面临赶超跨越的难得历史机遇，唯有勇立世界科技创新潮头，加强基础研究和原始创新，提升国家科技整体实力和发展潜力，才能占领科技竞争的制高点，赢得发展主动权。

（2）改进性创新

改进性创新是对原有的科学技术进行“从有到新”的改造性创新，即在原有事物的基础上进行部分或整体改进，使之更合理、更有效率、更符合主体要求的一种创新。其特点是在原有事物的性质未发生根本改变的条件下，对其材质、结构、制作技术等方面进行部分或整体的改变，使其在性能、效率、质量等方面状态更佳。改进性创新主要有以下几种。

一是材质的改进，即通过改进某种产品的材质而实现的创新。如作为餐具的碗，有史以来其材质就已经历了多次改进。远古的材质基本上是陶，后来有了瓷质的碗，现代又有了塑料、不锈钢及纸质碗等。制碗所用材质的每一次改进，都可以说是一次创新，因其更有利于人类的使用。

二是结构的改进，即通过改进某种产品的结构而实现的创新。从 1903 年莱特兄弟成功发明飞机，到 1941 年第一架喷气式飞机在英国试飞成功，飞机的材质由木材变成金属，发动机由活塞式变成喷气式，其形体结构也进行了较大改进，其性能大幅度提升，飞机飞得更高、更快、更稳。

三是生产技术的改进，即通过改进生产技术、生产方法，提高生产效率或减少生产成本而实现的创新。例如，维生素 B_{12} 最初是从动物内脏中提取的，提取设备、工艺复杂，原料和产量比例悬殊，故价格昂贵。后来，人们不断探索改进维生素 B_{12} 的生产技术，并且终于有了突破。这一重大改进，给广大患者带来了福音。

四是功能的改变。不管是工业、金融还是服务产品，都可以通过改变其功率、效能、作用等，使之满足用户不断增长的需要。如大型商场过去一般只有销售功能，而通过改进创新，现在融购物、餐饮、娱乐、社交、休闲等功能于一体，大大丰富了人们的生活。同样，手机原来只有接听和拨打电话的功能，通过不断改进创新，其功能大大拓展，涉及人们物质、文化生活的方方面面，成为人们生活中不可缺少的智能工具。

此外，还有对某种对象的存在方式及其发展方向的改进，以及对某种经济社会组织、制度、模式的改进，等等。

改进性创新所起到的作用也是不可估量的。正是对原始创新的一次次改进和深化，创新成果才会越来越完善，越来越能够满足人们的生活需要、带来巨大的经济效益和社会效益。

2. 科技创新、制度创新与艺术创新

根据创新的领域和对象的不同，可对创新作出多种分类，这里重点介绍比较常见的科技创新、制度创新与艺术创新。

（1）科技创新

人们习惯于把科学和技术连在一起，实际二者既有密切联系，又有明显区别。这里所说的“科学”，指研究自然现象及其规律的自然科学。技术泛指根据自然科学原理和生产实践经验制造和使用的工具、设备、技巧、方法和工艺体系等。科学要解决的问题，是发现自然界中确凿的事实与现象之间的关系，研究其内在规律并建立理论。技术的任务则是把科学的成果应用于实践，解决实际问题。因而一般认为，科学解决理论问题，技术解决应用问题。科学重在发现，技术重在发明。科技创新是科学和技术创新的统称，指通过对未知事物或自然规律的揭示创造新知识，并应用新知识、新技术（如采用新的生产方式和经营管理模式研发新产品、创造新工艺、提高产品质量、提供新服务等）的过程，包括科学发现和技术发明。

科技创新具有如下特点。

一是科技创新特指自然科学与技术领域的创新活动，包括发现和揭示自然界中新事物、新规律并形成新的知识及其应用。科技创新在现代社会中与经济活动紧密联系，在企业生产经营中主要表现为发明新工艺、新技术、新产品的开发、产品质量的提升等。

二是科技创新必须建立在实验（试验）的基础上，是一种在实验（试验）中探索、研究对象变化规律的创新活动。科技创新必须具有一定的实验条件，其过程需要结合多种试验情况进行反复分析研究，其结果更需要实验的多次检验、反复证明。有的还需要正向和反向实验，在其中充分发现疑点并合理解释、不断完善，才能产生出经得住社会实践检验的创新成果。

科技创新具有重要的社会意义。纵观古今，人类社会的每一项进步几乎都伴随着科学技术的进步。尤其是现代科技的突飞猛进，为社会生产力发展和人类文明的进步开辟了更为广阔的空间，有力地推动了经济和社会的发展。人类社会的每一项重大科技创新成果的诞生，都成为人类文明跨入新的发展阶段的标志。当今世界，科技创新能力已成为国家实力最关键的体现。在经济全球化时代，一个国家只有具备较强的科技创新能力，才能创造出激活国家经济的新产业，才能拥有重要的自主知识产权，引领社会的发展。

（2）制度创新

制度创新是指在人们现有的生产和生活条件下，通过改变完善现成制度或创设新的制度，以进一步优化资源配置，调动社会成员的积极性和能动性，实现社会持续发展的创新。制度创新是管理层面的创新。

制度创新涵盖很广，种类很多。就不同领域而言，有政治制度、军事制度、经济制度、社会制度、文化制度、教育制度、医疗制度等方面的创新。就不同层次而言，有宏观、中观、微观层面的制度创新。宏观层面如建立和维护一定国际秩序和国家秩序的政治制度、经济制度、军事制度等方面的创新；中观层面如某个领域或某地区在企业制度、教育制度、医疗制度、市政管理制度等方面的创新；微观层面如在某个行业、团队、企事业单位内部的管理制度创新。就不同方式而言，有渐进式制度创新和阻断式制度创新。渐进式制度创新即不变革原有制度主体，在原有制度基础上改变不合理的地方，使之日趋完善；阻断式制度创新即将原有制度推倒，重新建立一种新制度，也就是通常说的革命或革命性变革。

制度创新主要有以下特点。

一是相对于科技创新而言，制度创新属于社会科学范畴。制度创新的对象是人们社会关系的某些规程、准则或在一定历史条件下形成的管理体制和机制。制度创新的核心内容是在理论创新的基础上，变革支配人们在社会生活中的行为和相互关系的规则及其组织架构体系，其结果是激发人们的积极性和创造性，促使新的知识不断创造、社会资源合理配置及社会财富不断涌流，最终推动社会的进步。而科技创新特指自然科学与技术领域的创新活动。这是制度创新区别于科技创新的一个重要特征。

二是制度创新必须以理论或理念创新为前提。任何一项新制度的诞生都是一种新的治理和管理理论或理念指导的结果。如在政治领域，皇权思想和集权理念必然产生专制独裁的政治制度，而民权、民主思想及其治理理念会催生民主政治制度；在经济领域，垄断经济制度是独占经济理念的反映，而自由竞争的市场经济制度是自由竞争经济理论或理念指导的结果。中观和微观的制度创新同样以一定的管理理念创新为前提，如在商品营销方面的代理商制度、特许加盟店制度、直营模式、团购模式、网络营销等，都是以营销理念创新为前提的。

三是制度创新具有较大的风险性。因为制度创新是一种全局性、基础性的创新，如果失败就会带来全局性损失。制度创新必然引起人们的思维方式和行为方式的改变，而人们往往在生活中形成一定的思维和行为习惯，对新的改变可能产生强烈的抵触情绪和行为。特别是政治制度创新是对现存秩序的改变，必然会涉及人、财、物等资源的重新配置，涉及权力和利益的变动甚至重新分配，也就必然影响既得利益者，从而引起他们激烈的反抗。

四是制度创新必须有强大的执行力做保障。制度对全体成员的约束作用，是以有效的执行力为前提的。制度创新如果缺乏执行力的保障，其激励或约束作用就将无法实现，追求的价值目标也无法达成，进而就失去了创新的意义。比如一把新标尺，如果不被人们使用，它就无异于普通的木条或钢板。只有强有力的执行力做保障，才能使制度创新由思想、方案或行动变成改变社会的力量。

制度创新对经济社会发展的巨大作用是不言而喻的。如果说科技创新是生产力方面的创新，那么制度创新则是生产关系方面的创新。人类社会由原始社会、封建社会向资本主义和社会主义社会的发展，都是在生产力发展的基础上，通过制度创新实现的。同时，制度创新可极大促进其他创新。制度创新营造新的制度环境和提供制度保障，既可充分调动社会成员各方面创新的积极性和创造性，也可促进各种创新成果及时转化为推动社会进步的力量。

(3) 艺术创新

艺术是指通过形象塑造来反映社会生活、表现作者思想感情的作品及其创作手段和方法技巧。艺术创新是指对文学艺术理论及特定对象的艺术创作手段和方法进行改进和革新，从而形成新的艺术理论和观念，创作出新的作品，从而至真、至善、至美地反映社会生活，表现作者的思想感情和满足人类的精神需要，促进人类文化的发展。艺术创新涵盖所有艺术领域，包括艺术创作理念、形式、内容、方法、工具、材料等方面的创新。

艺术创新主要有以下特点。

一是追求至真、至善、至美。艺术创新的目的是通过新作品更好地表现作者的思想感情，反映社会生活及满足人类的精神需要。人类的精神需要体现在对真、善、美的追求上。“真”即真实或真诚。“善”即事物发展的合理、和谐和完善，也指人们与人为善的心理和言行。“美”即人们愉悦、美好的体验。由于事物是发展变化的，艺术品受众的认知和情感也是不断发展变化的，人们对真、善、美的感受和体验不可能一成不变，因而艺术创新永无止境。艺术创新总是源于生活又高于生活的，应力图在每一细微之处匠心独运，尽量发掘至真、至善、至美的东西，在创新中追求卓越。

二是需要艺术创意的引领。人类在对客观世界的探索过程中，形成了两种主要思维方式：科学思维与艺术思维。艺术思维就是艺术家在艺术创作活动中，其灵感、想象、情感、理智等经过反复融合而形成艺术创意的过程。这种艺术创意往往在创作过程中不断调整，将更新颖的文化符号融入生产与生活，使得本来未必具备艺术特质的东西具有了真、善、美的内涵，更加为大众所需要和喜爱。艺术创意往往带来新的艺术形象、艺术作品的诞生，任何艺术创新作品都是在一定艺术创意引领下形成的，也是某种艺术创意的体现。

三是现代科技与艺术家创造力的有机结合。如今，计算机及相关技术冲击着传统的艺术表达方式，艺术创新正在经历一场数字化的革命。先进的技术、先进的探索设备及先进的方法和手段，都为艺术创新提供了新的条件和机遇。然而，任何科技都代替不了人类对真、善、美的追求，电脑可以帮助人们进行各种艺术设计，但它不能自己创作出一幅流传百世的珍贵画作。真正的艺术珍品不是靠智能机器“数字化”创作的，而是靠艺术家以独到匠心呕心沥血形成的。当然，艺术家也需要紧跟时代潮流，只有不断更新创作理念，充分利用现代科技创造的各种资源，才能使艺术创新具有强大生命力。

四是新形象塑造中审美性与理性追求的统一。艺术品最基本的特征是形象的审美性。形象的审美性是内容美和形式美的统一，是真、善、美的统一。艺术创新必须塑造新的艺术形象，把生活中的人、事、物的外部形态和内在特征以更美好的形象真实地表现出来，对受众产生更强烈的感染力、冲击力和震撼力。塑造新形象是艺术创新与其他创新最为不同的地方，也是艺术创新反映社会生活进步的特殊形式。艺术创新又不能离开理性。经过创新的艺术形象渗透了艺术家深刻的理性思考。它不是对客观生活图景的随意照搬，而是艺术家经过选择、加工并融入对人生的理解、对社会事物的态度和理性认识的外化和彰显。正所谓源于生活又高于生活。正如鲁迅所说，画家所画的、雕塑家所雕塑的，表面上是一张画、一个雕像，其实是他的思想和人格的表现。

艺术创新也要遵循一定的规律。有人认为，艺术创作不同于其他创新，全凭感觉，有时甚至产生于一时冲动，无规律可言。这样的观点会将艺术创新引入歧途。真正的艺术品必须能够经受住历史的检验。艺术品谁来审美，谁来感受、欣赏和评价，是创作者自己还是他人、社会？艺术品当然首先应满足创作者自己的审美要求。但真正具有生命力、能够经受住历史检验的艺术品，必须能够满足不断进步的社会和人民大众的审美要求。而只有认识和遵循客观规律，才能实现这一目标。一些所谓“当代艺术”中，有些人企图颠覆一切艺术传统和经典，完全凭自己的主观意愿胡乱作为，那不是创新，而是对艺术创新的扭曲。这是大学生艺术创新实践中应该特别注意的问题。艺术创新是艺术发展的动力之一。只有坚持艺术创新，才能为社会不断创造出新的佳作，进而彰显和推动人类社会的进步。

3. 重大创新与一般创新

以创新成果价值和意义的大小为标准，可将创新分为重大创新和一般创新。

（1）重大创新

重大创新是指主体在某领域进行原创性发现、发明、创造或对特定对象的整体进行革新，从而获得具有重大价值的创新成果，为经济社会发展及人类进步作出了突出贡献的创新。

重大创新具有如下基本特征。

其一，创新成果价值重大，能够对人类文明产生重要影响。重大创新的价值主要体现在对于推动整个民族的生存发展以及人类社会发展进步的重要意义上。在自然科学与技术创新方面，经典力学、相对论的发现，材料、能源、生物、医药学、化学等学科的创立，以及蒸汽机、电池、电动机、天文望远镜、显微镜、电报、电话、电子计算机、网络、轮船、汽车、火车、飞机、火箭、飞船等的发明。在社会科学和制度创新方面，有古希腊哲学，中国古代的道家、儒家思想，马克思主义，中国特色社会主义理论的创立，以及乔治·华盛顿等资产阶级的政治家和理论家创立的资本主义民主制度，毛泽东等中国共产党人创立的中国新民主主义制度和中国特色社会主义制度，等等。概言之，那些杰出的政治家、理论家、科学家、发明家、军事家、艺术家、企业家、金融家等的重大创新，无不对人类社会或特定领域（行业）的发展作出了重大改变，产生了重大影响。

其二，创新成果具有突出的原创性。具有原创性的创新亦称原始创新，是相对于模仿性、跟随性、改进性等的创新而言的，指前所未有的重大科学发现、技术发明、原理性主导技术研发等创新。其主要特征一是首创性，即成果的内容、形式等核心要素都是前所未有的；二是突破性，即在原理、技术、方法等某个或多个方面实现突破性变革；三是带动性，即具有“孵化器”作用，对相关领域的理论与实践产生重大牵引作用。原创对于现存事物来说，是新的经典原型，是一种可发展的新的存在。原创不是对既定状态的完善与提升，也不是对已有的存在进行诠释和深化，而是在对现存事物怀疑与否定基础上呈现的破土而出的新生事物。概览古今中外的重大创新成果，不管是自然科学与技术领域还是社会科学和制度领域的重大创新，不管是重大发现、发明和创造，还是对特定对象整体进行的重大革新，无一不凸显出原创性特征。

其三，站在学科前沿，能够代表一定时代相关领域发展的领先水平。所谓学科前沿，一是指能够代表该学科发展趋势的理论学说；二是指制约该学科当前发展的关键性或重大问题；三是指该学科及相关领域在一定时期具有领先性、带动性的成果。重大创新通过解决前沿领域的关键性或重大问题，既可以带动学科内其他相关问题的解决，又可将学科向前推进，使之取得更大的发展。探究和解决前沿问题既是“站在巨人肩头”，通过重大创新促进科学技术发展的关键，也是重大创新的突出特征。

其四，研究过程比一般创新更具风险性。重大创新往往是一项巨大的系统工程，涉及的问题非常多，其过程更加漫长和艰辛，需要战胜的困难更多，需要利用的资源和条件更广泛，因而其风险性比一般创新更大。这就要求创新者信念坚定，敢于直面风险，百折不挠。

（2）一般创新

重大创新之外的创新都属于一般创新。一般创新表现为创新者在社会生活中对特定对象的整体或部分进行改进性的革新，从而获得新的、有价值的成果。

一般创新是最为普遍的创新。每个思维正常的人都具有创新的潜质潜能，创新适合每一个劳动者，而不是少数科学家的专利。就人类创新行为的心理机制来说，渴望改变现状使之趋于理想化是人类创新行为一般的和最为普遍的动机。一般创新源于大众社会生活的需要，与社会生产和生活实际紧密联系，因而一般创新的主体具有普遍性，这也是“万众创新”的重要依据。一般创新的直接结果是促进团体（单位）的发展进步或实现创新主体的美好愿景，虽然其价值有限，难以对国家、民族或人类社会的发展进步产生直接重大影响，但将其放在人类历史发展的长河中来看，无数的一般创新可为社会创造巨大的物质和精神财富，为重大创新积累资源、积蓄力量，进而对人类发展发挥巨大作用。就整个人类社会发展进程来说，正是大多数人取得的无数的一般创新成果推动了人类社会一步步向前发展。没有无数工人、农民、知识分子等劳动者的不断创新，人类社会也不可能进入工业时代和知识经济时代。所谓“人民群众创造历史”，其中就蕴含了一般创新的历史意义。

(三) 创新的价值

创新的价值按照作用对象的不同，可以划分为创新的社会价值和创新的个人价值两个方面。

1. 创新的社会价值

创新的社会价值是创新价值的主要方面，其主要体现在创新对于企业发展的价值、国家发展的价值和人类发展的价值三个层面。

其一，创新是企业生存发展的关键。企业是现代经济运行的主要载体。创新的概念首先是针对企业的经营发展提出的。美籍奥地利经济学家、哈佛大学教授熊彼特首次提出创新概念时，认为创新是一种在生产中的过程性概念。按照他的观点，发明家、科学家可以为企业提供科技服务，但创新者是企业家，企业是创新的主体。创新是企业核心竞争力的主要因素，是推动企业可持续发展的根本动力。其中，发展理念创新可使企业综观行业发展态势，放眼全球，预测将来，找到企业跨越发展的引擎，规避危机，迎接挑战，打开新的发展思路；经营创新可通过建立新的商业模式，进行集团化运作、专业化经营、联动化发展，使企业主动出击，开发新项目，更快、更深地切入已有市场和开辟新的市场；管理创新可使企业建立新的管理体系，完善管理结构，优化整合各种资源，调动各方面积极性，提高和创造新的绩效；科技创新可促进企业改进技术，研发具有行业领先水平、代表行业发展方向的产品、工艺和设备，提升企业的竞争力；产品创新可将科学技术引入生产领域，使企业研发和引入新的产品或服务，或者赋予已有产品新的特性，快速有效地占领市场；文化创新可形成共同的目标价值理念、激活员工的内在动力，增强发展软实力，提升企业的核心竞争能力。还有工艺创新、服务创新等。无论哪一种创新，都会为企业发展带来新的活力。比尔·盖茨正是凭借开发个人微型计算机和包括计算机操作系统在内的一系列创新，使个人计算机成了日常生活用品，进而改变了现代人的工作、生活方式，也为企业创造了巨额的利润。中国的海尔在张瑞敏的带领下营造了创新型的海尔文化，最终从众多的竞争者之中脱颖而出并逐渐成为一个世界级的品牌。这样的例子不胜枚举。

企业的发展一般会经历创业期、成长期、成熟期和衰退期。只有不断创新才能使企业跳出这个生命周期，实现可持续发展。很多老牌的企业正是不断强化自身的创新能力才得以创造出更高的利润，在激烈竞争中立于不败之地。如始创于1969年的中国的万向集团，能够在经济大潮中不断发展的主要原因就是始终坚持把提高自主创新能力摆在增强企业核心竞争力的首要位置，因此实现了持续稳定的发展，该集团的创始人鲁冠球也被称为企业家“常青树”。雷富礼自2000年6月出任宝洁公司CEO以来，就把“让创新融入宝洁所开展的一切活动”作为自己的主要任务，从而挽救了宝洁。可见，创新是现代企业生存发展的关键因素。

其二，创新是一个国家和民族生存、发展与强大的必由之路。不论哪个国家哪个民族，谁保守落后，谁就会处于被动；谁敢于和善于创新，谁就发展快，就强大。古代中国之所以强大，与涌现出的一大批思想家、科学家等创新型人才及其创新活动是分不开的。例如，孔子、孟子、老子、墨子等思想家在理论创新和观念创新方面的贡献，祖冲之在研究历法和圆周率方面的贡献，张衡在研究地震预报、发明地动仪方面的贡献，郦道元在研究水文地理方面的贡献，沈括在天文、律历和医药等领域的贡献，等等。特别是对中国和世界发展产生深远影响的“四大发明”，已成为中华民族的骄傲。近代中国之所以积贫积弱，被动挨打，重要原因之一就是在反动腐朽的封建制度统治下及其思想束缚下缺乏创新。

一些西方国家之所以能迅速成为发达国家，就是因为文艺复兴、启蒙运动、资产阶级革命、产业革命等一系列思想、政治、经济、科技、文化等涉及全社会的创新和变革，极大地促进了经济社会的发展，进而促成了国家经济实力乃至综合国力的强大。18世纪中后期，新型蒸汽机的发明和广泛使用，推动了纺纱等机器制造和交通运输工具的进步，汽船、火车相继诞生。到19世纪上半期，大机器生产基本取代了工场手工业，促使英国首先完成了工业革命，成为当时的世界强国。19世纪70年代，以爱迪生为代表的众多发明家们的发明，以及发电机和电动机的广泛使用，使人类开始进入“电气时代”，进而催生了电力、石油、化学工业及汽车制造和飞机制造业，使美国和德国发展迅速。第二次世界大战后，原子能、计算机、航天技术、生物工程等领域的重大突破，进一步引起了世界经济结构和国际格局的变化。当今世界各国特别是发达国家都在寻找创新突破口，以抢占未来经济与科技发展的先机。美国国家竞争力委员会于2004年向政府提交的《创新美国》计划中指出，创新是把感悟和技术转化为能够创造新的市值、驱动经济增长和提高生活标准的新的产品、新的过程与方法和新的服务。科技创新给美国提供了经济发展的巨大动力，继续巩固了其世界领先的地位。

如今，我国经济正面临着发展与转型交织，机遇与挑战并行的关键时期，要想在激烈的国际竞争中赢得发展的主动权，最根本的是靠科学技术，最关键的是大力提高自主创新能力。创新是我国经济转型成功的根本途径。改革开放以来，我国制造业获得了巨大进步。但是，随着制造成本的上升，我国必须通过技术升级与科技创新提高生产效率及产品质量，实现经济结构调整及可持续发展。只有实现全面创新，才能在激烈的国际竞争中立于不败之地。21世纪是我国全面实现现代化建设的宏伟蓝图、实现中华民族伟大复兴的世纪，党和政府适时确定了创新驱动发展战略，提出“万众创新”、建设创新型国家战略决策，体现出创新对于国家发展强大的重要性。

其三，创新是人类社会发展进步的根本途径。人类社会的发展进步体现在人类整体的生存环境和条件不断改善、幸福指数不断上升，包括生产力不断提高、生产关系不断优化、人们日趋增长的物质和精神需要不断得到满足、社会治理制度不断改善和完善、人类自身包括身心素质在内的综合素质不断提高等。这一切都是在创新的推动下逐步实现的。翻开人类文明发展史，我们可以发现，人类及人类社会的每一个进步都离不开创新：石器的制作，翻开了人类历史的第一页；火的利用和人工制取，使人类告别了“茹毛饮血”的时代；房屋的建造，使人类避免了野兽的袭击，改善了人类的居住条件；农耕技术的一系列发明和推广，使人类的生产力有了长足的进步，带来了数千年的农业文明；蒸汽机的发明推动了工业革命，使世界进入蒸汽机时代；感应发电机的发明，使人类进入了电气时代；计算机的诞生，给人类的智慧插上了新的翅膀。如今，计算机及数字网络已进入人类生活的各领域，引起了社会各领域的深刻变化。可以设想，如果没有创新，就不可能有辉煌的现代文明。人类的发展史，可以说就是一部创新的历史。

从生产方式和社会形态的变更和发展来看，人类社会由原始社会、奴隶社会、封建社会，到如今的资本主义社会与社会主义社会，每一步都离不开重大的社会制度创新。同时，人类智力的发展、素质的提高都离不开创新。人类社会在每一个历史时期都会遇到各种问题，遇到来自各方面的挑战。只有不断创新，人类才能不断发现和解决问题、战胜各种困难，从而延续生存，实现社会的发展进步。在工业社会，人类用不到三百年的时间创造出的财富，比以往几千年所创造的财富总和还要多得多，就是由于科技创新和社会制度创新的相互作用，极大地发掘了社会的创新潜力。21世纪以来，新一轮科技革命和产业变革蓄势待发，全球科技创新呈现出新的发展态势和特征，创新要素在全球加速涌动，对人类经济社会发展的影响越来越深刻。可见，创新是人类及人类社会进步与发展的源泉和强大推动力。

2. 创新的个人价值

马克思在《青年在选择职业时的考虑》中说：“在选择职业时，我们应该遵循的主要指针是人类的幸福和我们自身的完美。不应认为，这两种利益是敌对的，互相冲突的。”① 这里所说的“人类的幸福”是指社会价值，“自身的完美”是指自我价值。在马克思看来，这两种价值不是对立的，而是统一的。因此，我们在讨论创新的社会价值的同时，还应该讨论创新对于主体的个人价值。创新的个人价值主要体现在创新对于实现人生目标和提高自身创新素质的重要作用上。

其一，创新有利于实现积极、有价值的人生目标。每个人都梦想有一番作为，有一个美好的人生，能够为社会做出更大贡献并不断获得幸福感和被尊重感，实现自己的人生价值。创新是实现这种人生价值的根本途径。

---

① 《马克思恩格斯全集》第40卷，7页，北京，人民出版社，1982。

创新有利于创新者为社会创造更大的物质财富或精神财富，从而赢得尊重，也有利于创新者获得期望的资源和生活条件。每个人都是社会的一分子，其人生与社会紧密相连。爱因斯坦说过，人只有献身于社会，才能找出那实际上短暂而有风险的人生的意义。一个人要实现积极、有价值的人生目标，必须通过创新为社会创造更多更大的物质财富或精神财富。或是获得具有重大价值的创新成果，为经济社会发展及人类进步做出突出贡献；或是获得一般性创新成果，促进自身或团队的发展进步。社会也必然对创新者予以相应的回报，或是赞誉和尊重，或是给予适当资源，为创新者提供所希望的生活条件。纵观中外，不少成功者是因创新而成就一番事业的，进而获得社会尊重和人生幸福，彰显人生价值。例如，被称为中国的“杂交水稻之父”的中国工程院院士袁隆平在杂交水稻领域取得重大创新成果，在为国家和人类做出巨大贡献的同时，也获得了崇高荣誉，赢得了全社会的敬仰和赞誉。

在身处困境时，创新有利于创新者有效解决面临的问题和困难，改变生存环境和生活处境，走出困境，实现人生价值。人们在社会活动及其社会关系中总会遇到各种困惑、困难甚至意想不到的灾难，使自己身处逆境甚至绝境。在这种情况下要充分发挥主观能动性，冷静积极地进行创新思维活动，果断采取创新探索行动，以有效解决问题、克服困难，才可能出现和以往不一样的态势和结果，找到“柳暗花明又一村”的感觉，进而改变现状，走出困境。

在身处顺境时，创新能够使创新者不满足于现状，不拘于顺境，挑战自我，追求卓越，不断超越，实现人生价值，不论在平凡岗位上还是在重要工作中，都能尽量将自身的优势、能力以及所能使用的资源发挥到极致，把事情做得尽善尽美，进而超越自我，超越前人，实现更大的人生价值。同时，创新能使创新者更有宽度、更有深度地观察和思考自己所处的世界，开拓人生空间，拓展更大的发展平台，尽量放大人生价值，使自己的人生更加丰富多彩。

其二，创新有利于创新者提高自身创新素质。人的素质特别是创新素质是在实践中对自身潜质潜能开发和对知识内化而形成和发展起来的。创新是最重要的实践活动，最有利于创新素质的提升。

创新能够充分开发和发展人的内在潜质潜能。在创新实践中，需要在繁纷复杂和变化着的事物中发现问题，选择合适的创新项目，确定创新目标，设计创新方案或制订计划，整合各方面的资源和有利因素创造性地解决问题，进而形成创新成果。在整个创新过程的每一个环节，都需要创新者开动脑筋，充分发挥主观能动性，开展前所未有的挑战性的劳动。一方面，需要诱发、激发、激活自身内在的潜质潜能，为创新提供能量，从而使原有的潜质潜能得以充分开发；另一方面，在创新实践锻炼中通过能动地接收、加工、处理新的知识，往往能够引起创新者原有身心组织结构的重组及其功能的拓展，从而发展原有的潜质潜能。

创新能够促使创新者加速对相关信息和知识的内化。创新者在创新实践的每一个环节中，都需要不断接收新的相关信息、知识并结合实践需要能动地加工、处理和运用，一方面可为创新提供新的思路、新的方法，进而形成新的解决方案；另一方面又使创新者重新审视自己原有的认知结构和认知能力并加以调整或重组，形成新的创新意识、创新精神、创新意志、创新能力等，进而使自身创新素质得以发展和提升。

经常进行创新活动，遇事首先想到能否通过创新解决，可强化自己的创新意识。在创新过程中感受和体验到愉悦，可进一步培养自己的创新兴趣。创新过程中往往会遇到很多挫折，需要克服困难，敢于挑战，承担风险，因而可进一步培养自己的创新意志，提高自己的创新能力。

二、创新素质

创新是人积极发挥主观能动性的过程，在此过程中，人的创新素质起着决定性作用。古今中外的大师们在创新征途上不懈奋斗而取得卓著成就的根本原因，就在于他们具有突出的创新素质。培育创新素质，需要了解创新素质的含义及其对于创新的重要意义。

（一）创新素质的含义

创新素质是由创新意识、创新精神、创新品格、创新能力构成的特质。这种特质体现了主体改变旧事物、探索和创造新事物的积极性和能动性。判断一个人是否具备创新素质，就看其是否具备一定的创新意识、创新精神、创新品格、创新能力。理解创新素质的概念需要把握如下要义。

其一，创新素质是一个人最有价值的综合素质之一。素质是一个人的品质，包括观念、品德、能力、身体、心理等基本要素。而创新素质体现了主体不满足于现状，敢于超越，追求卓越的积极性和能动性，是最优秀的素质之一。人人都具备一定的素质，但不一定都具备创新素质。比如，就观念而言，一般人都有趋利避害、追求幸福美好生活的观念，而不一定具备遇事首先想到能否创新的意识和敢于挑战，勇于开拓，尽力通过创新把事情做得更快、更好、更完美的精神；就品德而言，绝大多数人都具备一定的社会公德和职业道德，但不一定都能够做到在创新实践中不剽窃、不造假、不侵犯他人利益等；就能力而言，人人都具备一定的社会生活和社会实践能力，但不一定都具备以新颖的思维，多视角、多维度地发现问题和解决问题的创新能力；就心理而言，绝大多数人都具备一定的心理素质以适应所处的环境和工作，但不一定都具备强烈的创新动机、浓厚的创新兴趣、顽强的创新意志等心理素质。故而，创新素质是一个人最优秀的素质之一。如果说综合素质代表一个人的长度和宽度，那么创新素质就代表其高度。一个人的创新素质，决定了其人生业绩及其价值；社会公众创新素质，决定了一个社会经济社会发展的速度和质量。

其二，创新素质包括创新意识、创新精神、创新品格、创新能力四个基本要素。创新者必须具备的创新素质包括：强烈的好奇心、始终如一的创新欲望、献身科学和人类事业的内在动力、尊重事实和敬畏科学的品质、坚定的自信心、合理的知识结构、敏锐的洞察力和丰富的想象力、信息处理能力、定量的数理分析和严密的逻辑推理能力、正确的研究方法、优秀的创造性思维品质、善于发现问题的能力、组合建构的能力、较强的实验动手能力、善于在合作中运用群体智慧、面对任何困难与挫折永不言弃等等。这些品质都可以用创新意识、创新精神、创新品格、创新能力来概括。比如，强烈的好奇心、始终如一的创新欲望等都是创新意识所包括的内容；尊重事实和敬畏科学的品质、敢于打破常规和突破传统的勇气等都可以用创新精神概括；知识、方法、思维和实践能力等都可以用创新能力概括；善于在合作中运用群体智慧、面对任何困难与挫折永不言弃等都包含在创新品格之中。可见，创新意识、创新精神、创新品格、创新能力是创新素质的基本要素。明确这些基本要素，既便于正确认识和把握创新素质内涵，又便于有的放矢地进行创新素质的培育训练。而判断一个人是否具备创新素质，就要看其是否具备一定的创新意识、创新精神、创新品格和创新能力。

创新素质的构成要素如图 0-1 所示：

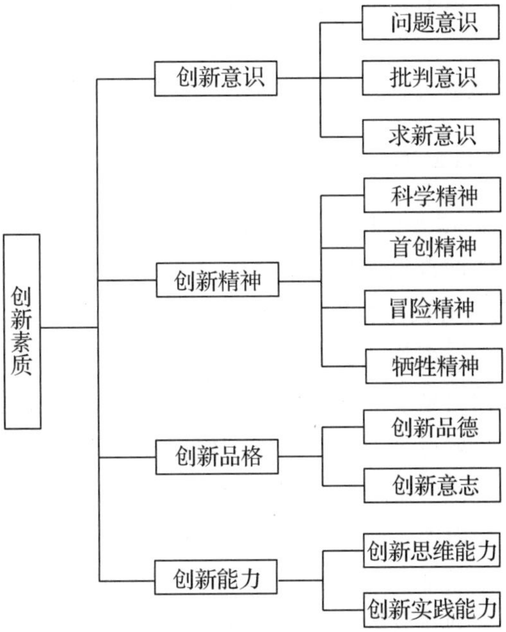

图 0-1　创新素质的基本要素

其三，创新素质决定和支配创新行为。素质是决定和支配人的外在表现的基本品质，创新素质决定和支配创新者的创新行为。创新者的任何创新行为都是其创新素质的外化。一个人如果没有一定的创新素质，就难以产生创新的动机和行动，或有了某种创新行动就浅尝辄止，半途而废，难以达到创新目标。在一定的环境和机遇下，一个人是否具有创新素质和创新素质的高低，决定其能否创新及其创新成果价值的大小。一个人如果缺乏强烈的创新意识和创新精神，就不可能产生创新欲望，更不会寻找和选择有较大价值的创新项目。如果缺乏较强的创新能力，就不可能发现问题和解决问题，进而取得创新成果。同样，一个人如果缺乏顽强的创新意志，就不可能战胜创新过程中出现的各种困难而最终取得成功。因此，要想有卓越的创新行动和丰硕的创新成果，就必须注重创新素质的培育和提高——这是创新素质培育的重要理论依据之一。

其四，创新素质是可以通过培育而形成发展的。创新素质形成提高的重要途径是对潜质潜能的开发和相关知识的内化。就整体而言，人类特有的脑细胞及身心结构使每个人都具有接受知识和学习、思维等潜能，这使得每个人创新素质的形成和发展成为可能。就个体而言，不同的人的潜质潜能存在差异。多元智能理论及智能商数学说早就表明，人的潜质潜能是多样的，有的在这方面突出，有的在那方面彰显，教育只有尊重不同个体的智能差异并进行有针对性的开发，才能促进其个性充分发展。“开发”就是创设一定条件，通过启发、诱发、激发等方法，激活并发展潜质潜能，调动内在能动性的过程。“内化”是指能动地记忆、理解、吸收和运用知识，汲取营养和实现认知结构重构的过程。“创新”是在开发、内化的基础上，在思维中产生认知飞跃或重构的过程。人的潜质潜能蕴含的能动性及其接受的知识不断更新，为其创新素质的不断提升提供了前提。

（二）创新素质的重大作用

深入认识创新素质的重大作用，有助于我们理解培育创新素质的重要意义，进而增强培育创新素质的自觉性和主动性。

1. 创新素质是创新的决定性因素

辩证唯物主义认为，事物变化发展是内因和外因共同作用的结果。外因是事物变化发展的条件，内因是事物变化发展的根据，外因通过内因而起作用。人能否积极开展创新，能否取得创新成果，也是内因和外因共同作用的结果。虽然任何人的创新行为都离不开一定的自然、社会等外在条件，但这些外在条件都是外因，而人的创新素质是内因，是其能否积极开展创新实践和取得创新成果的内在决定性因素。在一定环境和机遇下，人是否具有创新素质及其创新素质的高低，决定着其能否创新及其创新成果价值的大小。

第一，创新意识的强弱决定了人能否积极主动地开展创新活动。具有强烈创新意识的人，会在社会生产和社会生活中产生强烈的创新欲望，表现出强烈的问题意识、质疑意识、求新求异意识，自觉形成一种创新思维习惯，能够敏锐而准确地发现问题、提出问题并在问题引导下积极主动地开展创新行动。如海尔集团不断强化员工的创新意识，创设不同级别、不同领域的创新奖项，激励全员创新。

除不断完善优化其拳头产品——海尔冰箱外，还不断拓展产业领域、开发新产品。员工强烈的创新意识成为企业不断发展的原动力。而缺乏创新意识的人，做事往往按部就班、墨守成规，容易坐失良机。

第二，是否具有创新精神决定了人在创新活动中能否追求卓越。创新程度有深有浅，目标有高有低，价值有大有小。具有创新精神的人，在创新活动中能够充分发挥能动性，敢于挑战权威和习惯，想前人和他人所不承想或不敢想，为前人和他人所不曾为或不敢为，不断追求更加有价值的创新目标，加深创新程度，为追求卓越的创新价值而敢于承担代价，不怕失败甚至不怕牺牲，唯真求实，精益求精，从而为创新活动提供不竭的精神动力。而缺乏创新精神的人，往往在权威定论和现存习惯势力面前缩手缩脚，不敢做前人或他人未做之事，或浅尝辄止，难以进一步加深创新程度。

第三，是否具有优良的创新品格决定了人在创新活动中能否自律和自强，表现出优良的创新品德和顽强的创新意志。创新活动总是在一定社会环境中进行的，涉及各种社会关系，必然受到相关法律法规和道德规范的制约。同时，创新活动不可能总是一帆风顺或一蹴而就的，必然会遇到难以预测的困难和艰险。一个人如果具有优良的创新品格，就会自觉遵守相关法律法规和各种行为规范，表现出严谨和自律。如强烈的社会责任心、诚实守信、不剽窃不造假、创新过程中不损害他人和社会的利益、在团队合作中积极主动承担责任和义务等，进而赢得社会的认可与支持。同时，不管遇到什么艰难险阻，都能够专注执着，不达目的不罢休，表现出坚定的决心和坚忍的毅力。反之，一个人如果缺乏创新品格，在创新活动中就不能自律，容易在名利面前失德甚至失节，影响和危害他人与社会的利益；同时，也可能在遇到逆境的时候动摇决心，丧失信念，使创新半途而废。

第四，创新能力的高低决定了一个人能否又好又快地取得创新成果，最大限度地实现创新价值。创新的出发点和落脚点在于取得创新成果、实现创新价值，其中起关键作用的是创新能力。一个人创新能力的高低直接决定其创新价值的大小。如果有很强的创新能力，就能够运用与众不同的创新思维，敏锐地发现问题，提出创建性的分析问题和解决问题的思路和方法，充分利用和创作资源，调动各方面的积极因素开展创新活动，进而高质量地取得创新成果，实现创新价值的最大化。比如，一个人如果具备较强的逻辑思维能力，就能够正确认识事物发展的规律，自觉运用逻辑规律发现问题并找到解决问题的路径，由已知推导和预测未知；如果具备较强的想象、联想等思维能力，就能够冲破传统思维定式，找到创新灵感，大胆想象和假设，以灵活、新颖的形式，多视角、多维度探究事物的发展；如果具备较强的创新实践能力，就能够正确选择创新项目，制定出科学、合理的创新方案，有效进行创新的组织管理和创新实验，进而形成高质量的创新成果。相反，一个人如果缺乏创新能力，就会常常感到力不从心，要么看不到问题或看到问题但找不到解决问题的思路和方法，要么总是事与愿违，老走弯路，创新行动的结果与愿望大相径庭，难以产生满意的创新成果。

2. 创新素质是不断实现人生价值的关键

从个人层面看，开展创新活动的直接动机是追求事业发展和人生进步，在实现人生价值中取得更大成功。人生价值体现在人自身的精神和物质生活的满足感和幸福感，以及对家庭和社会的贡献。人的生命是有限的。一个人能否在有限的生命中创造出更高的价值，关键因素之一就是其是否具有创新素质及创新素质的高低。创新素质是人的综合素质的精髓，对事业发展和人生进步具有决定性作用。这正是培育创新素质的重要理由之一。

首先，创新素质可促使人们不断调整和提高人生目标，提升人生价值。任何人的人生目标都不是一出生就确定的，而是随着人生的发展变化而不断调整、逐步形成的。创新素质对人生目标的形成发展起到重要作用。追求事业发展和人生进步，实现积极、有价值的人生目标是每一个进步青年学生的梦想，是人们前进的动力。而具备一定的创新素质，人就会不断调整和提高人生目标。比如，一个具有一定创新素质的工人，就会梦想在工作岗位上有所创新，进而成为岗位标杆、技术能手、行业能人或被提拔到领导岗位；一个具有一定创新素质的某层次负责人，就会通过创新使自己所在的单位蒸蒸日上，进而得到提升；一个具有较高创新素质并在某领域取得一定创新成果的人，就会追求取得更大的成果，成为相关理论家、科学家、发明家、艺术家或金融家；一个具有一定创新素质的创业者，就会追求成为有成就的企业家；等等。事实证明，凡是有所成就者，往往都具备一定的创新素质。创新素质越高，其取得的成就就越大，人生价值也越大。

其次，是否具备创新素质决定了一个人能否驾驭环境和把握机遇。任何人都生活在不断变化发展的自然和社会环境中，在与这些环境的联系中会不断产生新的需求和遇到新的挑战，不断涌现创新机遇。具备创新素质，就能够适应各种环境，发现、预测、把握机遇甚至创造机遇，进而充分整合、利用各方面的资源，调动各方面的积极因素进行创新。相反，缺乏创新素质，就会在顺境中安于现状，不愿通过创新获得发展，即使置身于机遇包围之中，也往往和机遇失之交臂；或在逆境中一筹莫展，自然也不会主动去捕捉创新机遇、发掘创新资源、创造创新条件。

最后，是否具备创新素质决定了一个人能否在其生涯中取得更大的业绩和成就。事实证明，任何人要想在其生涯中取得更大的业绩和成就，就必须创新。而创新是一个系统工程，是一种复杂、严谨的劳动，需要具备较强的创新意识和创新精神，有突出的创新思维能力和实践能力等方面的素质。一个人具有强烈的创新意识和创新精神，就会产生强烈的创新动机，形成一种自觉的创新思维习惯，表现出强烈的创新积极性和能动性，及时发现问题，形成一种强大的创新内在驱动力。一个人具备较强的创新能力，就能迅速找到问题的关键所在，创造性地解决问题，从而为经济社会发展创造更多财富，取得更大的人生业绩和成就，提升人生价值。历史上一些对社会发展做出重大贡献的人的例证，无不表明创新素质对一个人取得人生伟大成就的重要作用。世界公认的蒸汽机改良者瓦特，由于家境贫苦和体弱多病，没有受过完整的正规教育，一直坚持自学，早年当徒工时繁重的劳动和艰苦的生活磨炼了他坚韧的个性，也使他练就了精湛的手艺并对以蒸汽作动力的机械产生了浓厚的兴趣。凭借着自己的勤奋好学，瓦特熟悉了蒸汽机的构造和原理，经过多次改进，克服重重困难，终于获得成功。瓦特改良的蒸汽机是对近代科学和生产的巨大贡献，具有划时代的意义，它推动了第一次工业技术革命的兴起，极大地推进了社会生产力的发展。这样的案例举不胜举，可见，强烈的创新意识和社会责任感、超人的胆识和非凡的智慧、卓越的创新能力、坚韧不拔的创新意志等创新素质，是一个人能够取得伟大成就的内在决定性因素。

3. 国民创新素质是国家核心竞争力的基础

从国家层面看，国民创新素质是国家核心竞争力的基础。只有加强创新素质培育，才能有效提高国民的创新素质，实现“创新驱动”战略，建设创新型国家，进而实现中华民族伟大复兴的中国梦。

当今世界，科学技术日新月异，经济全球化进程进一步加快，竞争愈加激烈。国家竞争力体现在政治、经济、军事、科技、文化、教育以及国民素质、民族凝聚力等多方面，其核心是国家的创新能力。综合国力竞争说到底是创新的竞争，一个国家只有具备强大的创新能力，才能随时应对各方面的挑战，为增强各方面的竞争力提供支撑，从而为其在各种国际竞争中赢得先机。人是生产力的第一要素，也是创新的第一要素，任何创新都必须依靠具有创新素质的人，因而国家创新能力集中体现在国民创新素质及创新型人才的数量和质量上。一个国家的国民创新素质较高，就会形成大众创新的社会氛围，涌现出大批高素质的创新型拔尖人才，促成各行各业生机勃勃的发展局面，不断增强国家的创新能力。各国的竞争，说到底是创新人才的竞争，是国民创新素质的竞争。国民创新素质已成为一个国家在激烈的国际竞争中立于不败之地的关键因素之一。要提高国家核心竞争力，就必须大力培育和提高国民创新素质。

美国、日本等发达国家都非常重视通过提升国民创新素质以提高国家的创新能力。美国形成了全社会立体式的创新教育体系，政府、企业、民间组织都大力倡导、支持创新，营造了良好的创新环境和氛围。相关机构制定了一系列政策法规引导创新教育的实施。1985 年，美国促进科学协会制定了《普及科学——美国 2061 计划》，旨在帮助美国儿童学会如何思考、学习和创造。1991 年，美国总统布什制定了《美国 2000 年教育战略》，大力推进教育创新改革。2015 年，美国国家经济委员会和科技政策办公室联合发布了新版《美国国家创新战略》，强调建立完善的创新环境可以充分调动创新的积极性。国会还通过《美国竞争法》，用法律保障创新人才培养。此外，美国还通过职业移民、招收留学生及国际交流与合作政策吸引国外高素质的创新人才。

日本也十分重视鼓励国民创新。日本内阁每年都要发布《科学技术创新综合战略》，其中都包含最大限度地发挥民众创新活力的内容。2007年，日本内阁正式审议通过了《创新25战略》，提出通过全民创新以应对日本面临的种种挑战。2017年，日本内阁出台了《科学技术创新综合战略2017》，重点论述了日本未来国家层面的科技发展方向，强调在全民参与基础上推进"官、产、学"一体化，重点激发年轻研究人员及风投企业的积极参与。发达国家的发展经验已经证明，要发展必须创新，要创新必须提高全体国民的创新素质。

纵观中华民族数千年的文明史，创新是中华民族精神的重要组成部分。《尚书》云："苟日新，日日新，又日新。"《周易》云："天行健，君子以自强不息。"这些话都是在告诉人们，人要不断奋斗，永不停息，勇于创新，不断变通。有资料统计表明，16世纪以前，影响人类生活的重大科技发明约有300项，其中中国人的发明占175项。英国人李约瑟在《中国科学技术史》中写道，"在现代科学技术登场前十多个世纪，中国在科技和知识方面的积累远胜于西方"。但是，必须承认，近代以后中国国家创新力逐渐衰落并长期处于落后的局面。造成这一局面的根源，在于西方列强的入侵、封建统治下腐朽的政治经济体制及封建思想束缚下国民创新素质的匮乏。中华人民共和国成立后，我国实现了民族独立和人民解放，为传承和弘扬中华民族伟大创新精神奠定了根本政治基础。我们实现了从站起来、富起来到强起来的伟大变化，尤其新时期以来，我国创新型国家建设不断发展，"天宫""蛟龙""天眼""悟空""墨子""大飞机"等重大科技成果相继问世，展示了创新驱动发展战略大力实施、创新型国家建设的丰硕成果。人类创新的步伐不会停止并必将越来越快，国际社会在创新领域的竞争也更加激烈，这要求我们必须继续持续不断地下大力气提高国民的创新素质，增强国家创新能力，以推进中华民族伟大复兴。

（三）创新素质培育的基本要求

根据前述创新素质的含义及重大作用，创新素质培育必须以素质教育为根本导向，顺应时代和国家关于提升国民创新素质的根本要求，其实质是基于素质教育的根本导向和核心要义，遵循"开发内化创新"本质特征和渐进过程，旨在全面提升受教育者的创新意识、创新精神、创新品格、创新能力，并进而从根本上提升其观念、品德、能力等素质基本要素的教育训练活动。鉴于素质教育包含两大根本要义：就教育根本目的而言，素质教育是促进全面发展与个性发展相统一的教育；就教育的根本方式而言，素质教育是实施"开发内化创新"的教育。因此，创新素质培育实践中亦应坚持以下基本要求。

1. 创新素质培育必须促进受教育者的全面发展

素质教育首先是促进受教育者全面发展的教育过程，这是由素质的五大基本要素（观念、品德、能力、身体和心理）决定的。马克思主义认为，衡量人类和社会文明进步的标准在于人全面发展的水平。因此，素质培育作为培养和提高人的素质的活动，就要促进受教育者素质的五个基本要素全面、协调发展。其中，观念和品德教育是素质培育的灵魂，能力培育是素质教育的重点，身体和心理培育是素质培育的前提。创新素质作为最优秀的个体素质，其培育亦应包括创新意识、创新精神、创新品格、创新能力的全方面系统提升，从而使受教育者全面发展，成为健全的人。

2. 创新素质培育必须促进受教育者的个性发展

每个人都是不同于他人的特殊存在。由于个体潜质潜能的差异以及后天所处环境和接受教育的不同，每个人必然表现出不一样的个性。正如世界上找不到两片完全相同的叶子一样，世间也没有两个素质基础完全相同的人。素质培育只能在受教育者原有的素质基础之上进行，对每个人的个性进行挖掘和开发。因此，素质培育除了培养品质健全的人外，还要培养个性发展的人。发展人的个性，就是发掘人的价值，彰显人的灵性，激发人的创造力。可以说，个性发展是科学之源，是艺术之源，是创新之源。没有个性发展，就没有科学、没有艺术、没有创新。因此，创新素质培育亦应以尊重个性为出发点，否则创新就无从谈起，培养的人才就没有竞争力，就不能解决“钱学森之问”，也难以培养出中国特色社会主义建设所需要的拔尖人才。

全面发展和个性发展是素质教育根本目的的两个方面，不可偏废。素质教育是促进受教育者的全面发展与个性发展相统一的教育过程，忽视任何一个方面都不是真正的素质培育，都背离了素质教育的本质。也因此，创新素质培育亦应是受教育者全面发展与个性发展的有机结合，要求在全面发展的同时个体的特殊潜质也得到充分开发，从而最大限度地发挥人的能动性与创造性，实现人的全面自由发展。

3. 创新素质培育必须实现“开发内化创新”

素质形成发展的根本方式决定了素质教育必须坚持“开发内化创新”。素质教育的开发，主要是受教育者潜质潜能的开发，是指在发现个体潜质潜能差异和优势的基础上，尽可能地利用创设好的环境和条件，通过启发、诱发、激发等方法，激活受教育者的潜质潜能，进而调动其内在能动性、积极性和创造性的过程。开发包括“发现—创设—激活”三个步骤。“发现”是开发的起点，指通过观察、关注等方法发现受教育者个体的潜质潜能差异及其闪光点；“创设”是开发的条件，指为了实现“激活”而进行的环境准备；“激活”是开发的核心与关键，指充分利用信息、知识、情感等予以启发、诱发、激发，使受教育者潜质潜能得到活化。开发的基本要求是针对不同潜质潜能实施不同的培育方法，切忌“一刀切”和揠苗助长。可以采取多样化的方式和手段进行开发，注重启发诱导、循循善诱。通过开发，受教育者潜质潜能达到活化状态，为下一步的内化做好充分的准备。

素质教育的内化，主要指受教育者自我内化，是指受教育者在活化的潜质潜能基础上，对信息选择性接收，对知识理解性记忆、加工、消化、掌握、运用，促成自身认知结构重构从而形成素质的过程。信息（知识）内化的过程包括“认知—认同—运用”三个步骤，具体来说，就是受教育者首先从外界选择和过滤信息、接收和认知知识，然后在理解、消化基础上与自身认知结构结合并认同，最后实现对知识的掌握和运用，进而形成素质。内化是受教育者的主观能动过程，但也离不开学校提供的教学条件和环境。教师的作用是向学生提供前沿科学知识，采用科学的教育教学方法，充分尊重学生的主体地位，挖掘学生的学习潜能，调动学生多种感官参与学习活动，引导学生讨论、探究和实践，促进学生创造性地学。“填鸭式”“灌输式”方法是与素质教育格格不入的。素质教育的教育方法包括启发式、研究式、互动式、实战式等，使受教育者在自主探究中实现认知结构的重构，生成自身素质。

素质教育的“创新”是实施“开发”“内化”的最终目标、结果和必然要求，是指在开发、内化的基础上，受教育者经过系统的教育训练，能动地自觉创新并实现认知的飞跃或重构，并生成新知识的过程。信息时代，大数据、云运算、“互联网＋”等技术迅速发展，知识更新换代的速度越来越快，社会经济发展比以往任何时候都更加依赖于知识的生产和更新。所以，素质教育必然要培育受教育者的创新素质，尤其是知识创新能力。具体包括两个方面，一方面是针对具体受教育者的个性潜质潜能或特长，通过进一步的教育方式或训练手段，着力培育受教育者的创新素质；另一方面是受教育者在知识内化的基础上，执着钻研其感兴趣的某一领域或方向，探寻新发现、揭示新规律、生成新知识、创造新方法等，做出了创新性成果。

总之，素质教育是以“开发内化创新”为本质特征，以促进受教育者全面发展和个性发展相统一为根本目的的教育理念和训练模式，这既是素质教育的本质属性、基本特征、评价标准，也是大学生创新素质培育必须坚持的根本导向和基本要求。

第一章　创新意识的培育

【名人名言】

在党内和人民群众中，肯动脑筋、肯想问题的人愈多，对我们的事业就愈有利。干革命、搞建设，都要有一批勇于思考、勇于探索、勇于创新的闯将。没有这样一大批闯将，我们就无法摆脱贫穷落后的状况，就无法赶上更谈不到超过国际先进水平。我们希望各级党委和每个党支部，都来鼓励、支持党员和群众勇于思考、勇于探索、勇于创新，都来做促进群众解放思想、开动脑筋的工作。

——邓小平

敏于观察，勤于思考，善于综合，勇于创新。

——宋叔和

想出新办法的人在他的办法没有成功以前，人家总说他是异想天开。

——马克·吐温

提出一个问题往往比解决一个问题更重要。因为解决问题也许仅是一个数学上或实验上的技能而已，而提出新的问题，却需要有创造性的想象力，而且标志着科学的真正进步。

——爱因斯坦

创新意识是创新活动得以开展的原动力。本章重点介绍创新意识中的问题意识、批判意识和求新意识以及创新意识训练的基本方法。

第一节　创新意识

思想是行动的先导，创新行为的产生离不开创新意识的萌发，培育创新素质，必先从创新意识的培育开始。

一、创新意识的含义与作用

创新意识表现为人进行创新活动的主观趋向性习惯，是创新欲望、动机、兴趣和情感等创新趋向性习惯的总和。它在人类意识活动中是积极的、富有成果性的，是人们进行创新活动的出发点和内在动力。

创新意识对创新活动的作用主要表现在三个方面：第一，创新意识驱使创新行为产生。创新意识是创新行为的触发器，是进行创新活动的基础。第二，创新意识对创新活动具有推动作用。创新意识中的创新兴趣是人们期待探索和认识某一事物时思维和注意力高度集中的一种心理，是积极探索某种事物或某种现象的本质和规律的一种心理特征，能够推动创新活动的进行。如果一个人对周围的事物和现象不感兴趣，就谈不上创新了。第三，创新意识为创新活动提供直接动力。创新意识能够为创新活动提供直接的动力源泉，直接影响创新活动的深入程度，并为创新活动提供动力支持。

二、创新意识的内容

创新意识主要包括问题意识、批判意识和求新意识。

（一）问题意识

问题本质上是认知不平衡在头脑中的反映。一个人碰到令自己感到困惑的问题时，就有可能受到刺激，去进行反省性探究，试图寻求解决策略，从而产生问题意识。

问题意识是指问题成为人感知和思维的对象，从而在其心里形成一种悬而未决但又必须解决的求知状态。问题意识会激发强烈的学习、探究愿望，从而使人注意力高度集中，积极主动地投入学习，勇于探索、创造和追求真理，直至问题解决。没有强烈的问题意识，就不可能激发探究的冲动性和思维的活跃性，更不可能激发创新行为。

1. 问题意识的含义

第一，问题意识显示的是一种心理状态，其往往表现为强烈的怀疑、困惑、好奇、探究等心理，这种心理状态驱使人们积极思考、不断提出和解决问题，直至有新的发现。

第二，问题意识起因于认知不平衡的矛盾冲突。当一个人遇到问题时，首先要检查已有认知结构，然后和当前认知情境进行比较，如果已有认知结构可以解释或解决当前认知任务，则问题意识无法形成。只有认知不平衡时，人们才能意识到问题的出现，并对问题的状态、类型、性质、目标和特征有初步认识，然后调动知识储备等认知资源，比较已解决的问题情境与当前问题情境，形成问题意识。

第三，问题意识是一种动力因素，可以激发探究行为。问题意识可以激发强烈的学习、探究欲望，并促使人们为解决问题而行动。因此，仅仅发现问题但没有激发探究行动的心理状态不能称为问题意识。

第四，问题意识与发现问题直接相关。创新始于问题，问题是生长新思想、新方法、新知识的种子，不能发现问题，就不会有解释问题和解决问题的思想、方法和知识。

第五，问题意识与提问密切相关。人们以质疑、求索的精神和态度审视认识对象并形成问题后，往往会通过提问的方式去寻求答案、寻求帮助。但问题意识不仅仅包括提问，还包括分析问题、解决问题，进而敏锐地察觉新问题，因而会提问并不一定就说明具有问题意识。当然，具有强烈的问题意识必然具有较高的提问能力。

2. 问题意识的表现

第一，困惑。困惑是浅层次的问题意识的表现。人们在某一情境中出现的困惑状态，实为一种“愤”“悱”状态，稍加点拨，就可以提出或解答某一问题。

第二，怀疑。怀疑是问题意识的一种重要表现。只有持批判和怀疑的态度，才能由质疑进而求异。有提出问题的欲望和冲动，才能提出新的问题，突破传统观念，大胆创立新说。

第三，好奇心。好奇心是问题意识的典型表现。强烈的好奇心将驱使人们对新出现的情况和新发生的变化及时做出反应，发现问题，追根寻源，激起探索欲望，促进创新活动。

培养创新意识，必须重视问题意识。强烈的问题意识体现了人的思维品质的活跃性和深刻性，能够促使人们去发现问题、解决问题，直至产生新的发现。

（二）批判意识

批判意识是人们在一定认识的基础上对事实或者现象持有的大胆怀疑、自觉反思、合理扬弃、勇于挑战和超越等意识的集合体。批判并不是简单地唱反调、不赞成。《辞源》将“批判”解释为“评论是非”，可见其具有审视、反思、超越以及创新等含义。

科学批判必须符合以下要求。

第一，批判须在一定标准和价值观指导下进行，具有价值取向性。

第二，批判的主体必须具备思想、人格、精神的独立。

第三，批判的基本含义是运用理性进行实事求是的分析，具有反思性。反思既是批判的必要前提，也是批判的本质特征。

第四，批判的目的是创新。以往的“哲学家们只是用不同的方式解释世界，问题在于改变世界”①。改变世界正是批判的最终目的和意义之所在。具有批判意

① 《马克思恩格斯选集》第1卷，57页，北京，人民出版社，1995。

识的人，对既有的观点、学说不是简单地肯定或否定，而是在分析、思考、判断的基础上批判地继承。批判意识不承认任何绝对或者永恒的正确，不崇尚任何所谓终极真理，不满足已有的结论，它总是立足于历史和现实，实事求是地对观念、事物以及人们的行为发出疑问、进行反思，深入地考察和分析，并力求在此基础上寻找解决问题的最合理途径。

批判意识是一种独立的、积极的心理特质，它可以引导人们进行反思，用鉴别的眼光去审视认识对象。批判意识具有下列特征。

第一，独立性。独立性是指不依附于他人、不受外界因素影响和干扰地去看待事物和思考问题，自主地做出审慎的判断和决策。独立性是批判意识的前提。

第二，主动性。不管遇到什么样的认知对象，都要坚持发挥主观能动性，积极主动地思考，不能盲从迷信、人云亦云、随波逐流。主动性要求无论在何种情况下都要怀有好奇心，保持质疑的态度，对事物寻根问底，决不放弃对真理和事实的不懈追求。主动性是批判意识的主要特征。

第三，反思性。批判意识还要求具备自我改正的精神，可以称为对思维的再思维。形成了某种观点或思想后，要有自我批评的勇气，进行自我审视，看该观点或思想符合事实与否、解释合理与否、应如何修正等。批判意识的反思性有助于主体的认识、推理和决策更加全面客观。

第四，全面评价性。批判意识对认知对象的作用不是咬文嚼字的品位，而是多角度、全方位和连续性的审视，需要多方面、多角度、多层次去考虑问题，从而避开表象的迷惑，真正把握事物本质。

第五，理性。批判不是立足于个人一般性认识、自身好恶或者利益之上的批判，也不同于贬低一切、否定一切的否定论，更不是毫无根据的胡思乱想。它是在感性认识基础之上的高级思维，是在掌握完整信息和充分证据的前提下进行的科学分析、归纳并最终做出决策，具有很强的科学性和说服力。

批判意识是人类创新的内在驱动力，能够推动科学创新。哲学家卡尔波普尔认为，有没有批判的态度是前科学和科学的分水岭，任何理论不管获得何等成功，也不管受过何等严格的检验，都是可以被推翻的。哲学家雅斯贝尔斯认为，科学的最大特性是怀疑和质问一切的精神，对事物进行谨慎而有保留的判断，并对这一判断的界限和适用范围进行系统检验。因此，可以说正是科学的批判意识推动了科学创新的发生。

（三）求新意识

求新意识是指人在创新活动中所体现出来的一种不因循守旧、不墨守成规、不为传统观念所束缚，敢于面对现实、勇于追求新变化、新视角、新方法的敢为天下先的心理。

求新意识是对传统的挑战，是对现实的突破，是人类最可宝贵的精神财富之一，它要求敢于超越前人、超越现实、超越自我。只有不安于现状，不满足于现成的知识和结论，不畏惧先辈及权威，探索、怀疑、否定、超越，科学才得以进步，人类社会才得以发展。长期以来，“出头椽子先烂”“枪打出头鸟”等观念在一定程度上禁锢着人们的头脑，一些人唯唯诺诺、循规蹈矩，不敢求新求异，这就更需要激励人们敢于求新，不唯书，不唯上，不唯师，不迷信前人，不迷信权威，敢于超越前人、超越书本、超越师长，敢于冒尖。敢于超越、敢于求新求异便是创新之始。

第二节　创新意识训练

训练创新意识，就是训练受教育者在学习、生活、实践中有意识地获得有关创新的知识，培养其渴望创新的激情和态度，使之能够在强烈的创新需要的驱使下将这些知识付诸实践。

一、培育创新动机

训练创新意识，首先要培育强烈的创新动机。人们进行的任何一种创新活动，都必须也只能在对创新活动本身有强烈的主动性的条件下才有可能展开。这是创新活动和非创新活动（如记忆性活动、技能操作训练性活动）的一个根本区别。人在进行记忆性活动时，即使对这一活动本身毫无兴趣，没有求知的欲望，记忆活动本身还可照常进行，尽管记忆的效果和效率可能会差一些。同样，人在进行单调重复的、技能操作训练性活动时，即使对活动本身一点也不感兴趣，却照样可以将技能学会，而且掌握得相当熟练。例如工厂里的操作工人，对他们所要学的、要掌握的某种操作技术，也许并不具备非常强的兴趣和主动性，也没有一定要熟练掌握的欲望，但他们或早或晚都能够熟练掌握。创新性活动却截然不同，一个人如果对创新活动没有主动参与性，就不可能产生创新行为，更不要说取得创新成果了。例如，陈景润钻研哥德巴赫猜想，就完全是一种自主的、自觉的行为，正是这种积极、主动，为他最后钻研出“陈氏定理”提供了坚实的基础。假如我们也像进行技能性训练一样，强制一个没有任何创造动机的人进行创新活动，结果只会一无所获。因此，没有强烈的创新动机，就不会有创新行为，也就不可能获得创新成果。

培育创新动机可从以下方面着手。

（一）树立远大的目标和理想

创新动机的首要来源是崇高的理想和人生目标。一个人如果具备强烈的社会责任感，就会把造福人类作为自己的崇高理想，就会自觉献身创新活动，努力取得创新成果，为人类社会创造财富。

创新动机的形成与坚定的爱国主义信念、强烈的民族责任感和事业心不可分割。钱学森在美国学习工作期间，始终心系祖国，密切关注国内局势变化，决心早日学成报效祖国。回国不久，他怀着对祖国国防事业强烈的责任感，向中共中央、国务院提交《建立我国国防航空工业的意见书》，并投身我国火箭和导弹技术的建设。由于钱学森回国效力，我国导弹、原子弹的发射向前推进了至少 20 年。

富有创新性的科学家也都有着为人类服务、为科学献身的理想和精神。爱因斯坦把造福人类作为人生的奋斗目标。他说，人只有献身社会，才能找出实际短暂而有风险的生命意义。有为科学献身的精神，就会主动寻找目标，给自己加压力，孜孜不倦地追求和实践；就会激起强烈的好奇心与求知欲，对事物敏感，富于想象；就会养成很强的独立性，大胆质疑，坚持真理，标新立异；就会敢冒风险、百折不挠，而又一丝不苟、求真务实。

【训练】

写出你的人生目标和理想，并为自己制订一个实现目标的计划，计划要具体到年月目标，并写出为实现每一个分目标你将做出的努力和行动。

（二）培育强烈的创新欲望

创新欲望与人的好奇心和兴趣密切相关。因此，要养成自己对事物的好奇心和对创新的浓厚兴趣。

首先，要有培育创新兴趣的主观意识，能扎进某一专业领域中并发现其内在的乐趣。科学知识、大自然和创新本身都有其内在魅力。居里夫人说，科学的探讨研究，其本身就含有至美。对于创新者来说，大自然像一个永恒的谜，吸引着自己去探究、去发现，这种探究的乐趣能使创新者为之激动并产生深深的陶醉感。研究数学，可以使人折服于数学的严密性和条理性；涉足化学，可以使人赞叹化学的千变万化而又有规律可循；了解医学，可以使人为自己工作的神圣伟大而陶醉；学习生物学，可以使人为生命的神秘而感慨万千。只要善于挖掘和欣赏大自然、科学以及创新特有的内在魅力，兴趣便会油然而生。

其次，保持好奇心。好奇心是形成和保持创新精神的重要心理前提，是创造性人才的特性，表现为一个人对所见所闻和所接触的事物能饶有兴趣地加以关注，并由此产生要探究的强烈愿望。世界上的各种事物尽管表象扑朔迷离，但其内在隐秘总会显露蛛丝马迹，而好奇心则有助于我们捕捉到提示客观规律的线索。比如，水开了壶盖为什么会动？苹果熟了为什么掉向地上而不落往天外？这些司空见惯的现象和看似幼稚的问题，却成了富有好奇心的瓦特的伟大发明和牛顿伟大发现的最初动因。大学生大多具有较强的好奇心，应该对其予以维护和发掘。对复杂、奇特的事物要有新鲜感，对感兴趣的问题要乐于打破砂锅问到底，同时还应积极发展自己的兴趣爱好。

最后，把熟悉的事物陌生化。陌生化处理熟悉的东西是激发兴趣的好办法。

教堂里的吊灯摆动，人们习以为常，哪里会想到这里面还存在等时性原理？苹果落地，人们也熟视无睹，有谁会想到其中包含了万有引力定律？一个创新者要想发明创造，就有必要转熟为生，带着陌生、好奇的眼光去审视世界，即使对非常熟悉的事物也不例外，这就有可能最大限度地激发自己对事物的兴趣，开发自己的想象力和创造力。将熟悉的东西陌生化，就能对许多司空见惯的事物产生好奇和兴趣，从而产生新的体会、认识和创见。

【训练】

活动主题：画出你的“鱼骨”生命图，发掘你的创新欲望。

活动目标：帮助学生审视自我，促使学生培养创新目标，激发其通过创新改变生命轨迹的欲望。

鱼骨图（图 1-1）可用于生涯规划和管理，是一种透过现象看本质的分析方法，其特点是简捷实用，深入直观。鱼眼表示原点，即出生时刻及出生地；鱼头呈三角形，代表人出生后 0～3 岁的发展迅速的阶段；鱼尾表示职业生涯结束后，生命老去；鱼尾尖表示生命的终点。

图 1-1　鱼骨图示意

请参照下列要求将鱼骨图填充完整。

1. 在生命的原点上写上自己的出生日期和 0 岁；再根据你的健康状况、家族健康状况和你所生活的地域平均寿命来预测自己的寿命，并标注在箭头的终点上。

2. 找出你今天的位置，用一个你喜欢的标记表示在生命线上，并写上你的年龄和今天的日期。

3. 进一步回忆，以生命线上的时间点为初始点，标出过去影响你最大或最令你难忘的并且发挥了你的创新精神的 5 件事，积极事件写在朝上的位置，消极事件写在朝下的位置；以线段的长短表示事件对自己影响的大小。

4. 在生命线上标出今后你最想做的 3 件事或最想实现的 3 个目标，能够由自己决定的写在朝上的位置，需要他人参与或由他人定夺的写在朝下的位置，并以线段的长短表明意愿的强弱。

请参考鱼骨图，深入思考，并完成下面的问题。

1. 过去的事件对你有怎样的影响？对于过去的消极事件，如果用创新的思维重来一遍，你会如何对待？

2. 对于现在的自己，你是否满意？哪些人和事促成了现在的你？

3. 对未来的自己，你的预期是什么？如果想要成为这样的人，你现在需要从哪些方面去改变和创新？

活动讨论：

生命短暂，而生命中每一个成就都在于长期的规划与细小的坚持。因而早日对自己的人生进行规划，并有意识地去改变、去创新、去计划，才更有利于收获一个有意义的圆满人生。

二、善于发现问题

创新活动源于问题意识。爱因斯坦认为，提出一个问题比解决一个问题更重要。因为解决问题也许仅需要一个数学上或实验上的技能而已，而提出新的问题、新的可能性，从新的角度去看旧的问题，却需要创新意识。巴尔扎克说，打开一切科学的钥匙都毫无疑义的是问号，我们大部分的伟大发现都应归功于为什么，而生活的智慧大概就在于每逢事都问个为什么。“学贵知疑，小疑则小进，大疑则大进。”“疑”是人类打开宇宙大门的金钥匙，培养创新意识一定要遇事质疑，善于发现问题，多问为什么，尤其是自己感兴趣的问题，一定要抓住不放，这是一个人树立问题意识的源头和立足点。比如，在观察能力的培养训练中，决定观察效果的不仅仅是眼睛，更重要的是对观察到的事物的问题意识。问题意识是创新思维的源头，增强问题意识主要有以下训练方法。

（一）从四个途径进行“问题意识”的培养和训练

1. 抓住经验事实同相关理论的矛盾。每一个新的观察和实验结果以及多数反常现象，都可能与现有的相关理论、概念发生冲突，这个时候，新的问题就会产生。对于创新者来说，最重要的是能从一些蛛丝马迹中觉察到这种冲突，从而提出问题。

2. 抓住理论内部的逻辑矛盾。理论最基本的要求是能够自圆其说。如果一个理论的内部出现了逻辑矛盾，就会推出两个相对立的论断。因此，抓住理论的逻辑矛盾往往是发现问题并实现理论突破的关键。比如，爱因斯坦发现电磁学方程在伽利略变换中不具有协变性，而这就意味着电磁理论同经典时空观的矛盾，从而促使爱因斯坦探求狭义相对论。

3. 关注学派之间的论争。不同学派、不同学术观点的论争是科学史上的常事，而激烈尖锐的争论总能促进科学问题的解决。

4. 关注不同知识领域的交叉地带。近代以来，科学的发展呈现出既分化又融合的趋势。一些有远见的科学家通过注意科学中的交叉地带，找到了许多有意义的课题，做出了开拓性的贡献。20 世纪的许多横断科学，几乎都是从一些交叉地带产生的，如系统论、控制论、信息论。科学、技术与社会的交叉，与经济、政治、文化、教育的交叉，都促进了人们对科学本质认识的不断深化。

（二）从四个角度养成“每事问”的习惯

“每事问”可以是对某问题的怀疑，也可以是对某问题的假设和解释等。通过长期坚持，力争使“为什么”成为自己的口头禅，并内化为思维习惯。“每事问”可以选择如下四个角度。

1. 问原因。事物发展总是有原因的。每每看到一种现象或者事物，都可以问一问产生这种现象或者事物的原因何在，寻找到了原因，就为解决问题提供了前提条件。

2. 问结果。因果总是紧密相连的，在思考问题、认识事物时，要养成凡事想一想“这样做会导致什么新的结果”的思维习惯。思考时要突破旧事物的束缚，敢于提出新的看法。

3. 问规律。找到了事物之间的联系，也就即将发现事物发展的规律。因此，培养创新意识也可从思考事物变化发展的规律这一角度来着手。“大陆漂移”说的提出者魏格纳是一名地质工作者，在第一次世界大战中负伤，入院后，他长久地观察病房墙壁上的世界地图，发现了一个有趣的问题：为什么大西洋两岸大陆各自的弯曲状态如此相似，有什么规律可循呢？带着这个问题他进行了潜心研究，最终提出了“大陆漂移”假说。

4. 问发展。在思考问题时设想某些事物的发展前景或趋势，就有可能催生新的观念、想法或理论。可以尝试假设当某一情况发生后，其发展趋势会是什么样的。

【训练】

遇事发问周计划

每周日为自己制订接下来的一周的发问周计划，并严格执行。发问，一要提出问题，这是关键，对面前的事要问出声或形成文字，以纠正不善发问的习惯；二要请教内行、专家；三要不迷信专家、权威；四要多问自己，千方百计寻找答案。

（三）奥斯本检核表提问法训练

对被研究的对象提出一系列可能使其发生变化的问题，并朝着每一个提问的方向去思考，这就是由美国创造学家奥斯本发明的检核表提问法。经常采用奥斯本检核表提问法进行自我训练，可以显著增强问题意识。

奥斯本检核表法共有 9 项，对选定的研究对象可逐项提问，也可有选择地提问，从而进行思考，产生相应的新信息、新设想。这种方法适用于各种类型或各种场合的创新活动，学会运用检核表法，思路会变得非常开阔。9 项检核提问如下：

1. 是否有其他用途？或改造后可作其他用途？

例如，灯泡除照明外还可用于烘箱；电熨斗改造一下可以烙饼。

2. 能否从别处得到启发？能否借用别处的经验或发明？

例如，摩托车中使用的前悬挂系统来源于飞机的鼻端起落架；方便米粉、方便米饭、方便羊肉泡馍都是从方便面那里学来的。

3. 可否通过改变获得新产品？

改变包括结构、轮廓、颜色、重量、形状、气味、声音、种类、意义、动力等。例如，电炉——电热毯；普通汽车——太阳能汽车；

4. 能否扩大？功能、时间、频度、强度、高度、长度、厚度、附加值、材料等能否增加？可添加、附加什么？使用范围可否扩大？

例如，在牙膏中添加药物的成分，增加治疗口腔疾病的功效；比利时科学家把人的基因插入油菜的遗传器官中，使人脑细胞里只能少量合成的天然止痛剂——脑啡肽在油菜中产生。

5. 能否缩小？

如缩小体积、缩小尺寸、减轻重量、浓缩、微型化、省略、分割、内装等。例如，台式电脑缩小成笔记本电脑；瑞士提琴制造家史奈德制作的袖珍小提琴，长度只有 3.3 厘米，1992 年 10 月 18 日由小提琴家史兹克斯在维也纳公开演奏，引起轰动。

6. 可否由别的东西代替？可否利用其他材料、原理、方法、能源、成分等代替？

例如，铅字印刷用一个一个铅字排版，费工费时，效率很低，占用空间大，铅还有毒，因此问题很多，有别的方法代替吗？王选院士发明电脑汉字激光照排印刷术代替铅字排版印刷，这是一次印刷革命。

7. 能否重新调整？

如顺序、布局、型号、规格、元件、速度、程序、连接、位置、因果关系等，重新安排常常会带来创造性设想，田忌赛马就是例证。又如，汽车喇叭按钮原来装在方向盘的轴心上，后来改装在方向盘下面的圆周上；早期飞机螺旋桨安装在头部，安装在顶部就成了直升机；商店调整节假日的营业时间与柜台布局，以提高销售额。

8. 是否可以颠倒？

从相反的角度重新考虑，如上下、左右、前后、里外、正反等，这是一种逆向思维。司马光砸缸就是逆向思维。

9. 是否可以组合？

例如，把不同金属组合在一起变成性能不同的合金；几种材料组合在一起成为复合材料；几个企业组合在一起构成横向联合；把望远镜与红外测距仪、电子罗盘组合在一起成为望远镜测距仪。

（四）5W2H 分析法训练

5W2H 法又叫七问分析法，是指用五个以 W 开头的英语单词和两个以 H 开头的英语单词进行提问，以发现解决问题的线索，寻找发明思路，进行设计构思，从而做出新的发明项目的方法，具体内容如下。

1. Who——谁？由谁来做？

2. When——何时？什么时间做？什么时机最适宜？

3. Where——何地？在哪里做？

4. What——什么？做什么或者是什么？目的是什么？

5. Why——何故？为什么要做？可不可以不做？有没有替代方案？

6. How to——怎样？如何提高效率？如何实施？方法是什么？

7. How much——多少？做到什么程度？数量如何？质量水平如何？费用产出如何？

做任何一件事情或对任一现有的事物，都可以进行 5W2H 提问，以发现问题，解决问题，进行改善。

根据提问对象性质的不同，这些不一定全部问到，每一问的内容也有所不同，若有某一问的答复不能令人满意就意味着存在不足，就可据此开展创新活动，以获得新的解决办法。

（五）问题列举法训练

问题列举法是通过对问题的自由列举激发人们的发散思维，获得所需要的新信息。采用问题列举法进行自我训练能够有效提升个体发现问题的能力。按照所列举问题的特点，问题列举法可分为如下几种。

（1）缺点列举法。任何事物总会有缺点，而人们总是期望事物完美无缺，这种客观存在的现实与愿望之间的矛盾是推动人们进行创造的动力之一。缺点列举法就是发现、发掘事物的缺点并将其一一列举出来，再针对这些缺点设想改革方案、进行创造发明，以变弊为利。任何事物都不是十全十美的，都有优点和缺点，即使今天看起来没有缺点，但是过了一个较长的时间，缺点也会暴露出来。因此，缺点列举法是一种行之有效的创新方法。

【训练】

阅读案例，体会缺点列举法的运用。

某生产体育用品的厂家，厂里的开发人员在调查中发现，初学网球者在打球时不是打不到球，就是打出“触框球”，把球碰偏了，十分头疼。很多人都想，要是球拍大一点，兴许不会出现上述毛病。国际网联规定，球拍面积必须在 710 平方厘米之下。该厂家就专门做了一些比标准大 30％的初学者球拍。这种球拍一上市果然畅销。后来该厂家又了解到初学者打网球时，手腕容易发生一种炎症，这种病被人们称为“网球腕”，发生的原因是腕力弱的人在运动前没有进行足够的力量练习和采取其他保护措施，在打球时发生腕震。于是，该公司又发明了减震球拍，该产品打进了欧美各国。

（2）希望点列举法。从社会需要或个人愿望出发，提出一个或列举多个希望，以形成新概念、新设想、新课题，这种创造技法就是希望点列举法。希望点列举法不同于以已有事物为前提，并受到已有事物束缚而脱不开原型的缺点列举法，它没有已有事物的束缚，是一种主动型的创造技法，可以创造出新的产品。世界上许多发明都是根据人的希望创造出来的，如人们希望上天，就发明了飞机；人们希望入海，就发明了潜艇；人们希望冬暖夏凉，就发明了空调；人们希望不用手洗衣服和拧衣服，就发明了洗衣机；人们希望雨伞能放进小包，就发明了折叠伞；等等。

（3）特性列举法。任何事物都有其特性。把事物的特性一一列举出来，也就是化整为零，把事物分解成许多方面以及每一方面的许多细节。针对每一个细节都可以运用求异、发散、提问、列举、组合等思维方法，以求得产品创新改进的新概念、新思路、新设想，这就是特性列举法。人们通常从三个主要方面进行列举：从名词特性列举，即在整体、结构、部分、材料、制造方法等方面细分；从形容词特性列举，即在性质、重量、数量、状态、颜色、形状感觉等方面细分；从动词特性列举，即在功能、作用、重要动作等方面细分。在列举之前对列举对象要有全面认识，列举分析中要克服思维定式，力求避免局限性和片面性，列举要全、要细。

【训练】

阅读案例，思考特性列举法的使用，并尝试从“名词特性”“形容词特性”“动词特性”角度对日常事物进行改造创新。

脸盆是大家熟悉的生活用品。为了外出携带方便，青年工人梁钦元便发明了一种便携式充气盆。从名词特性看，材料选用塑料比较合适。因为塑料有质量小、成本低、易加工、不锈蚀等优点。从形容词特性看，要求轻便、易携带。从动词特性看，要能盛水，并有一定的结构强度。为满足上述要求，新设计的脸盆抛弃了以往的刚性结构而采用柔性结构，在柔性结构中，以充气式结构为最佳方式，充气式结构有收放自如、可折叠存放、携带方便等特点。为了达到充气后呈盆形的要求，采用半圆拱和直线焊压图形设计，既达到了强度的要求，又减少了充气的空间。这种充气脸盆非常适合野外作业、郊游、野营等场合使用。

三、勇于科学批判

（一）能动思考

批判意识要求能动地思考而非被动地接受。能动地思考意味着在面对认识对象时能够积极主动地开动脑筋，运用自己的聪明才智有效地处理问题。养成能动思考的习惯要求时刻做到主动理会问题而不是置身其外，自己动脑而不是坐等别人告诉你该怎么想、怎么做；坚持思考，不因无趣或者困难就放弃。

批判意识排斥只有思想活动而没有具体行动。没有具体行动，就会受境遇的摆布，就会允许他人为我们思考问题、做出决定。培养能动思考的能力，要求对遇到的任何情况都采取积极的态度，主动思考解决问题和达到目标的最佳方式，而不是置身事外、袖手旁观。

【训练】

1. 你的车在远离家门的地方抛锚了。路上没有行人和车辆，举目望去不见人烟和建筑物，这时天气寒冷，且夜幕降临。

(1) 你可能有哪些选择？

(2) 你认为哪一种选择最有可能成功？你是怎样想到这个办法的？支持该选择的论据有哪些？

(3) 假定你决定拦车求助，你会选择拦什么样的车呢？比如，你会拦一辆挤满了人、塞满了东西的小车吗？你为什么会这样想？支持这一选择的论据是什么？

2. 一位朋友建议说，在你没拿定主意从事什么工作之前，什么也别学。这样一来，你就不会把时间和金钱花在学习你将来不准备从事的专业上了。

(1) 采纳朋友的建议有什么好处？有什么坏处？

(2) 即使你拿不定主意将来干什么，现在也要学习或参加某种职业训练。这样有什么好处？

培养批判意识，进行能动思考的重点是克服思考的被动性。随着个体认知的增加和思想境界的提升，许多因素会促进人们能动地思考，但是也有许多事物和经历会禁锢人们的思维，使人们的思维变得被动。

【训练】

阅读文章并回答问题。

我四岁的女儿最近开始迷上了电视上的笑话和谜语。最近她提起了这样一个笑话，“为什么大猩猩喜欢看电视？因为它想变傻”(引起全家哄堂大笑)。这个笑话引起了我对她的注意。星期六上午一连看几小时电视后，她常常变得很迟钝——无精打采，对周围的事情麻木不仁。她对什么都不感兴趣，只是一味地要看电视。看什么电视节目她都无所谓，只要能看就成。为什么一个小小的电匣子能使一个活蹦乱跳、好奇好问的小孩在几小时左右就变成这样呢？

首先，看电视几乎是一种完全被动的生活体验。电视有现成的图像、人物形象、故事情节供人们娱乐。许多其他活动诸如阅读、游戏等均需要孩子们能动地创造他们自己的世界。有了电视，就不能促使他们动脑筋去创造场景、人物和故事。因为一切在电视上都是现成的，他们只需要睁大眼睛，消极地接受他们无法驾驭的快感即可。

其次，电视屏幕上出现的世界在某种程度上比电视屏幕外的世界更加迷人、生动、紧张、热烈。在电视里，我们通常看到的是整个的房间、完整的场面和风景的全貌。在实际生活中，我们观察这些场景时只能粗略地看到其中的一小部分。另外一个与实际生活不同的地方是，电视里面的活动是连续的、不间断的，摄像机在不停地工作，人物角色也总是在不停地干这干那。而精心设计的电视节目和广告无一不在力图迎合并吸引观众的兴趣。这些因素都会使电视比实际生活更加形象生动，从而具备了使人精神恍惚、不能自拔的“魔力”。

最后，电视是我们绝对不能控制的东西。除了可以开关和选择频道外，我们不能使其速度加快或减慢。不能提问题，不能回味和反思，不能左右我们的感受。而且我们只能在一定的时间和一定的地点，坐在像电影院一样舒服的座位上安稳地看。这与阅读不一样。书是文字组成的，我们可以创造性地使用文字表达思想。但电视的动态图像则截然不同，完全超出了观众的创造能力。一台电视机是一种无形的控制力，是一尊技术神，它迫使我们放弃想象力，放弃创造性的表达力和我们大脑的控制力。难怪看电视能使大猩猩之类聪明的动物变成傻瓜。

回答下列问题：

1. 本文的作者认为看电视有助于能动思维还是会导致被动思维？

2. 作者是以哪些论据来论证其观点的？

3. 你对看电视有何看法？

4. 列出支持你论点的论据。

5. 选择一种你认为能促使你能动思维的人或事，再选择一种可能导致你的思维变得被动的人或事进行论述。列出论据支持你的论点。

（二）独立思考，敢于质疑

批判意识的独立性要求克服形形色色的因素对自身的影响，能够独立地做出判断，敢于质疑现有认识，即具有独立思考的能力。通常情况下，人们对这样或者那样的问题的见解或者来自自己的学识与经历，或者源于成长过程中所受的师长、亲友的影响（有心理学研究表明一个人理解和认识世界的方式受自己的家庭影响更深），除此之外还可能来自书本、媒体等。而一个人一旦具备了批判意识，也就具备了一种克服一切因素的影响、对外界观点或他人思维进行检测的能力，能够客观判断他人意见的独立思考能力。培养独立思考的能力，就需要在日常的学习和生活中遇到任何事情都要多问几个为什么，尤其是支持一个观点的依据是什么，而不是简单照搬他人的意见。

【训练】

回答下列问题：

1. 地球是扁平的吗？

2. 接受重点大学教育就会有一个满意的职业吗？

3. 男性应该养家，女性则应该管家，这个说法对吗？

对以上问题写出自己的观点并列出论据。

示例：天圆地方，地球是方的吗？

论据：不，地球是圆的。老师们教过我地球是圆的。我之所以相信这是事实，是因为教我的老师受过教育，知识水平很高。我长大成人后又了解到了许许多多关于“地球是圆的”的科学知识。实践中观察到的事实也能证明地球是圆的。例如，海平面上的航船从远方来，总是先看到桅杆、后看到船体；日食、月食时，观察月球，太阳食面（地球的投影）总有一定的弧度；等等。

回答以上问题后，广泛查找资料，看看自己的观点是受到哪些影响而形成的，是否科学，有没有修正的必要。

培养独立思考能力，做到有理有据地质疑，最重要的是养成重视论据的习惯。对于某一问题仅仅有看法和主张是不够的，必须能够列举出充分的论据来支撑自己的观点。换句话说，“我们相信什么”和“为什么要相信”之间是既有区别又有联系的。当有人问你为什么要这样或那样看问题，为什么这样或那样做决定时，人们通常都有自己的理由。同样，具备批判意识的人在进行独立思考和质疑时必须重视论据，不能毫无根据地指责与抱怨。

【训练】

1. 阅读下述三种观点，谈谈你赞成或者反对的论据。

（1）有的学生认为，上大学就是为了拿文凭，到技术培训机构接受技术训练可以免学那些不打算专攻的专业课程。

（2）有一位教授常穿工装裤和旅游鞋来上课。他说，一个人的衣着与其聪明才干毫不相干，别人是从你的为人而不是从你的衣着去判断你的。

（3）假设你干某项工作已经有一年了。在此期间，你的本职工作干得很出色，还做着别的分外工作。你向单位领导提出增加工资的要求，得到的答复却是：“我凭什么给你涨工资？许多人对你这份工作和这份工资还求之不得呢！”

2. 描述自己曾做出的一项决定，反复检查与审视这个决定的内容、做出决定过程和决定带来的结果。想一想，现在你对这个决定如何评价？是否发现这个决定需要改动？如果有，是哪一部分？该如何改动？为什么要改动？论据是什么？

（三）乐于接受新事物和不同观点

批判意识的反思性要求个体在主动思考、独立思考的基础上接受新事物与不同观点，并不断修正自身的认识。

每个人的认识都有局限性，不可能面面俱到。如果要更全面地了解情况，除了自身的观点，往往还需要客观地审视更多的观点。

【训练】

假期，父母给你规定了晚上必须回家的时间，而你认为这个时间要求太苛刻了。他们对你说，既然你住在家里而且要靠他们生活，那么你就该听他们的。

1. 说说你将如何处理这种情况。如果你认为规定这个时间没有必要，请说明你的理由。（举例：我认为这个规定是不必要的。因为我已长大，完全可以自己决定什么时候回家。）

2. 现在试以你父母的观点来说说这种情况并提出能够支持他们观点的论据。（举例：我们认为这个规定很有必要。因为我们为你的安全担心，你不回家我们就睡不着觉。）

3. 你能提些什么建议来解决这场争执？（举例：我有个主意，也许有助于解决这个问题。假定我确切地告诉你们我要去哪儿、和谁在一起、什么时候能回家，你们就不会这么担心了吧。）

现实中人们对许多重要问题都存在着意见分歧，仅有一种观点和看法往往不足以使我们对事物有全面而深刻的认识。因此，要扩大、加深认识，我们在运用批判思维的同时必须努力了解各种情况、寻求不同的看法，并能够运用他人的观点来看问题，这对作出正确的、科学的批判非常重要。

【训练】

请对你所熟悉的朋友或老师的特点做简要描述，并找另外两个认识你所描述的对象的人，请他们对这位朋友和老师也进行简要描述。想一想，在你们三人对此人的描述中，共同之处是什么？不同之处是什么？你是否认为收集对此人的其他看法有助于你对此人进行更全面的了解？如果是，为什么你认为是这样？如果不是，为什么你认为不是这样？

批判意识的反思性也要求人们随时更改和修正自己的看法。乐于接受新事物、新思想和新概念意味着能够根据新的信息机动、灵活地修正自身的认识。与之相反，遇事不反思、不辩证看问题的人往往思想片面而保守，确信只有自己的看法才是对事物最客观的看法，而那些持不同意见的人都是错的。这样的人往往不具备批判意识，也难以创新。

【训练】

随身携带纸和笔，每天都争取发现学习和生活中的一个新的或者不同寻常的现象，记录下来并独立思考其原因。想一想，你最近一段时间的新发现是什么？是否找到其原因？探究到的原因有没有使你过去的某种认识发生改变？

（四）多视角审视

批判绝非不分青红皂白地指责与批评，批判的目的是突破与重建。这就要求必须多视角审视认识对象，做到全面地看问题。多视角审视要求人们不仅乐于接受新的思想和不同观点，还要把握支撑自己和他人观点的具体论据，了解这些论据是否科学合理，在此基础上才能实现突破与重建。

【训练】

试就下列每一论点分别列出支持正反两方的论据，对这些论据进行合理性剖析，并提出你的看法，阐明你的理由。

1. 正方：对学生学习成绩的考核应更重视考试效果。反方：对学生学习成绩的考核应更重视学习过程。

2. 正方：大学考试应设选择填空和判断正误的考题。反方：大学考试不应设选择填空和判断正误的考题。

3. 正方：住在乡下比住在城市有更多的优越性。反方：住在城市比住在乡下有更多的优越性。

（五）有效讨论

探究问题、了解问题的不同方面有助于对认识对象的全面了解，为此必须乐于接受他人观点并能够与其有效地交换思想，即开展有效讨论。有效讨论不是形式上的交谈，而是有条理、开诚布公地相互交换思想与共同探索。经常开展有效讨论，能够促进批判意识的高效形成。

【训练】

阅读下面两段对话，比较两个讨论过程的差异有哪些。

对话 1

甲：我有个朋友，最近猎头公司向她递出橄榄枝，但现单位领导很器重她，也有升职的可能，她对留在现公司还是跳槽举棋不定。你认为她应该怎么办呢？

乙：我认为离开现在的公司就是背信弃义。你的朋友不愿意当一个背信弃义的人，对吗？

甲：她当然不愿当一个背信弃义的人，但是你为什么会认为跳槽与背信弃义是一码事呢？

乙：因为背信弃义就是背弃原来的约定，而跳槽就是辜负了领导对自己的器重，背弃了原来的约定。

甲：可是离开现在的单位就是背信弃义吗？因为领导器重自己，所以有更好的工作机会也不能离开吗？

乙：我认为是的。不能说有更好的机会就要离开，领导当初培养你花了多少心思和精力，而你在能给公司创造更多价值的时候离开了，想过其他人的看法吗？想过对公司造成的影响吗？

甲：现在我明白你讲的道理了。每个人都是在工作中积累经验、慢慢成长的，所有成就的取得都离不开现在公司的培养。但是，你觉得是不是每个人的职业生涯都必须在一家公司，不能离开自己最初选择的公司？

乙：让我想想看。不，我认为不能笼统来看，要根据自己的职业发展情况来定。

甲：那么你认为什么情况下可以离开现公司？

乙：问得好，这个问题我还没有真正考虑过。我想可能是当自己觉得职业现状和自己的兴趣不相符的时候，也可能是觉得自己的职业发展受阻、看不到前景的时候，也可能是在单位受到排挤的时候。什么样的情况下可以离开公司，是要看公司给自己的职业成长更多的是助力还是阻力。

甲：我明白你的话了，既然职业生涯是一个过程，每个人都不知道今天的选择对于明天的具体影响，那么如果是否跳槽就应取决于公司给自己职业成长带来的助力和阻力，只有阻力大于助力才可以选择跳槽，你又怎样决定这个界线呢？

对话 2

甲：我有个朋友，最近猎头公司向她递出橄榄枝，但现单位领导很器重她，也有升职的可能，她对留在现公司还是跳槽举棋不定。你怎么看？

乙：我认为离开现在的公司就是背信弃义。你的朋友不愿意当一个背信弃义的人，对吗？

甲：你怎么能说她“背信弃义”？跳槽是一种选择嘛。

乙：跳槽就是背信弃义，是对现在公司培养的背叛。

甲：我说，你可没有权力指使她该怎么做，那是她的职业，由她来决定。谁也无权迫使一个人的全部职业生涯必须在同一家公司而不能跳槽。

乙：谁也不能背信弃义——这是道德！

甲：但跳槽不是背信弃义。

乙：就是背信弃义！

甲：就不是背信弃义！

乙：再见！我不能与背信弃义之人的庇护者对话！

甲：再见！我也不屑于和爱对别人指手画脚的人来往！

通过上述例子可以看出，有效讨论必须具备几个特点。

首先，讨论问题时双方必须互相倾听，并坦率评论，讨论的主题才能够被深入剖析和探究。有些讨论演变为争执的原因常常是讨论者不能倾听对方的意见，而只关注自身的观点，这也是批判意识的大忌。对照上述两段讨论可以看出，对话 2 中的双方仅仅是在表达自己的观点而并未去倾听和理解对方的观点，更未能设身处地从他人的角度看问题。

其次，有效讨论必须能够抓住与主题有关的主要问题进行问答与探讨。提出问题和有效精准地回答问题是有条理的讨论能够进行下去的推动力，对话 1 正是在这种过程中使论证的主题不断深入，讨论主题才能得到突破。这也是培养批判意识所必须掌握的技能。

最后，有效讨论的最终目的是进一步提高对讨论主题的认识，而不是力图证明自身观点的正确性，正如科学批判的最终目的是突破和重建从而达到创新，而不是证明某一方观点的正确性一样。分析对话 2 可以发现，讨论双方都执着于证明自己的正确性，最终导致讨论失败，对问题的认识也未更进一步。

经常开展有效讨论有助于培育思维的能动性，使人们不断调整自己的思考和认识习惯，对培育批判意识有着重要意义。

【训练】

选择下面的一个论题，编写一段与讨论 1 类似的对话。

1. 对金钱的追求与对道德的追求可以并行；对金钱的追求与对道德的追求不能并行。

2. 宽松式管理对大学生弊大于利；宽松式管理对大学生利大于弊。

3. 线上教学比线下教学更有利于学生学习；线下教学比线上教学更有利于学生学习。

4. 成大事者可以不拘小节；成大事者必须拘小节。

5. 天灾比人祸更可怕；人祸比天灾更可怕。

要求：编写的对话必须具备有效讨论的几个特点。

1. 仔细倾听对方的论点和论据，并就对方所说的话进行坦率的评论。

2. 提出并力求回答有关论题的重要问题。

3. 努力提高对论题的认识，而不是证明自己的正确。

（六）主题活动训练

活动一："挑战习惯"

人们常常按照习惯或者固定的思路去思考问题，从而陷入思维固化、墨守成规的状态。可见，习惯往往阻碍和制约创新。本活动展示的是，不使用习以为常的方法一样可以达到目的，甚至效果更好。

（1）活动目的：鼓励学生从挑战习惯做起，培养批判精神。

（2）活动准备：10 人一组，场地不限。

（3）活动程序：随机指定一名组员来挑战自己的习惯。例如挑战穿衣习惯：要求一名组员站起来脱掉他的外套（比如西装，风衣或者夹克）并让其重新穿上，要求他在穿外套的时候注意自己先穿哪只袖子；然后让他脱下外套重穿一遍，但注意，这次要先穿另外一只袖子。观察并记录挑战者的表现。更换一名挑战者，重新挑战一项习惯，直到所有的组员都参与一遍。

（4）活动讨论：每一项挑战活动结束后组织小组成员进行讨论。例如，针对穿衣习惯可做如下讨论：当你穿外套时颠倒了穿衣的次序，会有什么表现？自己感觉如何？旁观者的感受如何？颠倒了习惯的穿衣次序通常会使人显得笨手笨脚，但是先穿哪只袖子是否有正确和错误之分呢？是什么阻碍了我们去运用新的行为方式？我们应该怎么做才能不让旧的行为方式影响我们呢？

（5）总结与评估：人都喜欢做擅长的事情，不喜欢做不擅长的事情。因为做擅长的事可以如鱼得水，而做不擅长的则往往感觉丢脸。但实际上习惯的并不一定是最好的，人们有时会因为喜欢所习惯的而放弃寻找最优的路径。尝试一下刻意改变，你可能会发现改变以后的做法同样有效，甚至比以前更好。尝试去挑战自己，做一些自己不擅长的事情，或许你会发现这样更能提高自己。总之，在做每件事情之前，都要问自己这样做是不是最优的解决方法，因为自己最熟知的可能并不是最优的。

活动二：乔治热身练习

这是一种打破“习焉不察”心态的训练，因飞机自动导航系统的代号多半叫“乔治”而得名。该练习可通过审视日常习惯中的合理与不合理部分培养批判意识。具体活动方式为：给出一些类似如下情况的问题，由活动参与者不断审视自身观念并尝试做出思考与改变。

1. 在家看喜剧时你会不会频频大笑？为什么？

2. 如果你通常穿42码鞋子，而现在有一双41码却很合脚的鞋子，你会不会拒绝购买？

3. 你有没有向医生请教过与医药无关的问题？为什么？

4. 如果亲朋好友向你借你财产的百分之十，你会借吗？

5. 你的观念与信仰是否与你的父母相同？为什么？

活动总结：“习惯成自然”，人们的习惯尤其是思维习惯一旦形成，就可能成为阻碍创新的无形枷锁，制约人们创新能力的发挥。通过此项活动我们可以审视自身存在哪些不合理的惯性思维，并在今后的学习和工作中努力纠正。

活动三：“批判”大比拼

（1）活动目的：通过锻炼参与者正确、科学地运用批判，培养其批判精神。

（2）活动准备：4～6人一组。

（3）活动内容：要求每组参与者根据自己的所学专业背景，对学科领域内的某种观点展开科学批判。

（4）活动要求：参与者需广泛搜集资料，为自己的批判观点提供有力论证，要求批判佐证翔实、论证充分、逻辑结构科学合理。

（5）成果展示：每个小组的成果须以论文、PPT等文字形式呈现并交由相关学科领域教师，由教师从论证水平、批判依据、逻辑结构、科学性等方面进行评分。也可以班级为单位开展演讲、辩论等系列活动，让各小组展示自己的“批判”成果。

（6）活动后讨论：本次的“批判”活动给了你哪些启发？你是否了解了科学的批判有哪些要领？需要掌握哪些技能？你是否可以经常尝试科学批判？

（7）总结与评估：通过这次活动你是否对批判精神有了新的认识？是否能够

进行科学的批判？在日常学习、工作和生活中，大多数人都会不时地进行批判性思考，并对自己不认同的想法持批判态度。但真正的批判精神并不是仅仅怀疑那些你不愿意相信的东西，而是一种理性的怀疑，一种常常思考以下问题的习惯：他们是怎么知道这些的？这个论断的证据是什么？是否能够重复验证？其概括有没有反例？

四、勇于标新立异

培养创新意识除了要有强烈的创新欲望、鲜明的问题意识并善于批判质疑之外，还需要勇于标新立异。为什么哥伦布能坚持向西方航行可以抵达东方，从而发现了新大陆？为什么爱因斯坦会提出在一定状况下，时空可以扭转，岁月可以倒流，从而创立了相对论？正如罗丹所言，所谓大师，就是能够用自己的眼睛去看别人看过的东西，在别人司空见惯的东西上发现出美来。创新就是不断突破思维障碍与樊篱，勇于标新立异，敢于独树一帜，这就需要从如下几个方面进行突破。

（一）摆脱从众心理

从众是指当个人与大多数人的判断发生矛盾时，人们在心理上更倾向于相信大多数人，往往跟随多数人来怀疑、修正自己的判断。创新需要求异，而趋同和随大流则不会有创新，因为即使产生了新思想，如果不能克服从众心理，也会屈服于群体压力而最终失败。

克服从众心理必须具备“反潮流”精神，即在认识与思考问题时，能够相信自己的理性判断，顶住来自周围的压力，坚持自己的观点并不轻易附和他人。从人类历史的发展来看，真理往往首先被少数人发现，然后才慢慢得以传播与普及。因此，要克服从众心理，务必做到在创新活动中坚持自己的见解，同时客观听取他人意见，才能真正开阔思路，产生新的观念。

【训练】

1. 阅读下面一则案例，体会从众心理对创新活动的危害性。

一位名叫福尔顿的物理学家，运用新的测量方法测量出固体氦的热传导度比按传统理论计算的数字高出500倍。福尔顿感到这个差距太大了，如果公布了，难免会被人视为哗众取宠，所以他就没有声张。没过多久，美国的一位年轻科学家在实验过程中也测出了固体氦的热传导度，结果同福尔顿测出的完全一样。这位年轻科学家公布了自己的测量结果后，很快引起了广泛关注。福尔顿听说后以追悔莫及的心情写道：“如果当时我摘掉名为‘习惯’的帽子，而戴上‘创新’的帽子，那个年轻人就绝不可能抢走我的荣誉。”福尔顿的所谓“习惯的帽子”就是从众心理。

2. 开动脑筋提出一种与众不同的观念。这种观念也许并不高明，也许很难有运用推广的价值，只要与人们的日常习惯不同即可。然后把自己的新观念介绍给周围的同学朋友，或者告诉自己在公园、地铁、公交上遇到的人，听听他们有什么想法。将他们的观点与自己的观点进行比较，深入分析与自己观点的差异，进一步思考各种观点的科学性与合理性。

（二）不惧怕权威

社会需要权威，有人群的地方就会有权威。然而，如果把权威绝对化、神圣化，盲目迷信与崇拜权威，一切以权威的观点为最高准则，不加思考地以权威论是非，不恰当地引用权威的观点，权威就会变为思维枷锁，阻碍人类的创新与进步。因此，勇于标新立异要敢于挑战权威和科学审视权威。

敢于挑战权威不是毫无根据的藐视和挑衅，而是抱着“真理至上”的信念，不惧怕权威并能够科学审视权威。科学审视权威可以从以下方面着手：第一，审视权威的专业性。随着人类社会的发展，社会分工越来越细，现代社会的权威往往专注于某一学科专业领域，一旦超出本专业领域就不一定能成为权威。因此，审视权威必须警惕“权威泛化”的社会现象，不能把某个专业领域的权威不恰当地扩展到其他领域。第二，审视权威是否具有前沿性。“江山代有才人出，各领风骚数百年”，面对权威必须审视其言论产生的时代背景，分清其中仍然合理和需要发展的部分，千万不能囫囵吞枣、盲目引用。第三，审视权威的真假。现存社会中不乏“假”权威，这类人本无重大建树，是炒作出来的。对他们千万不要盲目相信，更不能盲目崇拜，而应该大胆揭露，果断抛弃。

【训练】

列举历史上或者当代某些名人的一些观点，试从不同的角度找出理由对其观点加以反驳。要求反驳务必有理有据、逻辑正确并能够自圆其说。

（三）不迷信经验、书本

经验和书本是人们获得认识的两个主要途径，也常常是指导人们进行实践活动的重要依据，能够在很大程度上提升人们实践活动的效率。然而，经验和书本知识在指导实践活动尤其是创新活动时又常常具有较大的局限性。经验往往具有个体差异性、表面性等，人们若在创新活动时过于依赖经验，就可能会错过洞察事物本质的关键时机。而书本知识若不能被灵活运用，则对于认识事物进而改造事物就并无益处。因此，培养创新意识必须有意识地破除经验、书本的局限，否则拘泥其中势必极大地限制个人的眼界，不利于创新思维的产生。

不迷信经验和书本可以从以下几方面进行突破。

第一，运用辩证思维方法科学地认识经验和书本知识。尽信书不如无书。人们初读书时常常对书“尽信”，但是读得多了，开动脑筋，不断提升自己的认知，便会与辛弃疾产生同感——“近来始觉古人书，信着全无是处”，最后才有可能做到“读书而不为书所累”。

第二，跨出熟悉的领域小圈子，广泛涉猎多学科的知识。随着社会发展，专业划分越来越细，这就越来越容易使人们局限于自己熟悉的一小块领域里的经验与知识，导致眼界过于狭隘，创新思维被束缚。因而，人们只有不断涉猎自己不太熟悉的领域，学习本专业之外的知识，才有可能融会贯通进而有益于创新。

第三，将已知经验和书本知识与现实相结合，多找差距，多思考其他可能性，“睹一事于句中，反三隅于字外”。也就是说书本上所描述的知识、理论或者经验只是作者所提供的一种启发，我们应该联系自己的经历和实践，举一反三。

【案例】

蜜蜂发音靠的是翅膀振动——这个被列入我国小学教材的生物学“常识”，被一位名叫聂利的12岁小学生用实验推翻。聂利为此撰写的论文《蜜蜂并不是靠翅膀振动发声》荣获全国青少年科技创新大赛银奖和高士其科普专项奖。

这一科学发现出自一名年仅12岁的小学生之手，确实难能可贵！无数生物学家没有发现的自然奥秘，小小的聂利发现了；成年人没有怀疑过的来自书本的“定论”，聂利把它推翻了。据《人民日报》报道，聂利的发现过程并不复杂：她先是偶然发现翅膀不振动（或被剪下双翅）的蜜蜂仍然嗡嗡叫个不停，然后用放大镜观察了一个多月，终于找到了蜜蜂的发声器官。

（四）跳出自我中心

在思维活动中，人们往往自觉或者不自觉地按照自己的观点、站在自己的立场去思考别人乃至整个世界。总是从自身的需要、兴趣和利益出发去认识客观世界的现象，就是自我中心。这常常对创新活动有着严重阻碍作用。

要标新立异、挑战权威必须跳出自我中心，试着理解自我之外的观念与事物，在“自我”和“非我”的跨越中开阔视野。第一，跳出自我中心要严于律己，宽以待人。每个人都有独特之处，我们应该用自己感到合适的标准来要求自己，但不能用同样的标准要求别人。如果习惯用自己的标准去衡量他人，就容易发生误解、偏差、冲突和矛盾，也就谈不上跳出自我中心去审视与自己不同的观念了。第二，跳出自我中心意味着站在他人的角度与立场去思考问题。要常以开放的心态去理解别人的立场和想法，倾听他人的见解，并在意识到自身错误时要有承认和改正错误的勇气。第三，跳出自我中心还必须摆脱偏见，树立开放意识。偏见就是对事物的片面认识，而这种片面认识往往是以往的认知造成的，故而保持空杯心态是摆脱偏见的有效方法。柏拉图说过，经验使人失去的东西往往超过带来的东西。对于创新而言，跳出自我中心、超越已知和摒弃偏见显得尤为重要。

【训练】

自觉对习以为常的知识进行多维度思考，对感兴趣的知识进一步探究，看看哪些方面与自己以往的认知大相径庭。

第二章　创新精神的培育

【名人名言】

抓科技创新，不能等待观望，不可亦步亦趋，当有只争朝夕的劲头。

——习近平

第一次吃螃蟹的人是很可佩服的，不是勇士谁敢去吃它呢？螃蟹有人吃，蜘蛛一定也有人吃过，不过不好吃，所以后人不吃了。像这种人我们当极端感谢的。

——鲁迅

作出重大发明创造的年轻人，大多是敢于向千年不变的戒规、定律挑战的人，他们做出了大师们认为不可能的事情来，让世人大吃一惊！

——皮埃尔·德·费马

光看别人脸色行事，把自己束缚起来的人，就不能突飞猛进，尤其是不可能在科学技术日新月异的年代里生存下来，就会掉队。

——本田宗一郎

创新精神是在创新中起决定性作用的因素，是创新的灵魂。创新精神的内容很多，本章重点论述在创新活动中必不可少的科学精神、首创精神、冒险精神和牺牲精神，并介绍培育这些精神的方法。

第一节　认识创新精神

一、创新精神及其作用

创新精神是创新者在创新认识基础上产生的一种创新态度和追求，是其个性倾向的重要组成部分，表现为一种稳定的精神状态，即对创新的自觉性、主动性和能动性。创新精神同时也是产生稳定、持久的创新需要、价值追求和理性自觉的推动力量，是唤醒、激励和发挥人所蕴含的潜在本质力量的重要精神动力。

创新精神是在创新中起决定性作用的因素，是创新的灵魂，创新精神渗透于创新活动自始至终的所有环节，对创新的独特作用主要表现在两个方面：一是调控作用。人们的行为总是需要精神的调控。创新实践极其艰巨、复杂，其间难免遇到意想不到的困难，有时外部环境干扰太大，很多次实验都难以成功，容易使人心灰意冷。这时就迫切需要创新精神的调控，使人们能够正确对待困难，产生一种矢志不渝、奋斗到底的决心，同时也会注意反思、总结自己实践的经验教训，适时地调整自己的行动。二是保障纠偏作用。创新精神能够帮助筛选出更加接近真理的创新路径和目标，并抑制和剔除不利于创新行为开展的主观因素。在创新活动的实践过程中，人们常常会遇到各种各样主客观因素的干扰，这些干扰因素可能会使创新实践偏离预设轨道而造成损失，创新精神能够在此时纠正偏离轨道的行为，保证创新活动朝预定的正确方向发展；同时创新精神为创新实践提供源源不断的精神动力，从而在创新工作受挫时激发斗志和信心，保证创新实践的顺利进行。

二、创新精神的内容

创新精神主要由科学精神、首创精神、冒险精神和牺牲精神构成。

（一）科学精神

科学精神有着多方面的内涵，其本质是对真理的不懈追求，求实与求真是它的核心。求实就是要正视事实、重视事实、依赖事实，一切科学的判断和结论都要以事实为依据、以事实为准绳。求真即追求真理，发现事物的本质与规律。19世纪德国辩证唯物主义哲学家狄慈根指出：科学就是通过现象以寻求真实的东西。科学研究的任务就在于透过现象看到事物的真实面貌，发现事物的本质和规律性。我国科学家竺可桢在《科学之方法与精神》一文中指出，近代科学的目标就是探求真理。探求真理就是科学精神。

科学精神首先在于坚持从客观事实出发。科学研究必须以客观事实作为基础和依据。客观事实包括科学家所把握到的自然界的现象材料、人类社会的现象材料及其他现象材料。谁占有的事实依据越多，则谁获得科学真理的概率越大。俄国生理学家巴甫洛夫曾说过："要研究事实，对比事实，积累事实。鸟的翅膀无论怎样完善，如果没有空气的支持，它也永远飞不上天空去。事实就是科学家的空气。没有事实，科学家就永远无法飞动，也会使他的'理论'成为徒然的空想。"① 科学创新来不得半点虚假，必须千方百计地观察、积累事实，不能先入为主，更不允许以想当然去代替事实，否则就会失败。德国化学家李比希在实验中

① 柴一兵：《让孩子受益的榜样故事》，12页，北京，北京工业大学出版社，2014。

主观武断，臆造“氯化碘”，德国化学家维勒在实验中臆造“铬”，正是由于缺乏实事求是的科学精神，使真理从自己手中溜走，错失了取得重大创新成就的大好时机。①

科学精神还表现为坚持不懈地追求真理与捍卫真理。发扬求真的科学精神，时刻刨根问底，是对真理、科学的坚持，是对自我、他人的高标准要求。求真主要体现在两个方面：第一，坚持不懈地追求真理。人类对真理的追求从未停止。英国科学家弗莱明在当军医的时候，看到很多战士因为伤口感染细菌而痛苦地死去，决心找到一种药物来治疗因细菌引起的疾病，经过不懈努力他终于从实验中发现了青霉素，挽救了无数人的生命，他也因此获得了诺贝尔医学奖。培养科学精神，就是不断增强对真理不懈追求的动力。第二，敢于坚持真理，勇于实事求是。科学只服从事实，服从实践检验。在这个客观标准面前，所有的科学探索者一律平等。不管什么人，只要你的新发现、新发明符合客观事实，反映了客观规律，能经受住实践检验，是客观真理，就会得到社会的肯定和接受。这就是“真理面前人人平等”。科学家竺可桢说过：“科学精神是什么？科学精神就是只问是非，不计利害。”② 获得2010年度国家最高科学技术奖的血液学专家王振义，在素有“血癌”之称的白血病治疗方面取得了重大突破。有媒体称王振义“改变了这个死亡游戏的结果”，面对媒体的高度褒扬，王振义非常冷静地说：“没有解决白血病，是解决了其中一个（类型）。这一个是二十几种急性白血病中的一种。”仔细品味王振义的这番话，让人肃然起敬，在赞誉面前他依旧头脑清醒，体现出求真的科学精神。

创新来不得半点虚假，必须尊重事实，坚持从客观事实出发进行观察分析，探求事物的本质和规律，以形成科学理论，并让自己的理论接受实验、实践的检验而得到发展。从这个意义上说，创新过程本身就是一个求实求真的过程。求实求真的科学精神是进行创新必不可少的首要精神。

（二）首创精神

首创精神即敢为天下先、敢于站在科学和真理的洪流之中“做世间第一人”的精神。首创精神表现为主动地提出前所未有的建议、计划，并勇敢地加以实施。这不是一味蛮干，而是科学态度和主观能动性的结合，是在充分尊重客观规律的基础上表现出的主动。首创精神是冲破旧的、落后的习惯、势力的束缚，破除旧传统，提出并解决新问题，勇于变革的精神动力。

创新与首创精神密不可分。科学创新耕耘于“未知”领域，是一个不断求得新发现、新发明，不断把认识水平推向新境界的探索、创新过程。要探索创新，

---

① 栾玉广：《自然科学技术研究方法》，100页，合肥，中国科学技术大学出版社，2010。

② 《竺可桢全集》第2卷，238页，上海，上海科技教育出版社，2004。

必须不甘人后、敢为人先。如果因循守旧，就不可能真正迈开探索创新的步伐。要探索创新，就要站在时代的前列，想前人之未想、做前人之未做、说前人之未说，敢闯、敢试、敢冒尖，研究新情况、解决新问题、提出新见解。一句话，要探索创新就要有敢为天下先的首创精神。敢为天下先的前提是“先”，关键在“敢”。“先”是进行科学探索的出发点，“敢”则是勇于探索，使创新成为可能。

古往今来，真正的探索者无不具有敢为天下先的首创精神。敢碰别人没有碰过甚至不敢去碰的问题，敢提出与客观事物相符但又与前人不同的新观点新理论，都是走在时代前列的勇敢行为。在人类历史发展的长河中，这样的开拓者不胜枚举。比如，为了改变近代中国落后挨打的状况，当时中国的共产主义者继承中华民族的创新精神，创立了中国共产党。中国共产党一成立，就立下了为中国人民谋幸福、为中华民族谋复兴的初心和使命。在实现自己初心和使命的过程中，中国共产党展现出一种开天辟地、敢为人先的首创精神。再比如，1978 年，安徽省凤阳县小岗村 18 位农民签下“生死状”，将村内土地分开承包，创造出了包产到户、包干到户等形式的生产责任制，开创了家庭联产承包责任制的先河，拉开了中国农村改革的序幕。敢为天下先的首创精神是科学探索者的“英雄本色”，也是科技进步、社会发展的强大精神动力。

（三）冒险精神

创新往往是寂寞而孤独的，还要面对诸多风险，创新的价值有时甚至与风险成正相关。因此，很多时候只有敢于冒险、善于冒险，才能在创新中取得成功。

冒险精神就是勇于创新，敢于开拓；就是敢于挑战风险，与风险较量。患得患失、瞻前顾后，不敢面对任何风险，也就不会有任何创新之举。正如邓小平所说：“没有一点闯的精神，没有一点‘冒’的精神，没有一股气呀、劲呀，就走不出一条好路，走不出一条新路，就干不出新的事业。不冒点风险，办什么事情都有百分之百的把握，万无一失，谁敢说这样的话？”①

古往今来，许多科学技术成果都是在冒险中取得的。比如 15～16 世纪的地理大发现就是在冒险的基础上取得成功的。当时的航海家哥伦布、达伽玛、麦哲伦等不畏艰难，冒险领着几条小船在大洋中漂泊，寻找新大陆。这在当时生产力落后，没有机动船的情况下，需要何等的勇气！这就是冒险精神。再如飞机的发明也是人类不断冒险的结果。古时候人们就梦想能像鸟儿一样飞上蓝天，于是人们一代代地积累经验，不断地冒险尝试，终于在 1903 年使飞机飞上了蓝天，实现了千百年来的夙愿，这需要多么大的冒险精神。

冒险，意味着要有坚强的毅力和坚定的决心，要随时准备献出一切乃至生命。瑞典科学家诺贝尔为了发明炸药，经过了千百次的实验。为此，他的兄弟被炸死

---

① 《邓小平文选》第 3 卷，372 页，北京，人民出版社，1993。

了，父亲也残疾了，自己的眼睛也被炸瞎了一只。但他依然如故，不停地干下去，最后终于取得了成功。可以说，对于几乎所有的事情来说，没有冒险就没有成功。冒险是创新成功的一块垫脚石。

需要注意的是，这里所提倡的冒险绝不是一味蛮干的鲁莽和勇武，而是在科学理论指导下符合客观实际的科学冒险。

（四）牺牲精神

创新存在着独特的、难以控制的风险性和不可预见性，有时，完成重大的创新还要依靠崇高的理想和勇于牺牲的精神来支撑。

创新往往意味着无休止的实验与摸索，马克思有一段名言："在科学的入口处，正像在地狱的入口处一样，必须提出这样的要求：'这里必须根绝一切犹豫；这里任何怯懦都无济于事。'"① 对于想要征服科学征途上的险隘雄关的科学家来说，不仅需要有超乎常人的勇气和毅力，有时甚至需要为之献身。第一个提出血液循环理论的塞尔维特，在教会的淫威下牺牲；发明滑翔机的里利塔尔，在一次飞行中突遇狂风，机坠身亡；第一个导引闪电的富兰克林，在风雨雷电中用风筝和绳索引电，面对的是被雷电击倒的危险……当我们历数这些灿若繁星的科学先驱者的名字的时候，深深感到这一座座令后代钦慕的科学丰碑都是用鲜血和生命铸就的。

创新往往意味着与众不同，甚至有悖常理与世俗，因而容易招致误会、诋毁甚至众怒；创新往往意味着挑战权威，从而招致打击、陷害甚至丧命。恩格斯曾热情赞颂18世纪的无神论者是为了"对真理和正义的热诚"而献出了整个生命的人，他们同教会等进行公开斗争，他们的著作在国外印刷，而他们本人则随时都可能进巴士底狱。试想，如果达尔文缺乏冒险与牺牲精神，"生物进化论"又如何击败当时被奉若神明的"神创说"而被人们广泛接受？如果欧洲中世纪没有一批思想和文化先行者的冒险与牺牲精神，又怎会有荡涤黑暗与龌龊的文艺复兴？

当然，我们绝不提倡无谓的牺牲，而是要尽量避免之。我们所提倡的是为发现真理、掌握真理，为社会提供有价值的创新成果而付出的必要牺牲的精神。

第二节　创新精神训练

一、树立理想与信念

理想与信念是一个人的精神支柱和动力源泉，它能点燃人们的生命之火，激发人们的聪明才智，激励人们奋发向上。培养创新精神，需要树立崇高的创新理

---

① 《马克思恩格斯选集》第2卷，35页，北京，人民出版社，1995。

想、坚定创新信念。

第一，理想与信念为创新活动提供目标导向。创新目标具有强烈的社会价值导向，为促进人类进步和推动社会发展而创造新事物、新价值是创新的最高目标。具有崇高理想和坚定信念的创新者往往具备完整而正确的价值体系，能够以理想信念为支撑，正确地认识个人与社会的关系，明确自己的社会角色和社会责任，在此基础上形成强烈的社会责任感，能正确地处理创造与享受、奉献与索取、个人与社会等关系，具备较高的抱负。因此，在确立创新目标时，要能时刻以理想信念为导向不断修正、调整创新目标，自觉地把社会发展的状况、方向、需求内化为个人需要，使创新目标一开始就建立在正确的社会价值的基础上，使创新活动能够产生尽可能大的社会价值。

第二，理想与信念为创新活动提供动力。创新活动是推动社会进步、促进人类发展的创造性活动。在创新活动中，一个有崇高理想和坚定信念的人，往往有强烈的社会道德感和社会责任感，往往将社会、集体、大众的需要放在第一位。在这种崇高创新理想和坚定创新信念推动下，其创新活动将沿着满足社会需要，促进社会发展的目标前进。

第三，理想与信念为创新活动提供精神支持。创新作为挑战自我、创造未来的艰苦劳动不可能一蹴而就、一帆风顺，经常会遭遇困难的磨炼、挫折的打击和失败的考验。崇高的理想和坚定的信念是创新活动的精神支柱，使创新者更清楚自己的奋斗方向，面对困难永不放弃，面对挫折百折不挠；崇高的理想和坚定的信念能够支撑创新者产生超越自我的奋斗激情，冲破一切艰难险阻，直至实现创新。

树立崇高的创新理想、坚定创新信念，才能把献身发明创造活动、造福人类作为自己的追求，进而努力争取创新的成功，为人类社会创造财富。

【训练】

1. 人类的文明史同时也是一部创新史，创新推动了人类前进的步伐，那些关键的创新更是极大地改变了人类的生产、生活方式，加快了人类文明的进步。查阅资料，列举出近300年来人类历史上的重大创新，谈谈它们对人类文明进步产生的影响。

2. 阅读案例，思考达尔文的一生体现了怎样的创新精神，给你带来哪些启示。

“把我的一生献给了科学”

——达尔文使用生命的最好道路①

16、17世纪之交，在生物学中占统治地位的是特创论、目的论和物种不变论等宗教神学观念，它们认为世界上的所有生物都是上帝创造的，物种是永恒不变

---

① 选自杨德荣：《科学技术论研究》，成都，西南交通大学出版社，2004。选入时有改动。

的，一切都被上帝安排得精巧完美，合乎目的。1830 年，法国科学院曾举行过一场大辩论，辩论在生物进化论者圣提雷尔与反对生物进化论的灾变论者居维叶间进行。结果居维叶的丰富材料掩盖了他的错误观点，圣提雷尔的正确意见由于缺乏材料而被抹煞，从此法国生物进化论思想销声匿迹了数十年之久。

1830 年，达尔文怀着对生物学的极大兴趣，结束了大学生活。当时，适值英国工业革命即将完成，正大力进行海外扩张，达尔文有机会参加“贝格尔”号舰的环球科学考察。从 1831 年 12 月到 1836 年 10 月，他的足迹遍及世界各地。

达尔文在大学读的是神学，毕业时曾准备做一名传教士。但在航行考察中，他接触到大量的生物进化事实，他实事求是，独立思考，坚持真理，修正错误，终于抛弃了神创论，逐渐形成了进化论观点。考察归来，他认为自己虽然已经掌握了大量的、确凿的生物进化事实，但尚不能解释生物进化的原因和过程，于是又进行了 20 年的生物养殖实验。为了写作《物种起源》一书，他花了 11 年时间酝酿和搜集资料。该书前后经过 17 年的写作，直到 1859 年才正式出版。书的全名是《根据自然选择、即在生存斗争中适者生存的物种起源》，可见它的中心思想是：通过生存斗争的自然选择，通过自然选择的物种起源，通过物种起源的生物进化。达尔文的生物进化论第一次对地球上的整个生物界的发生和发展做出了规律性的解释。

达尔文的伟大成就是在人们难以想象的、艰苦卓绝的条件下取得的。早在“贝格尔”号舰试航时，达尔文就患了心脏病，他隐瞒病情，毅然登舰。航行中，晕船、伤寒病、恶劣的气候、毒蛇猛兽的侵害、暴风雪的袭击、地震的威胁，种种折磨严重地损害了他的健康，此后 40 年的漫长岁月中，像普通人那样的健康他一天也不曾有过。神经性肠胃病使他常常颤抖、呕吐。写作 20 分钟左右，就要被头痛、痉挛打断。工作 2 小时就要躺下休息一会儿。在写作《物种起源》的 20 年中，他从来没有一夜睡眠超过 5 小时。当写完《物种起源》草稿时，他年仅 35 岁，但身体已孱弱不堪，竟给夫人写了悲怆永诀的遗书。

1842 年 6 月，达尔文已写成有关进化论的提要，1844 年夏天，在这份材料的基础上他又扩充成 230 页的提纲，并请英国植物学家虎克看过。这时，他的生物进化理论已基本酝酿成熟。在英国地质学家赖尔的鼓励下，1856 年 5 月，他开始写作《物种起源》，到 1858 年 6 月，书稿完成一半的时候，他接到英国动物学家华莱斯寄来的一篇题为《论变种无限地离开其原始模式的倾向》的论文并嘱转请赖尔审阅。原来华莱斯 1855 年在马来群岛考察时开始研究进化论。1858 年 2 月在病中萌发了“适者生存”的概念，思考成熟之后，接连两个晚上写成论文，寄给他心目中有真才实学的生物学家达尔文。达尔文读过论文，不禁震惊：华莱斯的论文几乎用了他自己的词句来表达了他自己的思想，论文用的术语都可以成为他书稿中章节的标题。达尔文毫不犹豫地把论文转给赖尔和虎克，并决定牺牲自己 20 多年来辛勤劳动的研究成果，放弃优先发表权，建议尽快发表华莱斯的论文。

赖尔和虎克都认为应当同时发表，他们说："我们不只考虑到达尔文和华莱斯哪个应当享受优先权，也要照顾到一般的科学利益。"达尔文当时正值小儿子病故，自己也卧病在床，只好由赖尔、虎克处理。达尔文1844年的提纲和华莱斯的论文于7月1日晚在林耐学会上宣读，并发表在《林耐学会会报》1858年第3卷上。对于这件事情，华莱斯非常感激达尔文的推荐并认为"自然选择的物种起源说的建立完全是达尔文的功劳"。

达尔文曾说："如果能够对于自然科学提供一点贡献，将是使用我的生命的最好道路。"《物种起源》出版时，他年已半百，病魔缠身，却不稍事停步，又于1871年发表另一部科学巨著——奠定人类起源学说基础的《人类起源及性的选择》。他在与病魔搏斗中坚持工作了40多个年头，直到临终前两天，还抱病记录植物实验报告。他说，"我一点也不怕死"，"我难过的只是，我已经没有气力把我的研究继续下去了"。1882年4月19日凌晨，这位科学巨人永远地告别了人世。

达尔文一生给后人留下20多部科学著作，上百篇论文以及为科学无私献身的崇高精神。他所创立的生物进化论，是19世纪自然科学领域中的三个伟大发现之一，由他所兴发的科学革命，不仅为近代生物科学的发展开辟了广阔的道路，而且对整个意识形态领域产生了重大而深远的影响。

二、确立人生创新目标

创新目标对创新行为起着制约和导向的作用，也是凝聚创新精神的核心元素。只有明确了创新目标，创新者才能有航向，才能将创新欲望演化为自身明确的创新行动。

【训练】

1. 感受目标的精神力量

(1) 活动目的

用实例证明，目标的精神力量可以引起身体的活动，感受目标的精神力量。

(2) 活动过程

参与者两手握拳，伸出食指使之平行且相距5厘米。

参与者注视自己的食指，想象有一根绷紧的橡皮绳绕在上面。

参与者开始说话，语速要缓慢，语调要从容："你能感受到橡皮筋把你的手拉得越来越近……越来越近……越来越近……"

至少有二分之一参与者会笑，这说明他们已经接受了这个暗示，手指离得近了。经验表明，有二分之一到三分之二的参与者会对该暗示做出相应的反应。

(3) 活动讨论

是什么促使你的手指移动？你有没有见过暗示引发行动的其他事例？那些手指保持不动的人是通过什么来抵消"橡皮绳"的力量的？

(4) 评估总结

目标的力量在生活中的确存在，如果你希望自己是什么样，并且确信自己能做到，你往往就真的能实现这个期望。利用好目标所具有的精神力量需要从以下方面着手。

第一，明确自己的目标。每个人都需要确立一个明确的目标，但是必须保证目标的可行性。积极思考，审视自己目标的可行性，制订明确、具体、完整的实施计划，并立刻付诸行动。摒弃一切否定的、沮丧的、影响积极情绪的因素，坚持自己的追求。与鼓励你实现这一目标的人结成同盟，互相激励，从而增强坚持实现目标的意志力。当发现某一目标正是你最想要为之奋斗的目标时，就以这个目标来激励自己。因为它是在你脆弱时给予你动力的东西。每当你面对挫折、想要放弃时，就想一想这个目标，让自己重新获得力量。

第二，挖掘“我会这样”的力量。在追求目标的过程中，当你发现自己出现松懈状态或消极情绪时，要立即挖掘“我会这样”的力量，让自己快速恢复能量。问问自己：如果这一次坚持下来，我将会收获什么？我是否会因此而更健康、更幸福或更成功？给自己打气加油，告诉自己：如果能够克服现在这个困难，那么一段时间后，克服这类困难就会变得容易，我的生活也会变得比现在更好。

第三，进行意念冥想。冥想能够通过获得深度的宁静状态，把一些负面的念头、思虑去掉，并找到积极的感知，克服内心的不安、忧虑等负面情绪。冥想也是一种放松和集中精神的过程，目的是让积极的意念“输入”潜意识，对我们的活动产生正面影响，从而改进自己，促进身心健康。

在一个安静的环境中，选择一个舒适的姿势，闭上眼睛，将脑海中的忧虑、不平、烦恼等感受想象成一个个气泡，用鼻子深长地吸气，然后用嘴轻轻地呼气，想象那些带着烦恼的气泡随着你的呼吸消失在空气中。

将注意力集中在呼吸上，体会空气在体内的进出。每次吸气都想象有新的空气和能量进入身体和大脑，然后再深深呼气，将身体内的负能量随着呼气的动作排出。

建议每天安静地花 15～20 分钟的时间进行冥想，让身心彻底放松，再用一些时间进行自我确认：我是谁？我要成为什么样的人？我要获得什么样的情绪？同样也应该注意，不要让忧虑、恐惧等负面情绪再次占领你的大脑，确保自己拥有乐观积极的态度。

2. 模拟榜样，自我“创设”

自我“创设”，通俗地说就是在想象中期望自己成为什么样的人，并努力实现。想象具有神奇的效用。你在想象中期望自己成为什么样的人，而且也确实在想象中“看到”自己所扮演那个角色，那么你未来的行动就会帮助你达到最佳的自我。无论如何，一个想要改变自我的人，一定要先在心里“看到”他要变成的那个新角色。

正是基于以上原因，培养创新精神也要模拟榜样，进行自我创设。具体方法如下。

（1）反复阅读一个或几个自己最敬佩的科学家、思想家、发明家或企业家的传记，观看有关他们的影视剧、照片或塑像，模仿他们为人的态度、处世的方法技巧甚至谈吐举止，从他们身上体会创新者应有的精神品质，并在工作学习的实践中反复模仿。

（2）确定一个目标、一件物品、你身上的一种变化等即将为之努力的目标。每天花10～15分钟的时间，独自一人在不受干扰的情况下尽情地放松自己，让自己感觉舒适。然后闭上眼睛充分发挥你的想象力，按照你所期望的那样，创造一个事物、场景或内心图像，用现在时态来进行详细的想象，仿佛它们正存在着一样，用一种积极的鼓励方式来想象你的目标，想象你正在努力改变自己，并向自己做出强有力的积极暗示："它们是真实存在的""它已经或即将来临"……接受或获得这个目标的实现。

以上训练都需要长久坚持，并且随时记录心得体会。

三、确立自己的榜样

榜样的力量是无穷的。习近平在《要善于学典型》中说："'学所以益才也，砺所以致刃也'。我们就是要善于向先进典型学习，在一点一滴中完善自己，从小事小节上修炼自己，以自己的实际行动学习先进、保持先进、赶超先进。"① 榜样引领是指通过对创新名家的典型创新事迹的学习与思考，以其先进思想、先进事迹为范例，引发感情上的共鸣，激发起模仿和追求榜样的愿望，使外在的榜样转化为催己上进的内在力量，从而达到创新精神培育的目的。

阅读以下案例，思考这些科学家的生平事迹分别体现了什么样的创新精神。

【案例】

1. 钱学森：坚持真理，不迷信权威

钱学森年轻时师从冯·卡门教授。冯·卡门教授十分注重启发学生的创新思维。当时加利福尼亚理工学院的学术讨论会非常活跃，为学生提供了自由、民主的学术氛围，每个学生都可以向权威发起挑战。因此，经常可以看到师生辩论的情景。

在一次学术讨论会上，钱学森刚刚念完自己的论文，便有一位长者站起来提出不同意见。钱学森不同意他的观点，两人争论起来。研讨会结束后，冯·卡门教授告诉他，那位长者就是大名鼎鼎的力学权威冯·米赛斯。钱学森笑着对冯·卡门教授说："在学术问题面前人人平等，这也是您一再教导我们的。"② 冯·卡

---

① 习近平：《之江新语》，218页，浙江，浙江人民出版社，2007。

② 上海交通大学钱学森图书馆：《钱学森研究（2012）》，113页，上海，上海交通大学出版社，2015。

门教授听了哈哈大笑，非常赞赏钱学森的这种精神。

在另一次学术讨论中，钱学森与冯·卡门教授也发生了争论。钱学森毫不退让，冯·卡门教授非常生气，将钱学森的文稿往地上一扔，拂袖而去。但钱学森并没有屈服，在科学问题上，他决不轻易放弃自己的观点。事后，冯·卡门教授经过认真思考，认识到在这个问题上，他的学生是对的，于是向钱学森承认了自己的错误。

2. 屠呦呦：以身试药，甘于牺牲

2015年10月5日，瑞典卡罗琳医学院宣布，将2015年诺贝尔生理学或医学奖授予中国中医研究院的药学家屠呦呦等三名科学家，以表彰他们对疟疾等寄生虫病机理和治疗的研究成果，其中我国屠呦呦教授的获奖原因是发现了对疟疾有神奇治疗功效的青蒿素。

消息传来，举国欢喜，这是中国在自然科学领域诺贝尔奖零的突破，屠呦呦教授则是中国本土第一位获得诺贝尔生理学或医学奖的科学家。

屠呦呦教授的这项研究被誉为整个20世纪下半叶人类最伟大的医学创举之一，可谁又知道其背后的代价与艰辛？打开网页浏览她大量的事迹与报道，可以看到一个个惊心动魄的数字：40年的坚持、3200多种可能中药的筛选、超过380种的提取方式、191次实验失败……最终，屠呦呦创新性地使用了低温萃取方法，在沸点60℃下的乙醚制取青蒿素，终于在实验室观察到青蒿素对鼠疟、猴疟原虫的抑制率达到了100%。她给挣扎在生死线上的疟疾患者们带来了新的生机和希望。在发现青蒿素后，屠呦呦又发明出双氢青蒿素，这是抗疟疗效为前者10倍的“升级版”。

她为了科学随时准备牺牲自己。用乙醚提取青蒿素，条件简陋，通风不好，她得了中毒性肝炎。她甚至在发现药物有疑似毒副作用的时候，打报告申请以身试药。“如果中毒，我后果自负。”屠呦呦和课题组的两位同事是青蒿提取物的第一批人体实验者。她的老伴李廷钊至今都记得，那段时间她每天回家一身的酒精味，自己服药实验，导致肝中毒。李廷钊悄悄为屠呦呦递上一杯水：“我心疼她也支持她，那个年代很多人都这样，她从没想得到这些荣誉。”幸而受试者情况良好，青蒿素开始了临床试用。“一个科研项目的成功不会很轻易，要做出艰苦的努力。”在高温酷暑中，她亲自喂患者吃药，并整日守在病床旁观察患者的反应以及疟原虫血片检查的结果，在极困难的情况下取得了首次30例患者痊愈的成功案例。

屠呦呦获诺奖后，中国科学院院长白春礼在贺信中说：“您的获奖，是中国科学界的骄傲。”世界卫生组织全球疟疾项目主任佩德罗·阿隆索也说：“屠呦呦和其他中国科学家在抗疟事业上的贡献是不可估量的。”屠呦呦却很平静：“总结这40年来的工作，我觉得科学要实事求是，不是为了争名争利。”当她站在卡罗林斯卡学院发表获奖感言时说：“这是中药走向世界的荣誉，她属于科研团队中的每一个人，属于中国科学家群体。”“我是组长，我有责任第一个试药。”她的表态令很多人惊叹。最动人的是第二句，最敬佩的是第一句。她放下小家，胸怀大家，是付出也是担当。她更是置自身安危于不顾，亲身服药，甘于牺牲，这既是豪情，也是奉献精神。

3. 吴自良：治学严谨，以严苛求精益

吴自良是“两弹一星”功勋科学家，他完成了苏联低合金钢40X代用品的研制，领导并完成了铀同位素分离用“甲种分离膜”的研制任务，提出和指导了大规模合成电路用硅材料品质因素的研究，1980年当选为中国科学院院士，1999年被中共中央、国务院、中央军委授予“两弹一星”功勋奖章。

吴自良院士在发表论文上的态度极其严肃。在20世纪八九十年代，他以古稀之年和几届研究生努力探索氧在Y系高温超导材料中的扩散行为，当时他有一个设想，认为氧在Y系薄膜材料中只沿ab基平面扩散，在垂直方向沿c轴的扩散是通过螺位错的卷面盘旋上升而实现的。可是始终缺少有力的实验证明。他曾综合分析了各方面的资料并作了一些理论计算，写成文章寄出。编辑部反馈同行评审的意见，认为由于缺少实验证明，建议不做原始论文发表，可适当修改后作综述性分析文章发表。他考虑到文章既然还不成熟，就压下不发表了。在他看来，无助于澄清问题本质的文章是不值得发表的。吴自良院士在科研第一线工作的时间超过半个世纪，有他署名发表的文章却屈指可数，但凡是有他署名发表的文章，都得到同行专家由衷的好评和赞赏。

1988年，吴自良院士的学生谢晓明和陈廷国一起将经典的低频内耗手段用于高温超导材料的微观结构研究，并获得了令人惊喜的实验结果。谢晓明兴奋地撰写了自己的第一篇论文，交到吴院士手里。吴院士看了一遍，笑着对他说：“哦，很好，做了一道不错的习题。”此后的几个月时间里，吴院士一次又一次召集他们讨论实验方法，核实公式推导，分析实验数据。模型建好了又推翻，推翻了再重建；文稿写了又改，改了再重写。几个月后终于完成。文章后来被《美国物理评论》录用，发表后很快引起国内外同行关注，并获得了很好的评价。

四、主题活动

主题活动是指在集体性活动中，以一个主题为线索，围绕主题开展活动与交流。通过开展主题活动，有助于培养创新精神。

（一）科学精神训练

1. 参观科研院所、科技场馆活动

（1）活动目的

以“创新放飞梦想，科技引领未来”为主题，通过参观科研院所、科技场馆领略科学之美，感受科学之力量，了解科研工作，培养科学精神。

（2）活动场地

科研院所、科技场馆、高科技展示场所等。

（3）活动内容

提前与相关学科领域的科研场馆取得联系，预定好参观日期与参观内容。

（4）活动要求

在参观中领略科技之美、感受科学力量的同时，了解科研工作的性质与流程、学习科研机构的各项规章制度、感受科研工作的具体要求，从中体会科学精神的内涵。

参观时要注意安全。在科技场馆严格遵守相关制度，尤其是在实验室里不能乱摸乱碰，以免造成伤害。同时，还要遵守公德，不在参观场所拥挤喧哗，不乱扔垃圾，举止文明，有礼貌，守纪律等。

（5）活动总结

在参观活动结束后要开展讨论与思考等，可以以文字形式记录参观心得体会，也可以开展一定形式的演讲、讨论、辩论等。

2. “大胆假设、小心求证”主题竞赛活动

（1）活动目的

所谓“大胆假设”说明要创新必须突破旧观念的束缚、挣脱旧思想的牢笼，对未解决的问题提出新的假设或者解决的可能性；所谓“小心求证”则要求人们不能停留在假设的阶段，必须进行论证。通过竞赛活动，体会科学创新必须重视事实和依据，一切科学的判断和结论都要以事实为依据、以事实为准绳，从而培养求真、求实的科学精神。

（2）活动准备

以班级为单位开展活动，活动成员自由分组（3～5人为一组）。

（3）活动内容

小组成员通过研讨提出一个大胆的假设并进行论证，假设的内容不限，但最好控制在自己熟悉的学科领域。论证前必须广泛搜集资料，论证中必须遵循真理、实事求是、科学地研究发现。可以对假设进行证实、也可以进行证伪，重在论证过程是否科学、论证逻辑是否清晰、论证材料是否足够翔实。

（4）活动要求

科学评定活动成绩，严格按照科学论证的要求设定评分标准，其中重事实依据为评分的核心部分。

（5）活动总结

活动结束后参与者进行总结讨论，重申活动主题，使科学精神深入人心。

（二）首创精神训练

1. “求变创新”活动

（1）活动目的

通过大胆破除旧观念，不断提出新观念来培养首创精神。

（2）活动准备

10人左右为一组，场地不限。道具可以是一些对于首创介绍者来说必要的辅助材料，如图纸、资料等。

（3）活动程序

在参与者中随机选出一人作为首创者。假设这位首创者已经创造出一种新产品、提出一种新的观点或者理论，他的任务是向大家介绍这个新产品、新观点或者新理论（如一台新的腕表式计算机，该计算机仅仅有平时所佩戴的防水表那么大）。其他参与者列出他们赞成或者拥护该创新的原因。他们可以向创新者提出与该创新事物相关的问题，并要求首创者回答。

将所有抵制该创新的原因分为两类，以腕表计算机为例：一类是客观的，比如硬盘太小了，存储性能不高；另一类是主观的，比如我还是比较习惯于以前那种老式的台式计算机或者笔记本，这个太小了。让所有参与者思考一下，哪些原因是创新者可以采纳用来改进创新事物的，哪些则是需要应用者自己努力去适应的。

所有参与者联系自己在学习、生活和工作中可能会遇到的各种变化以及自己的反应，从正反两方面分析影响自己反应的因素，并进一步分析自身负面反应中哪些是合理的，哪些是不合理的。

更换首创者，开始新一轮活动，直到所有参与者都扮演过首创者为止。

（4）活动讨论与思考

对于首创扮演者来说，怎样做才能使人们能够更快地接受自己的创新？

对于活动参与者来说，是什么原因导致自己抵制变化？怎样才能让自己以一个更为开放的态度来对待变化？

（5）总结与评估

守旧思想是创新最大的敌人，只有乐于接受变化，才能够有所创新，新的事物才能被人们接受。如果周围的人大多抵制变化，那么其他少数人也容易与他们选择同样的做法。所以，作为一个变化的倡导者（即首创者），一定要事先考虑好可能遇到的各种阻力以及被抵制的各种理由，做到有备无患，各个击破。

对待新观念和事物的最好方法就是用一种开放的心态客观地对它的利弊进行分析，才能真正判断其真伪与可行性。

2.“每日一创想”活动

（1）活动目的

通过“每日一创想”活动在行动上落实创新，以培养首创精神。

（2）活动内容

活动参与者每日记录一个自己的创新设想或者创意点子，坚持做到“每日一设想，每日一观察，每日一创新”。该创新设想没有具体限制，可以是灵光一闪的金点子，也可以是深思熟虑的新方案。通过记录思维的痕迹，播下创新的种子，开拓想象的空间，见证创新的过程。

（3）活动实施要领

努力让创新成为习惯。俗话说“习惯成自然”。行为心理学研究表明，同一个动作，重复 21 天就会变成习惯性的动作；同样道理，任何一个想法，重复 21 天，或者重复验证 21 次，就会变成习惯性想法。所以，一个人如果能够坚持每天进行一点创新行动，那么创新就会成为习惯。

持续激发自己的创新欲望。拥有首创精神的人，思维一定保持在一种活跃的状态，会经常、反复地问自己：“我能改变什么?”“什么东西需要我去改变?”“我怎样进行改变?”经常处于这种激发状态之下，一旦遇到机遇和可能，有些问题就会自然而然地进入脑海而不会轻易地溜掉。否则即使知识渊博，也只能起到知识库的作用，而很难有什么创新成果。

充分相信自身的创新能力。只有坚定不移地相信自己具有一定的创新能力，并不断地用实际行动去证实，才能在创新实践中越挫越勇，从而形成首创精神。

坚持磨炼自己的创新毅力。成功需要反复地做简单的事情，创新成功也需要不断坚持、反复尝试来磨炼自己的创新毅力。在磨炼创新毅力过程中切忌急于求成，虽然活动参与者都希望能够挖掘自身的创新潜力，“见人之未见，思人之未思”，但若一时半会儿未达到效果也不必否定自我，而是要坚持下去完成活动，在坚持中磨炼自己的创新毅力。

（4）活动成果展示

活动参与者每周将前一周的每日创新成果进行汇总，评出优胜者进行奖励，并将创新点子继续挖掘甚至付诸实践。

（5）活动总结

活动结束后，参与者要对自己的“每日一创想”情况进行总结与梳理，检视该活动带给自身的影响，并公示宣传良好的心得体会，以启发更多的活动参与者形成首创精神。

（三）冒险精神和牺牲精神训练

1. “观冒险电影，悟冒险精神”活动

（1）活动目的

通过观看冒险题材电影，体悟冒险精神，憧憬冒险，激发探索未知世界的欲望。

（2）活动内容

观看科幻冒险片《流浪地球》。影片改编自刘慈欣的同名小说，背景设定在 2075 年，讲述了人类面对太阳即将毁灭的绝境，将开启“流浪地球”计划，试图带着地球一起逃离太阳系，寻找新家园的故事。

（3）活动要求

以班级为单位进行观影。观影结束后提交以冒险为主题的电影观后感，并进行评比。

2. 冒险拓展活动

（1）活动目的

通过冒险拓展活动来体验、感悟生命，挖掘潜能，磨炼意志，增强自信，培养冒险精神。

（2）活动场地

素质拓展场馆或专业野外拓展训练场。

（3）活动内容

由学校统一组织，以班级为单位到事先选定的场地开展冒险训练。一般来说，常见的冒险项目根据冒险活动的具体场景可分为高空冒险、场地冒险、水上冒险等。常见的高空冒险项目有高空独木、高空击球、高空抓杠、合力制胜、软梯、高空断桥、高空荡木、绝壁逢生、轮胎墙、高空相依、空中吊桩、高空荡木、步步登高、高空软梯、高空秋千等；常见的水上冒险项目有攀网过河、乘风破浪、水上独木桥、栈道桥、溜索过河、滚筒桥、情侣桥、水上漂、搭板过河、吊索桥等；常见的场地冒险项目有勇闯栈道桥组合、冒险桥组合、中空五连体、宇宙泥浆、缅甸桶、霹雳舞步、翻山越岭、匍匐前进、脚吊环桥等。

（4）活动要求

参与者必须明确参与每一项挑战的目的。在参加各种冒险活动的过程中要用心体会战胜自我、超越自我的乐趣，不断发现和挖掘自身潜能，通过克服困难磨炼意志，做到玩有所获、不断进步。

必须以安全为前提。开展此项拓展活动之前，参与者必须接受安全教育，同时拓展指导员要接受安全培训，拓展场地相关活动设施与活动器材要进行安全考察，所有活动项目要进行安全检视，确保安全工作万无一失方可开展。

（5）活动总结

活动结束后要开展一定形式的内省总结，可以是文字形式的文章、日记、心得体会等，也可以是演讲、讨论、辩论等。只有通过广泛的内省总结活动，才能使活动真正得以升华，活动效果得以保证。

第三章　创新品格的培育

【名人名言】

千淘万漉虽辛苦，吹尽狂沙始到金。

——刘禹锡

古之立大事者，不惟有超世之才，亦必有坚韧不拔之志。

——苏轼

惟保守也，故永旧；惟进取也，故日新。

——梁启超

凡建立功业，以立品为始基。从来有学问而能担当大事业者，无不先从品行上立定脚跟。

——徐世昌

没有伟大的品格，就没有伟大的人，甚至也没有伟大的艺术家，伟大的行动者。

——罗曼·罗兰

创新品格包含创新品德和创新意志。本章主要介绍创新品德、创新意志的含义、内容及对创新的作用，以及创新品德和创新意志训练的基本方法。

第一节　创新品德

创新品德是创新者开展创新活动时自我约束的“规矩”，是实现其创新成果价值的“道德规范”。创新者要取得创新成功，其创新品德的培育是绝不可忽视的。

一、认识创新品德

（一）创新品德的含义

创新品德指的是创新者所具有的在创新过程（活动）中自觉遵守一定的道德规范和行为准则时所表现出来的稳定的倾向和特征。创新品德的含义有以下几个方面。

一是创新品德的约束对象是创新者。创新品德一定是针对创新者而言的，创新者是一个特定的角色，是正在进行创新活动的主体。

二是创新品德是创新者在创新活动中应具有的品德。创新品德一旦形成，就会对创新者产生积极的影响，它不仅能规范创新者在创新过程中的意识和行为，也能规范创新者在其他社会活动中的意识和行为。

三是创新品德本质上是道德行为规范。道德是人们共同生活及其行为的准则和规范，也就是说人们在社会生活中理应遵守的行为规范和准则。而创新品德的约束对象是创新者，创新品德约束和规范创新者在创新活动中的行为，因此，创新品德在本质上是一种道德行为规范。

（二）创新品德对创新的作用

1. 实现人生价值

一个人能否出色地进行创新，不仅离不开一定的外部条件和自身的知识、能力、经历、水平等因素，还与其品德修养有非常重要的关系。一个人如果在创新活动中表现出热爱创新、敢于探索；实事求是、尊重客观事实和规律；不弄虚作假，不剽窃他人的创新成果；不迷信专家权威，追求真理，坚持真理；诚实守信，团结协作，尊重他人，相互帮助，不搞派系，在学术研究中坚持发扬民主、百家争鸣的良好创新品德修养，就会更好地实现创新目标，从而实现人生价值。加强创新品德修养，是通向高尚人格、实现人生价值的必由之路。

2. 优化创新环境

对每一个具体的创新团队来说，创新品德同其创新目标、创新成果的实现、创新成果在社会中的价值等息息相关。如果一个创新团队中的成员具有良好的创新品德修养，他们就会在创新过程中坚持真理、实事求是，不为任何物质利益的诱惑所动、不因权力地位的提升而放弃原则；他们就能够做到尊重客观实验数据和实验结果，诚实守信，不剽窃、抄袭他人的创新成果，踏踏实实搞创新，实实在在搞学术。这样的团队的创新成果被社会认可，就会为团队赢得良好的社会信誉，使之在市场环境中处于有利地位，为创新环境的营造添一抔净土。相反，如果为了自身利益而不惜违反创新品德的规范和约束，如伪造、篡改实验数据，剽窃、抄袭他人成果，泄露创新成果的实验数据等，或许一时能取得利益，但是从一个较长过程来看，必将断送自身前途，危害整个创新团队的创新进程，甚至导致前功尽弃，损失大量的时间和精力，在浪费大量资财的同时，创新团队（组织）和个人也会身败名裂。

只有加强创新团队中每个人、创新群体中的每个团队的创新品德修养，才能聚沙成塔、积流成河，使整个社会创新环境变得更美好。

（三）创新品德的内容

创新品德的内容主要包括以下几个方面。

1. 坚持真理

创新活动是一个追求真理、探索真理的过程。真理是客观的，是客观事物及其规律在人的意识中的正确反映，不依赖于人的主观意识而独立存在。不管是自然科学方面的真理还是社会科学方面的真理，都不以任何阶级、任何集团、任何人的意志为转移。人们的立场、观点和方法不同，观察事物的角度不同，对于同一事物有各种各样的认识，但真理只会有一个。例如，在标准大气压下，水的沸点是100℃。坚持真理必须服从真理，要靠强大的逻辑力量，客观存在的事实，以及不断调查取证、实验验证，不同意见之间热烈、平等而开放的辩论来揭示真理。

伽利略·伽利雷对亚里士多德提出的经典理论“如果两件物品同时从空中扔下，必定是重物先着地，轻物后着地”提出了质疑，认为两件物品从空中同时抛下，不管重物和轻物，都会同时落地。但是，在当时亚里士多德的理论就是“真理”，是不容置疑的。伽利略坚持用做实验的办法来证明自己的观点，当人们看到实验结果后，都为他坚持真理的精神和品德所折服。

真理具有不以人的意志为转移的客观性，真理最根本的特征就在于对客观事物的本质和规律的正确揭示，在于思想与客观事物的本质和规律的一致性。创新成果的取得从来不是容易的，创新的过程也从来不是一帆风顺的，人们在追求真理的过程中可能会犯各种各样的错误，只有不断打破表面上的“真理”，不断发现错误和改正错误，不断追求主观与客观的统一，才能真正发现真理、坚持真理。

坚持真理，首先必须打破迷信书本的观念和习惯。“尽信书不如无书”，一味依赖书本而不结合实际，将禁锢自己的思想，反而不利于真理的发现。其次，坚持真理还必须打破对权威的盲目崇拜。权威特别是科学领域的权威，往往是某领域中取得非凡成就的佼佼者，将他们视为创新活动中的楷模和榜样是无可厚非的，但是如果这种推崇达到了“神化”的地步，那么结果就将走向反面。最后，坚持真理要敢于对传统定论说“不”。传统定论或许在一定时间和条件下是真理，但是真理并不是一经建立就永恒不变的。科学探索得到的真理包含对客观事物及其规律正确认识的成分，以及不依赖于人类意志的客观内容，具有绝对性；同时它是对客观世界有条件的、近似的相对正确的认识，它仅在一定的范围和一定的条件下适用，具有相对性。从这个角度来说，创新是不断突破真理的相对性，不断接近绝对真理的永无止境的过程，是不断破旧立新、推陈出新、不断变革、不断对已有的传统定论说“不”的过程。

2. 实事求是

创新活动是探求真理、探索未知世界、打破旧有的知识体系建立新的知识体系的过程，这就要求在创新活动中坚持实事求是。

毛泽东在《改造我们的学习》中指出，“实事”指的是不以人的意志为转移的客观存在的事物，“是”是客观事物的内部联系，即规律性。“求”指的是我们去研究、去探求。创新活动过程实际上是我们探求“是”的过程。因此，应积极主动地接触现实，做好占有大量可靠的感性材料和将感性材料进行加工（去粗取精、去伪存真、由表及里、由此及彼）等工作，而后由感性认识上升到理性认识，最终把握事物的本质，从而探求事物的“是”。

在创新活动中坚持实事求是，应做到以下两点。第一，要一切从实际出发。这里的实际就是客观存在的真实情况和客观的实践活动（创新活动）。毛泽东在《反对党八股》中说，按照实事求是精神，有则说有，无则说无，是则是，非则非。实事求是要求创新者一切从实际情况出发，客观实际包括创新者的身体条件、心理状况、知识水平、经济条件等，这些都是进行创新活动的基础。要从这些实际出发，做不到从实际出发，创新活动就很难取得成功。第二，要坚持理论与实际相联系。在创新活动开始之前，要具备一定的相关科学理论知识，将这些理论知识与创新实践相联系，运用理论，探索规律，发现新知。创新活动总是在旧有的理论和知识体系中产生的，没有理论和实践基础的创新是经不起检验的。

实事求是不仅是科学精神和进行创新活动的科学方法，也是创新者进行自我内部约束和外部对创新者行为进行约束的道德规范。只有坚持实事求是，才能促成创新成功，任何不承认事物的客观性、不探索事物本质规律的创新活动，都不能取得成功。

坚持真理和实事求是都是创新品德的重要内容，二者相互联系，相互作用。坚持真理要求实事求是，只有坚持实事求是才能最终走向真理。

3. 诚实守信

诚实就是忠诚老实，表里如一，言行一致，不讲假话，不欺骗，不作弊，不掩盖错误和缺点。守信就是信守诺言，说到做到，讲信誉，重信用，忠实履行自己应承担的义务。守信以诚实为基础，离开诚实就无所谓守信。诚实守信既是做人的准则，也是对创新者的道德要求。

如果创新者为了达到多出成果的目的，剽窃、抄袭他人的创新成果，违背诚实守信，则会严重污染学术环境。作为学者，应诚实正直，有高度的使命感和责任感，要自律自强，激浊扬清，固守精神家园。

曾子是孔子的弟子。曾子非常诚实，从不欺骗别人，对于自己的孩子也是说到做到。有一次，曾子的妻子要上街，儿子哭闹着要跟去，妻子就哄他说：“你在家等我，回来给你杀猪炖肉吃。”孩子信以为真。妻子回来，见曾子正磨刀霍霍准备杀猪，赶忙阻拦说：“怎么，你真的要杀猪？我原是哄他的。”曾子认真地说：“对小孩子怎么能欺骗呢？我们的一言一行对孩子都有影响，我们说了不算数，孩子以后就不会听我们的话了。”曾子言传身教，以身作则，为后世传颂。

创新活动中，如果创新者不能诚信待人，不仅影响人际关系，还会影响创新进程和创新成果。诚实守信比创新本身更为重要，许多重大创新项目涉及国家秘密，如果创新团队中的一人不能诚实守信，那么很可能导致该创新项目前功尽弃，损害国家和民族利益，影响国家声誉。

做到诚实守信，一是要严格要求自己，言行一致。在创新过程中，当因为自己的失误而影响整个创新团队的进程时，应不隐瞒真相，勇敢地将自己的失误实言相告；实证数据应如实填写，不随意修改；不捏造事实，在团队交流中要坦诚，不向团队隐瞒实情或传递虚假信息。二是要严格遵守法律和社会公德，这些也是诚实守信的重要体现。

4. 维护正义

创新本身是自由的，就创新这一活动来说，只要创新者坚守创新最基本的行为规范，创新的行为和结果就是可以掌控的。但是，现实中的创新会自觉不自觉地受到多种势力、诱惑、利益群体的干扰。例如，当创新活动与不正当利益群体发生冲突时，创新者究竟是向不正当利益群体屈服，还是秉承创新的道德规范，创新者的道德水准或者说价值判断就成了关键因素。

绝大多数学者在科学活动中遵循“利益主义与人道主义的统一”原则。科学研究首先应是为人类谋福利，把人类的利益作为评价和选择科学研究的准则。而这里的利益不仅仅是一个地区、一个国家的利益，而且是整个人类社会的利益。人道主义原则要求任何科学研究都要尊重、维护人的健康和生命，至少不应危及和损害人类的生存、健康和安全。当利益与人道主义发生冲突时，科学家的选择应是坚持不伤害原则：对明显危及人道的科学问题不参与，对隐含的伦理问题提出警示。科学活动也是一种创新活动，科学家在进行科学探索时所遵循的原则也是创新者在创新活动中所要遵守的原则。创新过程和创新成果不危害他人和社会是创新者进行创新活动的道德底线，是不能逾越的。每一种形式的创新（包括科技创新、文艺创新、制度创新、理论创新等）和每一种创新成果的出现，都应该不损害国家、民族和人民的利益。创新者应以身作则，对社会承担义务，对创新承担责任。

二、创新品德的培养

（一）规范认知

培养创新品德，首先需要对创新品德规范有清晰的认知。创新品德规范的认知，从某种程度上来讲，主要为学术规范的认知。没有规矩，不成方圆。学术工作历来有自身的规范。不遵守学术规范，就不可能有真正的学术研究，学术道德也就无从体现。因此，遵守学术规范是对学者的最起码的要求。①

1. 学术研究相关法规和政策文件

规范学术研究的法律法规和政府文件有很多。其中法律法规有：《中华人民共和国科学技术进步法（2021 年修订）》《中华人民共和国著作权法》《中华人民共和国专利法》等。品德规范中关于诚信内容举例如下：《中华人民共和国科学技术进步法》第六十七条规定，科学技术人员应当“遵守学术和伦理规范，恪守职业道德，诚实守信；不得在科学技术活动中弄虚作假”；第六十九条规定，科研诚信记录作为对科学技术人员聘任职称、申请项目、授予奖励等的重要依据。相关的政策文件有：国家标准局《科学技术报告、学位论文和学术论文的编写格式》，教育部《关于加强学术道德建设的若干意见》《高等学校哲学社会科学研究学术规范（试行）》《高等学校科学技术学术规范指南》《在线发表科技论文的学术道德和行为规范》，中国科学院《关于加强科研行为规范建设的意见》，科学技术部《国家科技计划实施中科研不端行为处理办法（试行）》等。各高校规范学术要求时也会制定相应的文件。创新品德的培养，首先要对规范学术研究的法律法规和政府文件有所认知。

2. 写作规范

学术研究的成果有多种形式，主要有论文、著作、课题研究报告、专利申请书等。研究成果形式的呈现都离不开写作，对某领域中的问题研究得如何，首先要看描述得如何，研究成果得以传播离不开描述。因此，写作规范是每一个创新者都要清楚明白的重要内容。关于学术论著的基本写作规范可以参照《科学技术报告、学位论文和学术论文的编写格式》《学位论文编写规则》《科技报告编写规则》和《中国高等学校自然科学学报编排规范（修订版）》等。

以学位论文为例，其包括题名、署名、摘要、关键词、序言、正文、结论、致谢、参考文献等部分。题名用于揭示主题，应避免使用不常用的缩略词、字符、代号和公式等，中文题名一般不超过 20 字，必要时可加副标题；用作国际交流时，外文题名一般不超过 10 个实词。署名是作者对作品负责和拥有著作权的标志，应置于文章题名下方，必要时可注明作者职务、职称、学位、所在单位名称及地址等信息。作者的署名之间用逗号分隔，一般按贡献大小排列名次。团体作者应署团体名，同时还应署执笔者姓名。如署名有必要附注汉语拼音，必须遵照国家规定，即姓在名前，名连成一词，不加连字符，不缩写，首字母大写。译文的署名，应当著者在前，译者在后，著者前用六角括号标明国籍。摘要置于题名和作者之后，是对论文内容的简短陈述。摘要的基本要素包括研究目的、方法、

① 浩力：《必须遵守学术规范——从“强国之梦”系列丛书说起》，载《历史研究》，1997（2）。

结果和结论。中文摘要一般在200～300字，外文摘要一般不超过250个实词，如非必要，摘要中不用图、表、化学结构式、非公知公用的符号和术语。关键词是用来揭示全文主题内容的一组词语或术语，一般选取3～8个。排在摘要下面，每个关键词用逗号隔开。引言（序言、前言）应开门见山，不要与摘要雷同。学位论文的引言可以单独成章，以回顾前人研究的综合评述和理论分析。正文是学位论文的主要内容，正文必须实事求是、层次分明。结论是全部正文的最终的总体结论，而不是正文中各个部分的简单重复，如果没有导出结论，则可在结论中提出建议、研究设想、仪器设备改进和尚待解决的问题等。致谢是对完成研究工作或者对论文写作提供指导和帮助的组织和个人进行感谢。参考文献可以是专著、专著中的析出文献、连续出版物、连续出版物中的析出文献、专利文献、电子文献等。参考文献应包含序号、文献标题、作者、出版社等信息。

3. 违反学术规范的表现

学术研究中的学术不端通常是指在从事学术活动中有意识地违背学术规范的行为，包括抄袭、剽窃、侵吞他人学术成果；篡改他人学术成果；伪造或者篡改数据、文献，捏造事实；伪造注释；未参加创作，在他人学术成果上署名；未经他人许可不当使用他人署名；等等。它还泛指在科学研究中的不道德、不正当以及不负责任的学术行为，如治学不严谨，学风不正，学术浮躁，为了预期结果使用不恰当的实验和统计方法，重复发表，引文不规范；等等。这些行为违背科学精神和道德，给科学研究和学术活动带来严重的负面影响，极大损害学术形象。

（1）抄袭。指全文或整段照搬照抄他人或本人已经发表过的学术观点、结论、实验数据，而未在参考文献中标明出处。

（2）剽窃。将他人受《中华人民共和国著作权法》保护的论著或研究成果的全部或片段抄袭、编辑组合，未在参考文献中标明；将他人受《中华人民共和国著作权法》保护的论著或研究成果部分通过增删语句、调整语句顺序、内容拆分合并、微调文字表述用于自己的论著，主体内容与他人相似而实质不变，且未在参考文献中标注；将研究成果中的调研信息、实验数据、图表公式略加改动就用于自己的论著，而未在参考文献中标注；将他人受法律保护的独创概念、定义、方法、原理、公式等据为己有，未在参考文献中标注；在论著中引用他人未正式发表的成果，而未获得原作者的书面许可；等等。这些行为均为剽窃。

抄袭、剽窃是同一性质的侵权行为，系同一概念，其英文表达也同为plagiarize，指将他人作品或作品的实质内容窃为己有并发表，二者没有本质区别，但是二者在侵权方式和程度上还是有所差别的。抄袭是指行为人不适当引用他人作品以自己的名义发表的行为；而剽窃则是行为人通过删节、补充等隐蔽手段将他人作品改头换面而没有改变原有作品的实质性内容，或窃取他人的创作（学术）思想或未发表成果作为自己的作品发表。抄袭是公开的照搬照抄，而剽窃却是暗地里改头换面。[①]

（3）篡改。包括人为操纵实验过程，使实验结果支持自己的假设；杜撰或取舍研究数据、图片，以符合自己期望的研究结论；篡改原始数据，以达到自己期望的研究结论；擅自去掉不利的数据，只保留有利的数据；添加有利数据的行为；夸大实验重复次数，夸大实验动物或试验患者的数量；对图片记录进行修饰；等等。

（4）伪造。是指在学术活动中，为了个人目的，不以客观的观察、实验记录和实验数据为依据，伪造虚假的观察和实验结果，而不反映真实结果的一种欺瞒行为。其主要表现为伪造试验样品，伪造实验过程、数据，虚假观察，伪造实验结果、论文材料和实验方法，伪造学历、履历，虚构发表论著等。

（5）重复发表和一稿多投。[②] 一稿多投是指同一作者或同一研究群体的不同作者，在法定或约定的禁止再投期间，或在期限以外获知自己论著将要发表或已经发表，在期刊（包括印刷出版和电子媒体出版）编辑和审稿人不知情的情况下，试图或已经在两种或多种期刊同时或相继发表内容相同或相近的论文；还指同一作者几次将同一论著投给同一期刊，表现为完全相同型投稿；将论著内容分解成多篇进行投稿；将论著题目、内容、结构、前后段连接关系进行调整后投稿，实质内容不变。重复发表是指同一作者向不同期刊投稿时，其文稿内容（如假设、方法、样本、数据、图表、论点和结论等）有相当部分重复而且文稿之间缺乏充分的交叉引用或标引的现象。如果一组数据已经在某篇论文中发表过，就不宜在新的论文中继续作为新数据来使用，否则也会被当成重复发表。

（6）其他违反学术道德规范的行为还有有意识地引用不规范、请他人代写论著或代他人写论著、违规售卖学术成果以及不当学术评价等。

【训练】

1. 请收集本节未提及的其他学术规范文件，并从中选取你认为最重要的一点进行不少于500字的描述。

2. 材料分析。

相传一位哲学家的学生曾向他请教怎样才能坚持真理。哲学家从抽屉里拿出一个苹果放在讲桌上，然后说道："请大家集中精力，注意空气中的味道。"过了一会儿，他问道："现在，你们可以告诉我，闻到了什么？"好几个学生举起手回答说闻到了苹果的香味。

随后，哲学家说："好，请你们再聚精会神，仔细闻一闻空气中的味道。"说完，哲学家举着那个苹果走下了讲台，围着学生慢慢地走了一圈。

---

① 参见教育部科学技术委员会学风建设委员会：《高等学校科学技术学术规范指南》，北京，中国人民大学出版社，2010。

② 参见四川大学《学术道德与学术规范》编写组：《学术道德与学术规范》第3版，四川，四川大学出版社，2016。

回到讲台上以后，哲学家又问学生道：“这次，你们能回答我是什么味道吗?”下面更多的学生举起了手，都回答说闻到的是苹果的香味。

于是，哲学家第二次走下讲台，把苹果放在每位学生的鼻子底下让他们仔细闻了一回。

这一次，除了一位学生之外，其他所有学生都举起手说是苹果的香味。

哲学家看了看那位没举手的学生，微笑着问道：“那你闻到的是什么味道呢?”

顿时，那位学生意识到了什么，慌忙也举起了手，回答说自己跟大家一样，闻到的也是苹果的香味。

这时，只见哲学家脸上的笑容不见了。他高高举起了那个苹果，对学生们说了一句话。学生们一听，顿时明白了什么叫坚持真理。

猜一猜，哲学家对学生说了什么？想一想，在今后的创新活动中，如果你与老师、专家持不同的意见，你应该怎么做?

3. 选取一位你身边创新品德高尚的榜样人物进行采访，撰写一篇采访报告。要求不少于1000字。

（二）案例启示

古今中外，凡是有所成就的科学家、创新者，其身上的道德品质，不仅是其取得创新成果的重要因素，还能为其所取得的成就增光添彩。这正是由于他们内心坚守的创新道德和信念，促使其在取得成就的同时，赢得了人们对其人格的敬仰。在平凡中成就了不平凡，为人们带来了深深的感动。这样的感动，可唤醒人们心中的良知，社会需要这样的人物，引领人们走向新的辉煌。

【案例】

布鲁诺是文艺复兴时期意大利天文学家、哲学家。1548年，布鲁诺出生于普通的农民家庭。由于家境贫寒，父母将布鲁诺送进了修道院，也是在修道院期间，布鲁诺阅读了大量的书籍，结交了一些人文主义者，也正是在这期间布鲁诺阅读了哥白尼的著作。他被哥白尼的太阳中心说所吸引，并为哥白尼著作中严谨的逻辑和精辟的论证所折服。

此后，年轻的布鲁诺成为哥白尼学说的热心宣传者，走上了为捍卫和宣传哥白尼学说而奋斗到底的道路。他发展了哥白尼的宇宙学说，提出了宇宙无限的思想。他认为，宇宙是统一的、物质的、无限的，太阳系之外有无限多个世界，太阳并不静止，也处在运动之中，太阳并不是宇宙中心，无限的宇宙根本没有中心。

他的学说损害了统治阶级的利益，布鲁诺遭到教廷通缉和迫害，不得不在1578年离开意大利，先后流亡瑞士、法国、英国、捷克斯洛伐克、奥地利、匈牙利等国。布鲁诺每到一个地方，都积极批判宗教神学，热情宣传哥白尼的学说，反对托勒密的地心说。1583年，布鲁诺来到伦敦，在这里度过了两年多比较安静的时期，他的哲学著作《论原因、本原和统一》以及《论无限的宇宙和多世界》

就是在伦敦写作并出版的。布鲁诺长期流亡在外，思乡心切。同时他也急切地想把自己的新思想和新学说带回来，献给自己的祖国。

1592 年年初，布鲁诺不顾个人安危，回到威尼斯讲学，结果却落入了教会的圈套，被捕入狱。布鲁诺在长达 8 年之久的监狱生活中，受尽酷刑，历尽了非人的折磨和凌辱，但他没有丝毫动摇，坚贞不屈，始终恪守自己的诺言，不放弃自己的学说和信念。

1600 年 2 月 6 日，宗教裁判所判处布鲁诺火刑。布鲁诺死后，教会甚至害怕人们抢走这位伟大思想家的骨灰来纪念他，匆匆忙忙地把他的骨灰连同泥土一起抛洒在河中。

在布鲁诺殉难的罗马广场，人们为他树立起铜像，以作为对为真理而斗争、宁死不屈的伟大科学家的永久纪念。

布鲁诺的事迹告诉我们：

第一，真理绝不能服从于任何统治阶级的利益。托勒密的“地心说”恰好迎合了基督教教义，便被教会用来维护其利益。但是，哥白尼、布鲁诺等人仍发展了天文学，使人们对天文学的认知又向真理前进了一步。可见，真理不是统治阶级用来统治的工具，而是人们对世界的正确认识。这正是我们提倡坚持真理的原因所在。

第二，坚持真理，不能随波逐流。凡有取得创新成就的人，无不具有很强的独立性而较少依附和盲从。他们往往不满足于已有结论、不迷信权威、不屈服于任何外在的压力。因此，只要是经得起检验的真理就应该坚持，而不能人云亦云、随波逐流。根据自己看到的事实做出判断，并勇敢地提出不同意见的人，才是坚持真理的人。

【训练】

收集 5 个以上坚持真理的人物的事迹，从他们的事迹中总结共性，并结合自身谈谈你将如何在创新活动中坚持真理。

【案例】

1. STAP 细胞造假事件

2014 年 1 月 29 日，英国《自然》（*Nature*）杂志上发表的两篇论文引发了全球对干细胞学界的关注。论文的第一作者是小保方晴子（日本理化学研究所细胞再造实验室的研究团队负责人）。论文中提到发现了一种能更简便培养多能干细胞（STAP）的方法，这预示着未来像更换零件一样简单的器官移植成为可能。这在当时引起了极大的轰动。甚至在日本媒体的炒作下，小保方晴子被视为“国宝”，被追捧为有望冲击诺贝尔奖的“日本居里夫人”。

但是很快，有科学家指出论文有造假嫌疑，4 月 1 日，调查委员会召开新闻发布会，宣布论文确实存在数据造假问题，论文的共同作者也纷纷表态支持撤回论文。在几乎所有人都认定论文造假的同时，小保方晴子仍然坚称 STAP 制取方法真的存在。日本理化学研究所同意小保方晴子自证清白，从 7 月 1 日起在实验室 24 小时监控下进行验证实验。同时，委托另一名科学家在另一间实验室独立验证。8 月 5 日，小保方晴子的导师（论文的共同作者）笹井芳树顶不住舆论的压力自缢身亡。11 月 30 日，STAP 验证实验提前结束。12 月 19 日，日本理化学研究所发布声明："验证未能确认 STAP 现象，所以验证计划终止。"同一天，小保方晴子辞职，这桩萦绕了将近一年的科学丑闻终于尘埃落定。

2. 舍恩事件

2002 年的"舍恩事件"被视为科学界的最大的学术造假丑闻之一。德国年轻科学家亨德里克·舍恩 1998 年正式加盟美国贝尔实验室，先后与其他 20 多位研究人员合作，在短短 2 年多时间里在几家全球著名学术期刊上发表了十几篇论文，涉及超导、分子电路和分子晶体等前沿领域，其中一些研究还被认为是突破性的。

后来，有人投诉舍恩系统地大量伪造重大实验结果。贝尔实验室为此邀请了 5 名外界科学家组成独立调查小组，对此事展开调查。调查小组最终认定，舍恩在 1998 年至 2001 年至少在 16 篇论文中捏造或篡改了实验数据。2002 年 9 月，舍恩被贝尔实验室开除。而且连他的博士学位也在 2004 年 6 月被康斯坦茨大学撤销。

这些反面案例告诉我们，违背创新品德的要求会带来以下恶果。

第一，影响个人前途。学术界本来应是探索新知的一方净土，然而学术不端、科研失信事件也屡有发生。这些有违学术道德的行为，究其原因是部分人过于追求名与利，抛弃了本应秉持的科学创新态度和求实精神，做出有违学术道德的行为，使得学术研究功利化。永久性维护自己名誉、地位的最佳选择就是遵循学术规范、杜绝学术不端行为。

第二，影响社会发展。纵观世界近现代史，世界强国的崛起无不依赖科技。科研能力和人才素质是创新型国家能否实现的关键要素，而科研道德无疑起着不可或缺的作用，学术诚信能够促进科学界对前沿主题的挖掘，敢于投入对"新精尖"领域的研究，避免重复性、低水平和原地踏步式的研究。反之，科研道德环境的缺失会使正在踏入科研领域的新人产生投机思想，不利于创新型科研人才队伍建设，甚至会导致科学研究能力和人才素质水平的滑坡。学术不端行为绝不仅仅是单纯的个人道德问题，而是关系学风和社会可持续发展的大问题。

【训练】

1. 阅读上述案例，谈谈你的感想。

2. 搜集整理近年来具有代表性的科研失德案例，深入分析其危害性和不良后果，并思考造成这些现象的原因是什么。谈谈你将如何在今后的创新活动中约束自身的行为。

（三）环境熏陶

所有教育成效的取得都离不开各种教育环境的营造和影响，教育要利用环境去感染受教育者。尤其品德教育，更需要通过“感染”的形式实现。可从以下几个方面着手。

一是集体观看影片《钱学森》，并在观看完毕后分享自身的观看体会。钱学森的哪些品德感染了你？你今后将如何做？选择名人传记特别是取得创新成就的名人传记进行阅读，阅读后在全班组织阅读分享会，重点讨论其优良品德。

二是参观讨论案例展。汇集典型的学术不端案例，举办案例展并组织参观。在观展后举行主题班会，讨论造成学术不端的原因，对社会、对个人造成的危害，以及应如何避免学术不端。

三是评选“校园时代先锋”。以投票的形式评选出你认为品德高尚的“校园时代先锋”，并说明她（他）的哪些品德感染了你。

四是摘录有关坚持真理、实事求是、诚实守信的名人名言，记诵其中喜欢的句子，作为自己的座右铭。

五是告别不良习惯，举行修身正德文明监督活动。以创新品德规范为指导，开展违反创新品德行为监督活动，通过设置品德监督员等多样的形式对失德行为加以制止、规劝、教育。以社团为单位开展活动，营造出修身正德的浓厚氛围，以促进创新品德的养成。

（四）综合内省

内省能使创新者清楚地了解自己的内心想法，相当于用一面“镜子”对照自己所思所想、所作所为，从而明确并主动清除自身的不符合创新品德的观念和行为。

内省可于每天晚上睡觉前进行，反思自己一天的经历。为避免忘记，可在自己一躺下就能看到的地方贴一个提示条，以监督自己养成内省的习惯。内省的主要内容包括两点。

一是内省创新观念。例如，在今天的创新活动中，是否在团队合作或小组活动中坚持了自己认为正确的意见？是否一味相信书本知识，对于疑问没有进行实践论证？是否如实记录实验数据？是否言行一致？是否按照约定执行计划？

二是内省创新行为。例如，是否按照规划完成了设定的目标？是否积极将所学的知识与实践进行了融合？是否独立完成了作业或论文？是否对于心中的疑问开展了实际调查？是否围绕创新，每天都提出了至少 3 个创意？

（五）拓展训练

拓展训练可以从下述两个方面进行。

一是主题活动。选择“诚实守信从你我做起”的主题，以《我谈诚实守信》为题写一篇演讲稿，说说应该如何做到诚实守信，以及自己打算为营造诚实守信的氛围做哪些努力。也可以针对“创新品德”和“创新成果”之间关系的不同理解，围绕“大学生创新应该重创新品德还是重创新成果的取得”等有关主题展开辩论。

二是情景训练。情景训练既可以从上述创新品德的内容中任选一到两个内容为主题，编排一个有教育意义的小品，也可以以“真理至上”为题编排情景剧。通过小品或情景剧的参与和观看，提升对坚持真理作为创新品德内容的理性认识。

第二节 创新意志

创新意志是为了实现创新成功的目标而产生的心理状态。它可以通过创新者的语言和行动表现出来。要想使得创新活动取得圆满成功，创新者必须努力培育自身的创新意志。

一、创新意志的认知

（一）创新意志的含义

创新意志是指创新者根据创新目的用以调节和支配创新性行动的克服困难、坚韧不拔、不达目的不罢休的心理过程。

创新意志具有指向性。创新意志是与创新活动的目的紧密相连的，是创新者具有的意志品质，在通往创新活动的目的的过程中可调节和支配创新者的行为，使创新行为不偏离或者不放弃创新活动的目的。

创新意志具有顽强性。在目的明确、动机端正和方法得当的情况下，创新意志支配创新者的行动，表现出坚持不懈、善始善终的顽强精神。创新过程往往是充满艰辛和曲折的，没有坚忍的毅力和顽强的精神，是不能抵御艰难困苦的磨炼，取得创新成功的。在创新过程中，创新意志可以支配创新者主动克服内部和外部的各种障碍，以顽强的毅力和坚韧的精神战胜困难。顽强的创新意志是最需要磨炼的可贵的品质之一。

（二）创新意志对创新的作用

创新意志有利于创新目标的达成。任何一项创新成果的问世都必须遵循由实践到认识，再从认识到实践不断反复的过程。在这个过程中，难免会多次遇到各种各样的困难和挫折。面对困难和挫折，究竟是选择放弃目标还是战胜困难和挫折，创新意志的作用就显得尤为重要。一个人如果缺乏创新意志，就会将前行中的困难人为扩大，使得战胜困难的信心缩小，无法接受失败的打击，创新中的认识活动则不会深入持久，影响认识活动和实践的主动性和效率，以致最终放弃目标。只有拥有创新意志才能使创新者具有实现创新目标的坚定性和顽强性。马克思在《资本论》第一卷法文版序言和跋中指明：在科学上没有平坦的大道，只有不畏艰苦沿着陡峭山路攀登的人，才有希望到达光辉的顶点。在创新过程中表现出的遇到困难不退缩、出现问题不回避，专注执着于创新活动，正确认识困难、客观对待失败，失败不失志，勇于战胜失败后的沮丧、自卑等消极情绪，勇往直前、奋力拼搏、坚韧不拔、百折不挠等意志品质，往往能够促使创新者最终达成创新目标。

（三）创新意志的内容

1. 积极进取

积极进取是指永无止境地追求自我设置的创新目标，对未来可能发生的事进行预测并提前采取行动的奋斗精神，表现为进取心。一个人如果进取心强，就会主动搜集信息、获取新知识，弥补现有的知识缺陷，重构知识体系，并将新的知识体系内化于心；也会主动积极克服创新活动中遇到的困难，采取相应的办法，积极改变现状或营造新的环境，进而取得积极的结果。总之，进取心强的人通常会打破常规、改进方法、积极思考，克服创新中的困难，从而有利于创新成果的取得；进取心弱的人则倾向于被动完成团队交代的任务，难以应对各种环境的变化，面对困难的出现，会选择逃避或视而不见，不利于创新活动的顺利进行。

创新是永无止境的事业。创新者必须树立目标、超越自我、不断进取，才能激励自己在创新的攀登中奋斗不止。一般说来，大学生的进取品格由旺盛的求知欲、强烈的好奇心、突出的上进心等因素组成，这些是使大学生保持进取的强大动力。世界上最难办的事是超越自我、战胜自我。在创新过程中，大学生必须学会自我转换、自我否定和自我超越，这样才不会在思想上和行动上停滞不前。大学生应树立学无止境、创无止境的思想，应敢于并乐于向自己的观点和成就挑战，应在不断否定自我中使自己的创新性思维获得新生，实现超越。

积极进取是创新的要求，积极进取的意志品质能够使创新者在不断超越自我、战胜自我的过程中，实现数量更多、质量更高的创新。

2. 专注执着

人的生存离不开环境的作用。在当代社会，人们要应对的除了自然环境，还有生活环境和社会环境。面对环境中的各种困难和压力，一些人往往选择放弃。只有做到迎着压力而上，迎着困难奋斗，专注于奋斗目标，才有可能取得成功。古今中外，凡是取得成功的学者、科学家身上无不拥有着专注执着的意志品质。我国明末清初著名史学家谈迁，二十九岁开始撰写《国榷》。他在非常艰苦的条件下辛勤挥笔二十七年，增删修改六次，终于完成了数百万字的巨著。谁知祸从天降，《国榷》还没来得及出版就失窃了。他痛哭一场之后，又拿起笔来重新撰写。

又过了九年，六十五岁的谈迁终于再次完成了《国榷》，并将其交付出版。从翩翩少年到白发老叟，谈迁遇到的艰难困苦难以言表，然而他依靠常人难有的专注执着的意志品质，实现了自己的目标。被世人称为“乐圣”的贝多芬也曾遭到命运的捉弄。他从小命运多舛，当他在音乐上初显才华的时候，却遭受着“耳聋”的折磨与打击。在厄运和困难一次次袭来的时候，他并没有低头，而是选择了与命运抗争，将全部精力投入自己所热爱的音乐事业中，披肝沥胆，呕心沥血，终于创作出著名的交响曲，震惊世界。特别是他在耳聋后创作出经典乐曲《命运交响曲》，感染了一代又一代人。

显然，专注执着是取得成功的重要因素之一。因此，想要取得成功，必须在锻炼执着度上下功夫。孟子曾说过：“故天将降大任于斯人也，必先苦其心志，劳其筋骨，饿其体肤，空乏其身，行拂乱其所为，所以动心忍性，增益其所不能。”这就是说，在历史上担当“大任”，起过较大作用的智者，都会经过一个艰苦的锻炼过程。所以要实现自己的理想目标，必须锻炼自己的意志，有了坚强的意志，才能在艰苦的道路上不断前行。

3. 坚韧不拔

一受到打击就放弃的人是无法成为创新者的。只有不惧失败、愈挫愈勇，才能矢志不渝、坚持不懈，战胜各种困难，攀登上人生价值目标的光辉顶点。决定成功与否的重要因素是自我对失败的认识和态度。如果一个人从内心认为自己失败了并从此一蹶不振，那么他确实是失败了；如果一个人能从失败的地方爬起来继续奋斗，那么才可能取得成功。世上成大事者，大多会经历多次失败，任何希望成功的人都必须有面临失败不失志的决心和最终成功的信心。

俗话说，失败是成功之母。不管经历多少次的失败，只要从每一次的失败中挖掘到积极、有利的因素并利用它，就会离成功更近一步。许多人之所以能获得最后的成功，都是得益于他们的屡败屡战。通常来说，失败会给勇敢者以果断和决心。对于一个没有失掉自己的勇气、意志、自尊和自信的人来说，失败是成功路上的风景，这才是真正的创新者的自白。

行百里者半九十，凡事越接近成功越困难，越要认真对待，不能怕失败，做事要善始善终，方能成功。牛顿发现万有引力和力学三定律等事实告诉我们，坚持到底的毅力是获得成功的根本保证。

坚韧不拔是善于坚持不懈地克服各种困难以完成艰巨复杂任务时表现出来的意志品质。具有坚韧不拔的品质的人有顽强的毅力，会充满信心地为正确的目的而奋斗，不怕困难和挫折。与之相反的是动摇，即遇到困难或怀疑预定目的，或怀疑自己的能力，或抱怨外部环境的不顺畅，从而不加分析地放弃对预定目标的追求。创新过程往往会遭遇来自内外的干扰，如习惯势力、传统观念、经济条件以及身心健康等方面的压力和打击。这些不利因素要求创新者具有坚韧不拔的品质。许多人之所以没有取得创新成功，是因为他们总是希望轻松成功，而企图轻松成功在本质上是怕苦、怕累、怕失败，缺乏坚韧不拔的意志。一些有这种思想的人，会想方设法投机取巧、维持自身地位，妄想轻松获取高额利润，但最后无一例外都以失败而告终。坚韧不拔的意志品质是创造发明中最重要的品质。法国文学家巴尔扎克说，勇气和天才是成功的一半，而毅力是成功的另一半。英国科学家贝弗里奇曾说，几乎有所成就的科学家都具有一种百折不挠的精神，大凡有价值的成就，在面临反复挫折的时候，都需要毅力和勇气。港珠澳大桥是连接香港、珠海、澳门的跨海通道，它集桥、岛、隧道于一体，全长 55 千米，抗震达 8 度（地震烈度），能抗 16 级台风，设计使用寿命 120 年，是世界上最长的跨海大桥，同时也拥有世界上最长的沉管海底隧道。截至 2018 年 10 月，港珠澳大桥是世界上里程最长、寿命最长、钢结构最大、施工难度最大、沉管隧道最长、技术含量最高、科学专利和投资金额最多的跨海大桥；大桥工程的技术及设备规模创造了多项世界纪录。港珠澳大桥建设前后实施了 300 多项课题研究，发表论文逾 500 篇（其中科技论文 235 篇），出版专著 18 部，编制标准和指南 30 项，拥有软件著作权 11 项；创新项目超过 1000 个、创建工法 40 多项，形成 63 份技术标准、创造 600 多项专利（中国国内专利授权 53 项）；先后攻克了人工岛快速成岛、深埋沉管结构设计、隧道复合基础等十余项世界级技术难题，带动 20 个基地和生产线的建设，形成拥有中国自主知识产权的核心技术，建立了中国跨海通道建设工业化技术体系。这些成果是全体工作人员凭借着坚韧的意志拼搏而来的。港珠澳大桥岛隧工程项目总工程师林鸣说："第十五节沉管经历了两次回拖、三次安装，这种情况在全世界的工程界都是前所未有的。"港珠澳大桥 CB04 标项目党支部书记罗锦鸿说："为了研发和编制这个吊装方案，我们前后花了超过 2 年的时间，大大小小的会议研讨会超过 200 次。"

二、创新意志的培育

（一）目标激励

第一，应设定科学的目标。目标激励，也就是理想化为可实现的阶段性计划，它是理想实现的基础和关键步骤。对辅导员、班主任或导师而言，引导学生树立理想后，同样重要的一点是在指导学生设定创新目标时，既要遵循难度适中、明确性和可接受性的原则，使目标合理、可行，又要指导学生设定分阶段的具体目标，以分步实施。设定的创新目标既要具体可行，又要有一定的挑战性。

第二，应动态调整创新目标。可将目标分为短期目标、中期目标和长期目标。目标的设置是为了增强创新者的积极性、主动性和进取心。学生在教师的指导下要根据自己的实际情况和需求在每学期开始之初设定短期目标、中期目标和长期目标并按照需要动态调整目标。短期目标的实现，可以增强创新者的信心，促使其更加自信地完成下一目标。适宜的、科学的短期目标的设定是其他目标实现的基础。因此，适时地根据实际调整短期目标是非常必要的。

（二）榜样引领

古今中外，伟大的创新人才不胜枚举，他们的创新意志品质为后来者树立了典范。从他们的创新事迹、人生经历、对待创新的态度中发现有助于创新成功的共同创新意志的表现，可以为我们解决在创新活动中遇到的困难、问题提供精神意志层面的支持和帮助，坚定创新成功的信心，从而提升创新意志品质。

【案例】

诺贝尔自幼勤奋好学，好奇心极强。然而，诺贝尔 16 岁时，迫于生活的压力不得不中断学习，到美国的一家工厂当学徒。他每天劳动 10 多个小时，但仍坚持学习。凭借坚持不懈的努力，诺贝尔不但在科学、文学和哲学方面打下了一定的基础，而且在机械方面做出了好几项革新，表现出了非凡的独创能力。

1859 年，老诺贝尔因为财政困难再遭破产，全家不得已返回瑞典。回国后，为了实现自己的发明愿望，也为了重振家业，他们开始了发明安全炸药的研究。经过反复试验，1862 年夏天，诺贝尔的一次探索性试验获得了成功。但是，引爆所用的火药多而硝酸甘油少，威力小，成本高，这样的发明即便成功了，也没有多大的实用价值。如何才能找到一种火药用量少却能引爆硝酸甘油的可靠物质呢？诺贝尔进行了一次又一次的带有极大危险性的实验，但均告失败。不过，诺贝尔并没有放弃，在经过多次的失败后，诺贝尔开始冷静地分析失败的原因，并最终成功地发明了用少量的一般火药引爆硝酸甘油的引爆物。这项发明使他获得了初步的成功。这种炸药的威力极大，在爆破工程中可以节省大量人力和财力。因此，它刚一问世就受到广泛的欢迎，在许多行业得到普遍运用。正当诺贝尔四处推广他发明的炸药的时候，却发生了一系列意外爆炸事故。一时间，人们开始对诺贝尔的新发明产生了怀疑和恐惧。更严重的是瑞典政府下令禁止运输炸药，不准诺贝尔重建实验室。诺贝尔却挺起胸膛，坚定不移地继续实验，他决心通过自己的努力走出困境。经过多方思考和大量的秘密试验，诺贝尔首先解决了硝酸甘油的就地制造问题，以避免长途运输中发生爆炸的危险。接着，他又集中精力研究硝酸甘油的安全运输方法。最后，他终于找出了稳定硝酸甘油化学性质的方法。同时，他又利用硅藻土吸收硝酸甘油的方法，制成了两种安全的硅藻土炸药，用事实证明炸药的爆破威力和安全性能。这种经过改良的新型炸药又一次被运用到了开矿和筑路上。多年后，就是这类炸药炸穿了阿尔卑斯山，提前很多年打通了隧道，节约了一大笔开凿费用。基于此，瑞典政府不但收回了当初的禁令，而且对诺贝尔由驱逐变为欢迎。英国、法国、德国也为他签发了发明专利证。诺贝尔的炸药被广泛地应用于工业、矿业、交通业，为人类的发展做出了巨大的贡献。

诺贝尔的故事告诉我们：

第一，要不怕失败。创新不是一件容易取得成功的活动。任何性质的创新，尤其是重大科学创新，无一不是在经历了成百上千次的实验、打磨之后才取得成功的。这就是说，任何重大创新成果的取得几乎不可能一次成功，都有可能面临失败。如果遇到失败就向失败投降，那么成功永远不会到来。

第二，要勇于扫清困难和障碍。人的一生往往不会一帆风顺，创新过程也不是一帆风顺的，任何创新都不是靠运气得来的，而是凭借一次又一次的克服与清扫困难和障碍，在坚定的信念引领下取得的。困难和障碍不是失败的借口，而是奋进以求成功的理由。正是困难和障碍的存在，成功才显得弥足珍贵。

第三，要锲而不舍，专注执着。创新人才大多具有“千磨万击还坚劲，任尔东西南北风”的坚韧性。在他们看来，逆境只不过是锻炼他们的熔炉，只要锲而不舍就能够改变逆境。专注执着往往是针对生活、学习、创新过程中的困难、挫折而言的，就是说，在遇到这些苦难和挫折的时候，仍然能够吃苦耐劳、坚定必胜的信心；也就是说，可以接受来自身体上的和心理上的挑战。

【案例】

1953年，从西南农学院农学系毕业的袁隆平为了追求心中的梦，毅然从重庆来到了偏僻的湘西雪峰山旁的安江农校任教。袁隆平在农校一边教课，一边做育种研究。他每年都去选种，从野外选出表现优异的植株，找回种子播种，看它第二年的表现，这样来筛选具有稳定遗传优异性状的品种。1962年，他在一块田里发现一株稻鹤立鸡群，穗特别大，而且结实饱满、整齐一致。袁隆平没有放过它，第二年把它种下去，辛苦培育，满怀希望有好的收获，不料再长出来的稻子高的高，矮的矮，穗子大小不一。袁隆平坐在田埂上苦苦思索失败的原因，发现第一年选出的是一棵天然杂交种，不是纯种，因此第二年遗传性状出现分离，而如果按照那棵原始株杂交种的产量来计算，亩产能达到600千克，这在20世纪60年代是非常了不起的。袁隆平突发灵感，既然水稻有杂交优势，为什么非要选育纯种呢？从此他致力于杂交水稻育种的研究。为了杂交水稻，袁隆平几乎奉献了自己的一切。在研究的初期，为了获得一株研究必需的水稻天然雄性不育株，他和新婚妻子一起，在1964～1965年的酷暑季节，顶着烈日大海捞针般地在安江农校实习农场和附近生产队的稻田里寻觅，在前后共检查了4个常规水稻品种的14000多个稻穗后，终于找到了6株雄性不育的植株。

身体的劳累还是其次，学术界权威的质疑与反对，使袁隆平承受着巨大的压力。当时学术界流行的经典遗传学观点认为，水稻是自花授粉作物，经过长期的自然选择和人工选择，许多不良的因子已经被淘汰，积累下来的多是优良的因子，所以自交不会退化，杂交也不会产生优势，从而断言搞杂交水稻没有前途，甚至说研究杂交水稻是“对遗传学的无知”。然而无论是科学道路上的挫折、失败，还是人为的干扰、破坏，所有的磨难都无法动摇袁隆平执着的梦想。他坚信实践才是真正的权威，不屈的意志加上知识的力量能够改变一切。

1966年，经过两个春秋的艰苦试验，袁隆平对水稻雄性不育株有了更多的认识，撰写出首篇重要论文《水稻的雄性不孕性》，在中国科学院出版的权威杂志《科学通讯》发表。在随后的30多年中，他在杂交水稻这个研究领域始终保持着世界领先地位。1976～1999年，我国累计推广种植杂交水稻35亿亩，增产稻谷3500亿千克，相当于解决了3500万人口的吃饭问题，确保了我国以仅占世界7%的耕地，养活了占世界22%的人口。

袁隆平一生的付出，为的是实现“所有人不再挨饿”的梦想。为了通过科研的力量在实践中一步步接近这个梦，袁隆平以一种义无反顾的精神一头扎进了杂交水稻这个世界性的难题中。不为别的，就为了让现实中落后、贫困的农村能变得富饶、美丽。为此，他所经历的困苦与磨难超出了常人的想象，但他数十年如一日地坚持着、努力着，展现了一种科学巨人所特有的崇高品质与境界。

袁隆平曾深有感触地说：“我在教学过程中，积累了较多的生物学知识和农业生产实践经验。因此在以后的作物育种科研中，才具有一定的发现问题、分析问题和解决问题的能力。”

由于单产比常规水稻大幅度增加，杂交水稻又被称为“东方魔稻”。2011年9月，袁隆平指导的科研团队成功实现超级杂交水稻大面积亩产900千克的目标。

袁隆平的故事告诉我们：

第一，要不畏艰险。创新之路从来都不是坦途，农业创新尤其如此。在研究杂交水稻之始，袁隆平就表现出了非同常人的不畏艰险的意志品质。初期研究杂交水稻时，无论是生活条件还是工作条件都十分艰苦，但袁隆平利用假期去北京请教专家、搜集外文资料；在遭受不公正的评价时，袁隆平力排干扰，始终坚持自己的技术路线，反复试验；在遇到地震、洪水和病虫害等天灾时，视杂交水稻研究为生命的袁隆平，也会像母亲爱护自己的孩子一样呵护着他所研究的水稻。正是这种坚定顽强不畏艰险的意志品质，铸就了科学家袁隆平的创新奋斗精神。从参加工作开始，他总是将田间地头当成最大的实验室，从未停止过亲自下田。顽强拼搏，埋头苦干，让他攻克了一个个难关。

第二，要积极进取，超越自我。杂交水稻研究已经取得相当大的进展，可谓成功不断，但是袁隆平不满足于现有的成功，他把每一次的成功都当成新的起点。他说，搞科研就像跳高，跳过了一个高度，又有新的高度在等着你。他从不满足于已取得的创新成果，而是不断向着新的创新进程前进，始终充满着创新进取、超越自我的热情。当下，科学技术的力量不容忽视，创新越来越成为社会生产力解放和发展的重要动力，决定着创新型国家是否能够实现。袁隆平身上表现出来的积极进取、超越自我的创新品德和创新意志品质，会激励更多的创新者增强创新意识，不断开拓新领域，不断挑战新难题，为推动科技和社会进步，为加快建设创新型国家贡献智慧和力量。

创新成功案例无不充分说明创新意志品质对创新人才的重要意义，打破了一些人一直认为的智力因素是影响创造人才的关键因素之说。仅仅凭借超人的智力因素，而不依靠意志品质，是不能取得成功的。通过以上两个不同领域、不同国家的创新案例，不仅使我们对其在创新过程中表现出的伟大人格产生高度敬仰之情，而且让我们充分认识到创新意志对创新过程和创新取得成功所起的作用和具有的意义。

（三）实践锻造

实践是意志品质形成的关键。良好的意志品质是在克服重重困难的实践活动中逐渐形成和发展起来的。创新实践活动中的挫折是客观存在的，不以人的意志为转移，越是前无古人的创新活动，碰到挫折的可能性就越大。因此，广泛的、经常不断的实践活动，尤其是创新性实践活动，是培养良好意志品质的必要途径和手段。

个体的意志从脆弱到坚强必须经过实践的不断磨炼和考验，必须经过困难与挫折的有效锤炼。良好的意志品质是在实践活动中逐步形成的。因此，要积极行动起来，主动参与各种各样的实践活动，克服懒惰，增强克服困难的毅力，养成自觉果敢、积极自信、坚持不懈的意志品质。

【训练】

1. 针对积极进取的意志品质的训练

（1）选择合适的时间，思考你的人生理想。

避开一切干扰，寻找安静的房间或到其他可以愉快独处的地方，不要让任何人、事打断你的思路。带上纸、笔、日历及有帮助的书籍，一个人坐下来之后，向自己提以下的问题并把答案写下来：

①我的天赋是什么？我做得最出色的一件事是什么？

②在哪一方面我比较有激情？有什么特别使我内心激动并有冲动去完成？

③我的哪些特殊经历能给我特别的洞察力、经验和能力？我能做出什么不寻常的事情？

④理想常常来自个体所处的独特环境，地域、政治、经济、文化、气候、家庭、学校等因素都可能起作用。在这些因素中，对我的理想实现有利的有哪些？

⑤我敬佩的人物有哪些？他们的才干、成功、天赋与激情会对我的人生理想的实现带来哪些有利的影响？

⑥我希望自己的何种需要得到满足？

⑦在我的想象中，我可以做出的最伟大的事情是什么？

上述过程需要间隔一段时间重复一次，可以每半年或者一年重复一次，或者感到有必要时就重复一次。

（2）在理想基础上，制订人生目标。

无论是国家还是企业、学校，都需要通过清楚规划目标来指引其成员的一切活动。你也需要有某样东西来给予明确的指引，帮助你集中精力于你的理想。这些只能由你自己提供，别人无法代劳。

清楚未来之梦及人生目标之后，就可以着手制订长期和短期的目标了。目标可以用结果表示（如每月读 1 本书），也可以用时间表示（如每周 3 次，每次锻炼 1 小时）。目标可以涉及人生的各个领域，视你想取得的成就而定。

（3）每天把要做的事记录下来，评价完成计划的进度和距目标的距离。不能中途放弃，任何事情想要一步登天是不可能的，应积极认真地完成每一个目标。

（4）在心里对自己为完成计划所做的每一步、每一件事充分肯定，在完成每一个小目标时，给予自己一定的奖励，并始终相信自己能够实现目标。

（5）对目标和生活环境有清晰的认知。每个人生活工作的环境不可能永远稳定不变，应该认识到，变是正常的。时刻有变的准备，才会立于不败之地。进取心的培养不是短时间就可以完成的。进取心是一种心理上的马拉松，耐力是不可或缺的条件之一。

2. 针对专注执着的意志品质的训练

设定一件你想完成的事情，比如上课认真听讲，就要严格遵守自愿接受的条件，不以任何借口逃课、迟到、早退，不同任何人交头接耳，不让任何因素分散自己的注意力，尝试坚持一星期、一个月、一个学期。记录每个阶段你内心的感受和外在行为的变化。

利用书籍分类法进行专注执着的实践训练。首先挑选几本书，或者直接站在你的书柜前，开始进行一次为期十天的书籍分类训练。最好可以持续做两个月以上，让习惯养成。第一天可以根据书本大小进行分类摆放，然后思考，这是最好的排列方式吗？如果不是，如何改进？第二天不妨根据书的封面颜色进行分类。第三天则可以根据书籍内容分类。总之，在十天之内，每一天都依照特定条件给这些书籍分类，如果情况许可，还可以每天重复练习多次，以提升自身专注执着的意志品质。

3. 针对失败不失志的意志品质训练

勇担失败，就是不怕失败，不会在失败后一蹶不振，彻底放弃自己的目标，而是把失败当做自己实现目标的动力，这样最终才可能实现成功。任何人的一生中都会有失败的经历和体验。请你选择一件自己失败的事，写出你失败后的情绪体验及行为表现，之后，选择一位你敬佩的科学家或老师、同学进行分析或交流，学习他们对待失败的态度和从失败中走出来的方法。

4. 针对百折不挠的意志品质的训练

百折不挠的意志品质需要在不断的挫折情境或经历中养成，没有经历过任何挫折的人是不会具备较高耐挫力的。百折不挠的意志品质需要在生活和学习中一点一滴、日积月累、潜移默化地形成，可采取以下方法训练。

（1）情境迁移训练。利用社会环境或自然环境中他人的挫折经历为主题，开展情境迁移耐挫训练。

（2）学校、教师或者自己创设锻炼百折不挠意志品质的情境。如远足、登山、军训、边远山区体验生活等情境。

（3）学校与家长联合组织开展“今天我当家”“怎样解决生活、学习难题”等实践操作活动。

5. 意志品质画图沉思

画出你的人生轨迹。准备一张纸，在这张纸上画一条线段，它代表你的生命。这条线段的左端是“0”，是你生命的起点；请你在这条线段的右端，也就是生命结束的地方，写出一个数字，代表你希望活到的年龄。然后在线段上按你现在的年龄取一点，并且标上数字。现在这条线分为了左右两段，左边是你已经活过的岁月，右边是你未来想活的岁月。

当你完成上面的步骤后，仔细地体会一下自己有哪些感受。

（1）想一想，在你活过的岁月里，有哪三件事特别令你自豪？又有哪三件事令你深感挫折？在三件令你自豪的事情里，你展现出的意志品质有哪些？这些意志品质的作用何在？对于三件令你深感挫折的事情，你是如何处理的？将来面对同样的或类似的事情你会如何做？

（2）再想一想，在未来的岁月里，你最想实现的三个目标是什么？把它们由近到远或由小到大写下来。写完以后，仔细思考你将针对这些目标所需要的意志品质，提升哪些你所欠缺的意志品质？将你的意志品质提升计划写下来。

6. 意志品质游戏训练

突出重围。10～20人为一组，除一名同学外，其他人手拉手围成一个圈，这个圈称为“包围圈”。场地尽量选择草坪，避免水泥地。随机选取1名同学站在包围圈内，该同学的任务是冲出包围圈。可采取钻、跳、推、拉、诱等任何不伤害他人的方式。其他同学的任务是尽全身气力、所有智慧不让被围者逃出包围圈。如果圈内的同学从某两个相邻的同学缝隙中逃出，则这两个相邻的同学要进入圈内作为被包围者。

游戏结束后，分享游戏感受，思考以下问题。

（1）游戏令你想起了什么？

（2）作为突围者，你成功了几次，失败了几次，为什么失败？成功的原因何在？

7. 意志品质小测验

根据测验结果评估自身的意志水平。

（1）处于动荡和不顺利的境遇时，你是否能保持不屈不挠？

总是（　　）　常常（　　）　很少（　　）　从未（　　）

（2）你在面对不确定的环境时，是否检讨自己对待环境的态度？

总是（　）　常常（　）　很少（　）　从未（　）

(3) 你对自己的想法有信心吗?

总是（　）　常常（　）　很少（　）　从未（　）

(4) 你是否只在擅长的领域做决定?

总是（　）　常常（　）　很少（　）　从未（　）

(5) 你是否会避免在时机不成熟的时候做决定?

总是（　）　常常（　）　很少（　）　从未（　）

(6) 你能作出有效执行的决策吗?

总是（　）　常常（　）　很少（　）　从未（　）

(7) 你能避免对别人做的事指手画脚吗?

总是（　）　常常（　）　很少（　）　从未（　）

(8) 你能在外界对自己进行侵略性行为时，控制自身的反应吗?

总是（　）　常常（　）　很少（　）　从未（　）

(9) 你是否认为自身具有比别人长远的眼光?

总是（　）　常常（　）　很少（　）　从未（　）

(10) 一旦你对未来有了一套看法时，你是否会冷静分析，而非总是考虑结果如何?

总是（　）　常常（　）　很少（　）　从未（　）

本测验评分分为 4 级。总是：4 分；常常：3 分；很少：2 分；从未：1 分。如果你的得分在 27 分以下，那么你需要学习如何来保持冷静和自控，提升自身的坚韧不拔的意志品质。

意志品质提升训练仅是创新意志培育的一种方法或途径，想要仅凭一次游戏或者一项训练是远远不够的。意志品质的提升需要创新者在有科学的创新品格认知、客观的自我评价基础上，经过长期的学习、生活实践逐步实现。

（四）自我训练

人无完人。即便是有成就的科学家的意志品质也不都是利于创新的，因此需要就自身缺乏的意志品质或者阻碍良好的意志品质形成的不良习惯进行内省。内省的内容很多，就训练创新意志而言，主要有以下内容。

1. 克服惰性

创新从来就只垂青于勤奋者。“天道酬勤”，只有破除懒惰习性和懈怠心理，才能将远大的抱负、求实的精神和勤奋的作风结合起来。因此，要勤于思考、勤于探索、勤于实践和勤于创新，养成多想、多问、多写、多干的习惯，使懒惰和懈怠无藏身之所。我们通常所认为的懒惰只是行为上的懒惰，但其实懒惰分为两种：一种是做事懒惰，另一种是思维懒惰。相比较前一种做事的懒惰，思维的懒惰很少有人注意，而思维懒惰恰恰是取得创新成果的大敌。思维懒惰表现为懒于思考，人云亦云，按惯性思维做事。一个富有创造力的人通常是能发现和解决问题的人，一个思维懒惰的人也许可以被动地应付着去解决问题，却往往不会主动地去发现一些新的问题，最多只能算是麻木地做事。

针对行为懒惰进行内省：你是否有赖床的情况？你是否有“拖延症”？总结自己的懒惰行为有哪些，并思考如何改变。

针对思维懒惰进行内省：你是否有思维懒惰？如何克服思维懒惰？写下你的思维定式的典型表现，并结合本书后边章节进行针对性练习。

2. 克服畏难

你是否有畏难的习惯？遇到困难时是否会选择逃避或者盲目将困难扩大？克服畏难的有效办法是制订克服困难的计划。但无论克服畏难的计划多么完美，没有行动都只能是空想。因此在制订计划之后，就要行动。克服畏难就是要直面困难，迎难而上，下决心并以实际行动解决困难。

3. 克服自卑心理

自卑是自信的反面。自信是创新事业成功的保证之一，创新的历程中，创新者有时会陷入穷途末路，会遭受失败挫折的打击，唯有坚定的信念和强烈的自信，才能使其始终不渝地屹立在征程中。想一想，在困难面前，你是否总说“我不行”，总打退堂鼓？那么，你现在要多说“我能行”，并想方设法去努力。

自信能促使人们下定决心，保持旺盛的精神状态，去把事情完成。如果没有自信，人们很有可能不会开始去做一件事，或者犹豫不决、三心二意乃至半途而废。既然自信如此重要，那么怎样树立自信呢？首先要对客观事实有科学而正确的判断。如果对实际情况既不能完全掌握，又不能正确判断，就很难树立自信，即使自己主观上感到有自信，这种自信也是建立在不扎实的基础之上，是很容易动摇的。所以自信一定要建立在正确认识世界的基础上。这就要求我们内省，看自身对客观事实的掌握是否全面。其次，需要对自己有一个彻底的了解，知道自己的长处和短处，以及自己的极限在哪里，对自己能否完成某件事情有一个清醒的认识。这就要求我们内省自身的优势和不足。最后，自信还需要逐步积累，如果一个人过去做一件事情非常成功，那么他今后再做类似的事情时就会胸有成竹。过去的成功经验越多，今后做类似事的自信就越强。

此外，还可以思考自身存在的哪些问题不利于创新意志形成，自觉内省并改进。

第四章　创新思维能力的培育

【名人名言】

人之可贵在于能创造性地思维。

——华罗庚

一些陈旧的不结合实际的东西，不管那些东西是洋框框，还是土框框，都要大力地把它们打破，大胆地创造新的方法、新的理论，来解决我们的问题。

——李四光

科学也需要创造，需要幻想，有幻想才能打破传统的束缚，才能发展科学。

——郭沫若

想象力比知识更重要，因为知识是有限的，而想象力概括着世界上的一切，推动着社会的进步，并且是知识进化的源泉。

——爱因斯坦

创新思维让人们突破常规思路的束缚，以新颖、独特的方法解决问题，它是人类思维的高级形式。创新思维能力是创新能力的核心。创新思维可以帮助人们打破常规思维的禁锢，以超常规甚至反常规的方法和视角去思考问题，提出与众不同的解决方案，从而产生新颖、独特、有价值的思维成果。创新思维能力体现在诸多方面，本章主要介绍发散思维、逆向思维、想象思维、联想思维、超前思维、系统思维六种常见的创新思维能力，并简述逻辑思维在创新思维中的地位与作用。

第一节　发散思维的培育

人们如果习惯按照一条思路来分析和解决问题，往往会导致有些问题无法解决。其实，人们可以尝试转变思路，从不同的角度去思考问题，许多难题或许就会迎刃而解。发散思维就是围绕一个问题，沿着不同方向去思考、探索，由一点到多点辐射，寻求解决问题的各种可能性。思维发散的范围越广，产生的设想就越多，解决问题的可能性就越大。

一、认识发散思维

（一）发散思维的含义

发散思维又称多向思维、扩散思维、辐射思维或求异思维等。人们在运用发散思维时，思路往往呈现多维扩散状态，在思考时可从思维原点出发，沿着不同的方向，顺应各个角度，提出各种设想，寻求各种方法来解决问题（见图 4-1）。这种思维方式不墨守成规，不因循守旧，易于打破传统观念的束缚，具有更多的创造性。

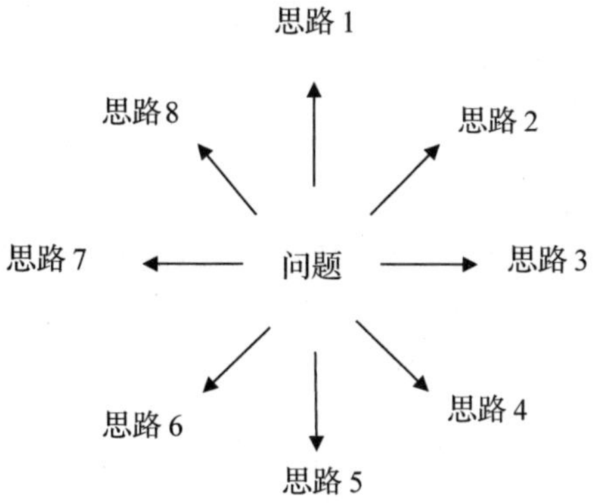

图 4-1　发散思维方式

发散思维之所以能够促使众多创造性新设想的产生，是因为它除了应用已有的知识外，还加入了想象、联想等方法，使人们的思路更加开阔，产生许多不同的，甚至是“荒诞离奇”的答案。发散思维是最常见的创新思维方式之一，思维的发散性是创造性思维最主要的特点，也是测定创造力的主要标志之一。

（二）发散思维的特征

发散思维具有流畅性、变通性、独特性和多感官性的特征。

1. 流畅性

流畅性，是指思维的进程流畅，能在尽可能短的时间内得到较多的思维结果。流畅性是发散思维最基本的要求，反映的是发散思维的速度和数量特征，可以用单位时间之内解答问题的数量或产生新观念、新想法的数量来计量。

2. 变通性

变通性也叫灵活性，是指发散思维的思路能够迅速进行转换，从而得到更多的思维结果，为正确提出问题或选择解题方法提供更多的可能。变通性是发散思维至关重要的特征，比流畅性要求更高，要求对同一问题作出不同类型的回答。它在很大程度上反映了创新者开辟新的思维方向的能力，一般借助跨域转化、横向类比、触类旁通，使思维沿着不同的方向发散。

3. 独特性

独特性，也叫独创性，是指发散思维中提出的设想或方案超出一般人所想，具有新颖奇特、匠心独运的特点。独特性测量的是观念的唯一性和不寻常性，它通常以构想的新奇性、不寻常性为评价标准，可以获得意想不到的思维结果。

4. 多感官性

多感官性，是指发散思维不仅会运用视觉和听觉，还会运用其他各种感官接收信息并进行加工。此外，发散思维还与情感密切相关，思维者通过激发兴趣产生激情，把信息情绪化，赋予信息以感情色彩，可提高发散思维的速度与效果。

发散思维的四个特征之间具有一定的内在联系。独特性建立在思维的流畅性和变通性的基础上，多感官性是流畅性和变通性的基本前提和保障，流畅性和变通性是手段和途径，独特性是目的和结果。

（三）发散思维对创新的作用

发散思维是创新思维的核心，是创新活动中最基础、最常用的思维方式。两次获得诺贝尔奖的莱纳斯·鲍林说过，“要想产生一个好的设想，最好的办法是先激发大量的设想”[①]。美国心理学家吉尔福特也强调，发散思维是创新思维的核心，正是在发散思维中，我们才看到了创新思维最明显的标志。可见，发散思维对培育人类创新思维及推进人类创新活动具有重要的作用和功能。

1. 发散思维是创新思维的核心与枢纽

发散思维最集中地体现了创新思维的本质和特征，许多创新方式都与发散思维密切相关。发散思维拓宽了思维通道，使思维原点无拘无束地向四面八方扩散，在高速通畅的思维道路上，想象、联想、灵感等都可以自由驰骋。

2. 发散思维是创新思维的基础与保障

发散思维可以为实现创新目的提供尽可能多的解决方案。如果没有发散思维提供大量的可供选择的方案和设想，创新活动就没有基础并无所适从。发散思维在整个创新思维及创新活动过程中，起着对开拓思路、诱发创意、激发潜能等方面的保障作用。

二、发散思维训练

（一）定向发散法

为培育和提高发散思维能力，可以运用以下定向性的发散思维训练方法。

---

① 舒天戈、孙乃龙：《领导思维创新——训练与掌握科学的思维方法》，75页，成都，四川大学出版社，2016。

1. 材料发散法

材料发散法是指以某个物品作为材料，以其为发散点，设想它的多种用途（以鹅的用途为例，见图 4-2）。

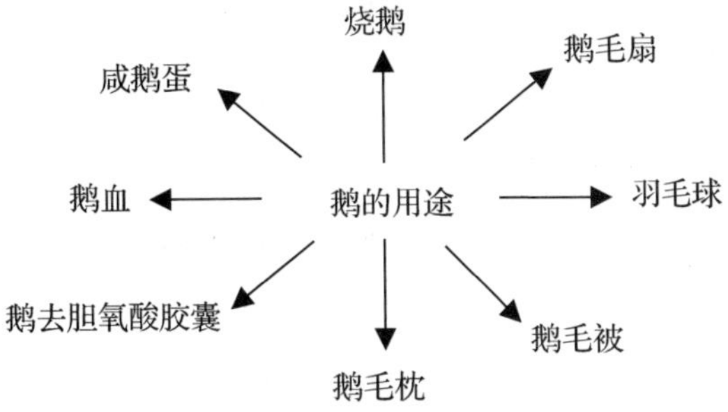

图 4-2　以“鹅的用途”为发散点

【训练】

（1）分别列举铅笔、木板、牛奶、报纸、塑料袋、玻璃杯、毛巾、泡沫等的用途。越多越好，越新颖出奇越好。

（2）分别列举镜子（已破碎）、面包（已变质）的非常用途。越多越好，越新颖出奇越好。

2. 功能发散法

功能发散法是指以寻求事物的某种“功能”为发散点，尽可能多地设想出为获得这种功能的各种可能途径（以保暖功能为例，见图 4-3）。

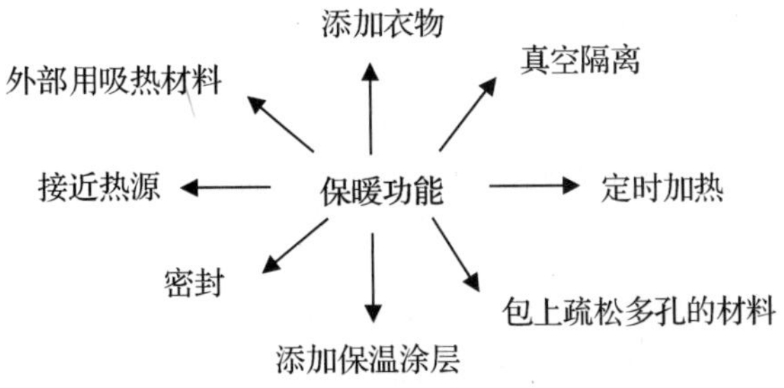

图 4-3　以“保暖功能”为发散点

【训练】

（1）怎样才能使一件东西裂开？想法越多越好。

（2）怎样才能达到降温、除尘、隔音、防震、健身、休息等目的？所设想的达到各种目的的方法越多越好。

3. 形态发散法

形态发散法是指以某种事物的形态（颜色、形状、声音、气味、明暗等）为发散点，尽可能多地设想出利用该形态的各种可能性（以圆形为例，见图 4-4）。

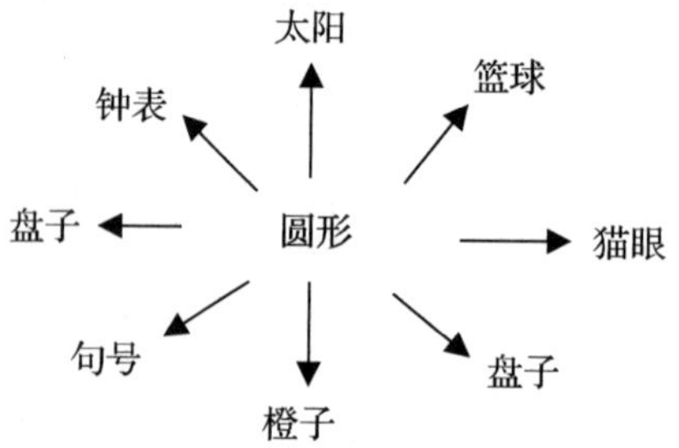

图 4-4　以“圆形”为发散点

【训练】

分别列举利用蓝色、白色、黑色的各种可能性。

4. 结构发散法

结构发散法是指以某事物的结构为发散点，设想出利用该结构制成各种事物的各种可能性（以折叠结构为例，见图 4-5）。

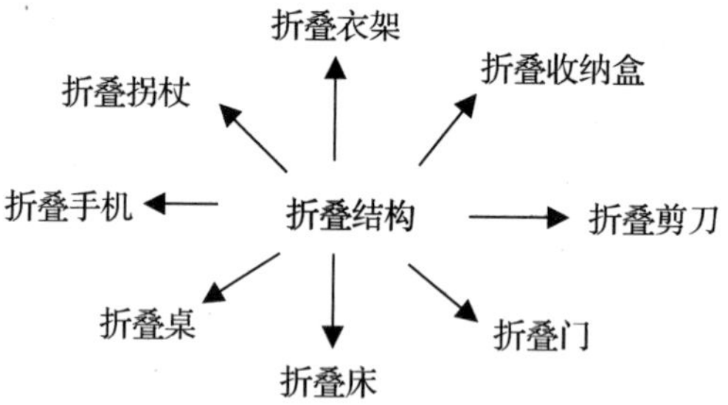

图 4-5　以“折叠结构”为发散点

【训练】

分别写出带有“土”“月”“日”“天”“木”的字。

5. 方法发散法

方法发散法是指以解决问题或制造物品的某种方法为发散点，设想出利用这种方法的各种可能性（以摩擦为例，见图 4-6）。

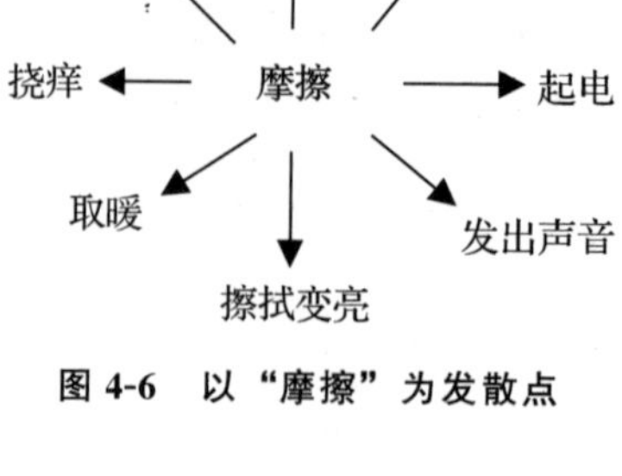

图 4-6　以“摩擦”为发散点

【训练】

用“敲”“提”“拉”“摇”的方法可以做哪些事情？

6. 因果发散法

因果发散法是指以某个事物发展的结果为发散点，推测造成该结果的各种原因，或者由原因推测可能产生的各种结果（以“语文成绩好”的原因为例，见图 4-7）。

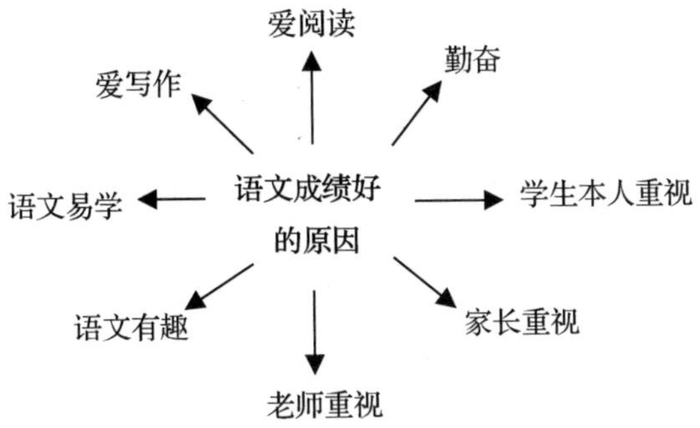

图 4-7 以“语文成绩好的原因”为发散点

【训练】

（1）一名学生放学后没回家，列举他没回家的原因有哪些。

（2）如果一个人没有了味觉，会产生哪些后果？

7. 关系发散法

关系发散法是指以某一对象为发散点，尽可能多地设想它与其他对象之间的关系。例如，自己与社会各方面及各种人物的关系：我是父母的孩子；我是教师的学生；我是电影院的观众；我是小张的邻居；我是百货商店的顾客；我是图书馆的读者；我是上海市的市民；等等。

【训练】

列举人工智能对我们的学习、生活、工作的影响。

8. 组合发散法

组合发散法是指以某一事物为扩散点，尽可能多地设想该事物与它事物如何组合可以形成新的事物（以笔与其他事物的组合为例，见图 4-8）。

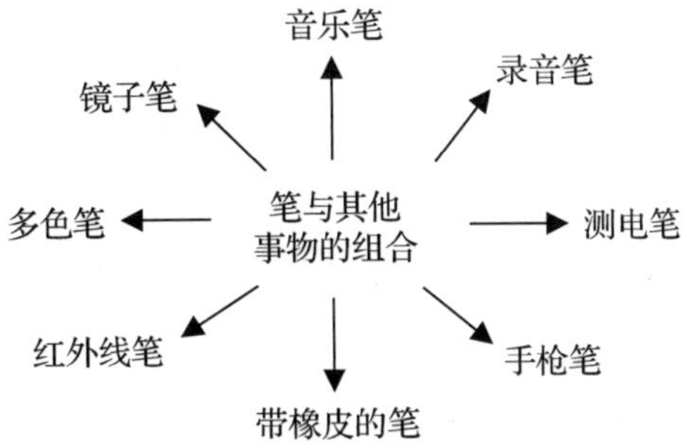

图 4-8 以“笔与其他事物的组合”为发散点

【训练】

（1）设想未来的汽车可以与哪些事物进行组合。

（2）设想未来的手机可以与哪些事物进行组合。

（二）思维导图法

1. 思维导图的含义

思维导图又叫心智图，由英国学者东尼·博赞发明，它是表达和锻炼发散思维的有效图形思维工具。思维导图是从一个中心点开始向四周发散的，其中的每个词汇或者图像自身都成为一个子中心，整个合起来以一种无穷无尽的分支链的形式从中心向四周发散，集中地体现了发散思维的过程和形式。思维导图可以用彩色笔制图，也可以用思维导图软件制图，例如 Xmind、FreeMind、MindManager 等。

2. 思维导图的画法

（1）从一张白纸的中心开始画图，周围留出足够的空白。

（2）用一幅图像或图画表达你的中心思想。

（3）第一个分支画到右上角，之后的分支按照顺时针方向展开。

（4）用一根线连接中心图像和一级分支，然后再连接一级分支和二级分支，依此类推。

（5）尽可能多地使用各种颜色（每级分支一种颜色）。

（6）每条线上注明一个简明扼要的关键词或者图像。

（7）自始至终尽可能多地使用图形（图形的使用务必恰当）。

这里以回形针的用途为例，具体内容见图 4-9。

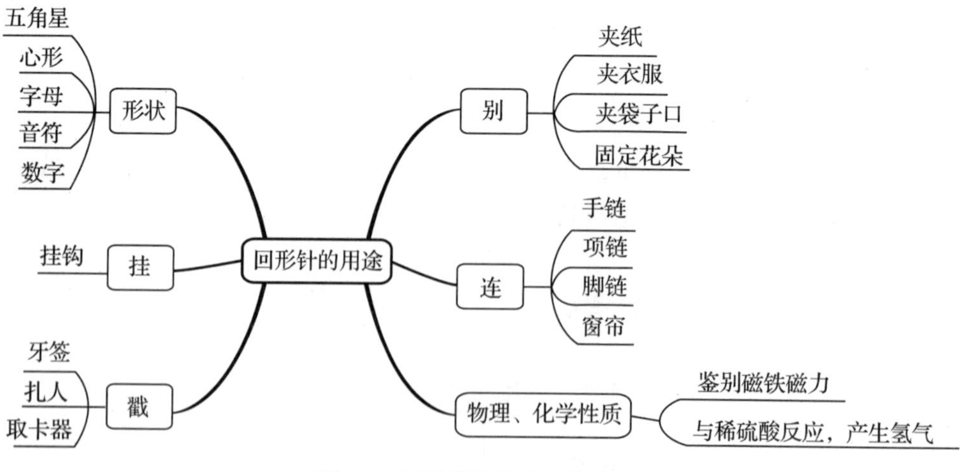

图 4-9 回形针的用途思维导图

【训练】

想象一下你在 80 岁的时候会是什么样子。那个时候回顾自己的一生，想想自己拥有了怎样的人生，取得了什么样的成就，做出了什么样的贡献，可能会留下什么样的遗憾。根据发散思维的结果，绘制一张属于自己的思维导图。

（三）头脑风暴法

发散思维不仅需要开动我们自己的大脑，还需要集思广益。英国文学家萧伯纳崇尚思想交流，他说："倘若你有一个苹果，我也有一个苹果，而我们彼此交换这些苹果，那么，你和我仍然是只有一个苹果。但是，倘若你有一种思想，我也有一种思想，而我们彼此交流这种思想，那么，我们每个人将各有两种思想。"

1. 头脑风暴法的含义

头脑风暴法又称智力激励法、自由思考法，是由美国 A. F·奥斯本发明的一种激发思维的方法。它通过会议的形式，让所有参加者在自由愉快的气氛中畅所欲言，自由交换想法或点子，并以此激发与会者创意及灵感，以产生更多的创意。头脑风暴法实质上就是通过特定方式进行思想和信息交流，并相互激励、相互启发的一种创新方法。

2. 头脑风暴法的流程

头脑风暴法的运用可划分为准备和实施两个阶段。

在准备阶段，需要完成以下事项。

（1）选定基本议题。议题必须明确地概括待讨论的问题。

（2）确定会议主持人和记录员。会议主持人和记录员须熟知头脑风暴法的基本原理，对其主题有深刻的理解。主持人还应有一定的组织能力，以保证会议按预定程序进行。

（3）选定参加者。挑选一些对拟要讨论的问题具有实践经验的人员与会，5～10 人为宜。

（4）确定会议时间、地点，提前准备会议的相关资料，并通知与会人员参加会议。

实施阶段主要有以下事项。

（1）热身活动。其形式可根据会议内容灵活确定，如看一段有关创新的录像，讲一个灵活运用创新方法的小故事等，促使与会者尽快进入角色。

（2）智力激励会议。主持人首先向与会者介绍所要讨论的问题、要达到的目的、会议的大致流程和方法、应注意的问题。介绍时应简明扼要，富于启发性。接着让与会者围绕会议主题自由畅谈，相互启发、相互激励。记录员及时记录和展示与会者激发出的灵感、设想、创意等。

（3）整理加工。会议结束后，主持人和记录员将会议记录整理分类，然后交与经验丰富的专家组进行筛选。专家组应从可行性、应用效果、经济回报率、紧急性等多个角度出发，选择最恰当的点子。由于智力激励会议产生出来的构想大部分都可能只是一种提示，很少可以用来直接解决问题，因此专家组和决策者

（机构）综合、补充、修正、完善构想这一步就显得相当重要。

3. 头脑风暴法的实施原则

（1）自由思考原则。给与会者营造一种自由、轻松的氛围，使他们可以解放思想，自由畅想，各抒己见。

（2）延迟评判原则。会议期间，对所有设想（不论好坏）禁止批评、评论，对各种设想和方案的评判必须在会后进行。

（3）以量求质原则。在规定时间内提出尽可能多的设想。

（4）“借题发挥”原则。鼓励与会者对别人的设想进行想象、补充和改进，提出更新奇的设想。

【训练】

每年，有数百万吨的塑料废物被倾倒到海洋中。废弃塑料会缠住船只的螺旋桨，特别是被称为“魔瓶”的各种塑料瓶，它们会损坏船身和机器，引起事故和停驶，给航运公司造成重大损失。更可怕的是，这些污染物对海洋生物和生态系统的影响非常严重。请展开头脑风暴，思考如何解决“海洋垃圾”问题。

（四）形态分析法

1. 形态分析法的含义

形态是指事物的形状或表现。形态分析法是将创新对象分解为相互独立的因素，找出每个独立因素各种可能的形态，然后将各因素和形态进行组合或综合的创新方法。创新不一定全是新的东西，可能是旧事物的创新组合。因此，若能对创新对象加以系统分析与组合，便可以大大提高创新成功的可能性。

2. 形态分析法的实施步骤

该方法大致有 5 个步骤：确定研究问题或创新对象——因素分析——形态分析——形态组合——方案优选。本部分结合公园小游船创新的案例对形态分析法的应用做详细介绍。

（1）确定研究问题或创新对象。确定研究问题或创新对象，必须清晰地表述包括该创新对象所要解决的创新课题或所要实现的功能，如为公园游人设计出新颖别致的小游船。

（2）因素分析。将创新对象分解成若干个基本组成部分，每个部分都要有明确的定义，并且互不交叉。这是应用形态分析法的重要环节，是确保获取创新设想的基础。在进行因素分析时，要使确定的因素满足两个基本要求：第一，确定的基本因素在功能上应是相对独立和全面的，不要遗漏重要因素。第二，各种因素在数量上适当。例如，对于小游船来说，可分解为外形、动力、材料三个独立因素，且这三个因素在数量上的要求应与小游船匹配。

（3）形态分析。对各个组成部分进行形态分析，尽量全面地列出——无论是本专业领域还是其他专业领域的——所有具有这种功能特征的各种形态。例如，对小游船三个方面要素的形态分析：材料可以选用木材、钢材、玻璃钢、塑料、水泥、铝合金、橡胶板等；动力可以采用划桨、脚踏螺旋桨、电动螺旋桨、明轮、喷水等；外形可以用鸳鸯、天鹅、龙、画舫、鱼等。

(4) 形态组合。根据对创新对象的总体功能要求，分别把各因素的各形态一一交叉组合，绘制形态图表，形成解决方案的图解或表解，以获得所有可能的组合设想。结合小游船的设计，可以列出形态分析表（见表4-1），按其行列进行组合，共可获得 7×5×7＝245 种方案。

表 4-1　公园游船形态分析表

独立因素	外形	动力	材料
1	天鹅	划桨	玻璃钢
2	鸳鸯	脚踏螺旋桨	塑料
3	鱼	电动螺旋桨	木
4	画舫	明轮	钢
5	飞碟	喷水	水泥
6	龙		橡皮
7	荷花		铝合金

(5) 方案优选。形态分析法会产生多种方案，一般以新颖性、先进性和实用性为标准进行初选，选出少数较好的设想后再进行综合评价，通过进一步具体化，好中选优，最后选出最佳方案。

【训练】

1. 用形态分析法提出一种新款椅子的设计方案。
2. 用形态分析法设计一种新型的饮料包装容器。

(五) 信息交合法

1. 信息交合法的含义

信息交合法又称“要素标的发明法”“魔球法”或“信息反应场法”，是将现有事物进行分解，然后借助于辐射状的标线重新组合成新事物，实现创新的方法。它把若干种信息排列在各自的线性轴标上，将它们进行交合，形成“信息反应场”。每一轴标上的各点信息依次与另一轴标上的各点信息交合，可产生新的组合信息。

2. 信息交合法的实施步骤

(1) 定中心。确定一个中心即零点，作为立体信息场的聚焦原点。例如，研究“雨伞”的革新，就应以“雨伞”为中心。

(2) 画标线。根据信息基点的需要画出数条坐标线，给出若干信息坐标线，即串起来的信息序列。例如，研究“雨伞”，则在“雨伞”的中心点画出结构、材料、颜色、功能、时间与风格等坐标线。

（3）注标点。在各信息坐标线上注明有关信息点。例如，在以“雨伞”为中心的图示的“功能”坐标线上注明遮雨、遮阳、照明、拐杖、温度等。

（4）相交合。若干信息标会形成信息反应场，信息会在信息反应场中交合。以一条坐标线上的信息为“母本”，另一条坐标线上的信息为“父本”，彼此相交后即产生新信息。从这些新信息中可以发现某些有价值的设想。

（5）定方案。将组合出的产品依次列出，选择最佳方案。也可顺坐标线移动变量，使产品系列化。

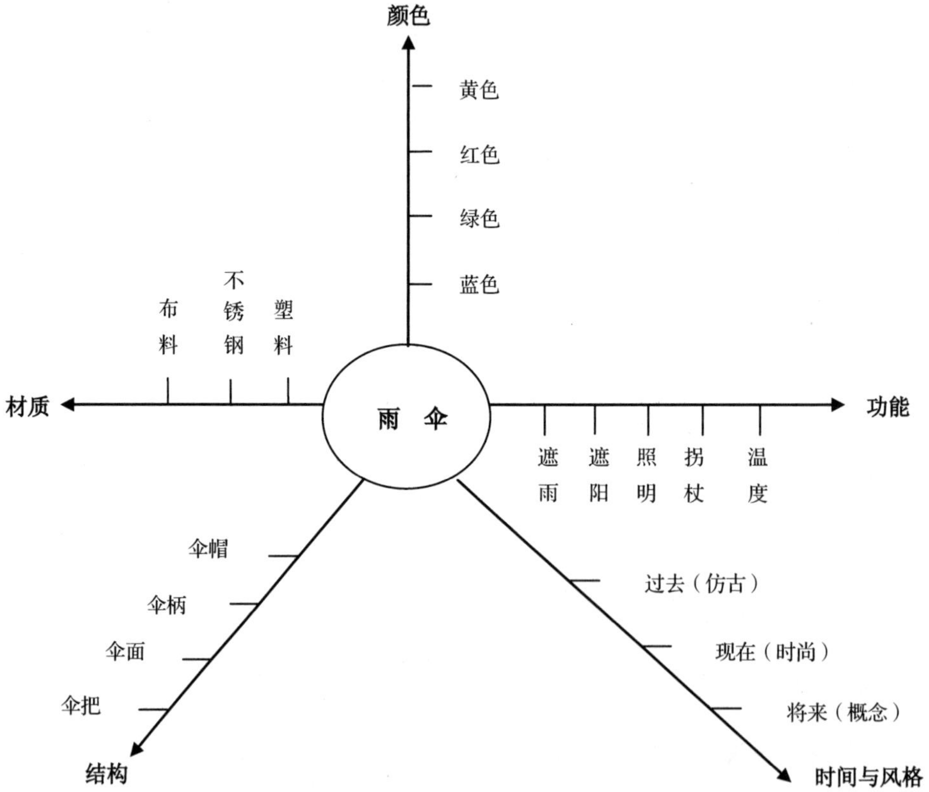

图 4-10　用信息交合法生产新型雨伞

3. 信息交合法的实施原则

（1）整体分解。先把对象及其相关条件整体加以分解，按序列得出要素。

（2）信息交合。以一个信息标上的要素信息为“母本”，以另一个信息标上的要素信息为“父本”，相互交合后产生新信息。

（3）择优筛选。通过对方案的筛选，找出更好的方案。

【训练】

1. 用信息交合法提出一种新型垃圾桶的设计方案。

2. 用信息交合法提出一种新型多功能笔的设计方案。

第二节　逆向思维的培育

逆向思维是一种重要的思维形式，它有着广泛的适用范围和显著的创新作用。逆向思维的突出优势在于，它不受常识、习惯或常规的束缚，能克服思维定式的局限性，能见常人不见之处，从而产生新的创意。逆向思维是发现问题、分析问题和解决问题的重要方法。

一、认识逆向思维

（一）逆向思维的含义

逆向思维又称反向思维，是指和常规的、公认的、习惯的想法和做法相反而又相互联系的思维过程，它往往从事物的反面或对立面提出问题、思索问题，以非常规的思路思考问题、解决问题。比如，与常言说的“知足常乐”相反，提出“知不足常乐”，就是以正求反，能够“反弹琵琶出新意”。简言之，逆向思维也就是“反过来想”“反其道而行之”。

【案例】

司马光砸缸

有一天，司马光和小朋友们在花园里玩，花园里有花有树还有假山，大家你追我赶，玩得很高兴。一个调皮的小孩爬到了假山上去玩，突然，一不小心掉进了假山边上的大水缸。水缸里满满的都是水，小孩被吓到了，在水里挣扎着，大声喊：“救命啊，救命啊，快救救我啊……”这时，小朋友们才发现有人掉进缸里了。大家惊慌失措，一时都不知道该怎么办。这时，司马光说：“大家不要害怕，我们赶紧想办法，把他救上来。”大家面面相觑，甚是慌张。聪明的司马光正在努力思考着：“我们都比水缸矮，又不能把他捞上来，要是能把水缸里的水倒出来就好了，可是，我们怎么才能把水倒出来呢?”小小的孩子不慌不忙，苦苦思索着。当他看到假山边上一块块的石头时，突然灵光一闪，想到可以用石头把水缸砸破，随即他又想到，万一砸到小伙伴怎么办呢？于是他跑过去捡了一块不大不小的石头，对大家喊道：“大家不要着急，我有办法了。”他举起石头朝水缸砸去，水缸破了个窟窿，水哗哗地流了出来，小孩终于被救出来了。大家高兴得手舞足蹈，直夸司马光聪明机智。这就是著名的司马光砸缸的故事，它启示我们，遇事不能慌张，要敢于突破常规，用逆向思维来解决问题。

（二）逆向思维的特征

逆向思维具有普遍性、新颖性、批判性、合理性的特征。

1. 普遍性

任何事物都有正反两个方面，人们在认识事物时既可以从正面思考问题，也可以从反面思考问题。所以，逆向思维在不同领域、各种活动中都适用。实践证明，人们已经在不同领域、各种活动的思维过程中经常性地使用了逆向思维。逆向思维显然具有普遍性的特征。

2. 新颖性

受思维定式的影响，人们往往会按照常规的思路去解决问题，较难获取新颖的成果。而逆向思维能突破思维定式的束缚，以反方向、反惯性的思维方式提出和解决问题，结果往往出人意料，给人耳目一新的感觉，具有很强的新颖性。

3. 批判性

逆向思维是对常规的、传统的、习惯的思维方式的反叛，是对“天经地义”“绝对正确”等传统思维定式的挑战。这就需要胆量和勇气，需要批判精神。正是这种批判精神决定了逆向思维的批判性特征。

4. 科学性

逆向思维不是简单的、表面的逆反，不是别人说东我偏说西，而是在遵循客观规律、认清事物本质的基础上进行质疑，从其他方面思考问题，提出独到、科学的思维结果。它不是“为逆而逆”“反对一切”，而是在思维立意上进行积极有益、科学合理的批判，其结果应经得起推敲，避免肤浅化、恶俗化。那些不具普遍性、违反科学精神、有悖于人类情感和共识的“逆向”，都是不可取的。

（三）逆向思维的主要类型

1. 原理逆向

原理逆向是指从事物原理的相反方向进行思考。在人类科技史上，有许多重大发明都是得益于逆着事物的原理进行的思考，如制冷与制热、电动机与发电机、压缩机与鼓风机等。

【案例】

留声机的发明

爱迪生在实验改进电话时发现，传话器里的音膜随着声音能发生有规律的振动。那么，同样的振动是否能转换成原来的声音呢？根据这一想法，爱迪生发明了第一台“会说话”的机器——留声机。

2. 功能逆向

功能逆向是指根据事物或产品原有的功能进行相反的思考，以寻求解决问题，获得新的创造发明的思维方法。事物都有各种各样的功能，采取一定的措施，就有可能使事物起到与原有功能相反的作用，从而提出新创意，实现创新。

【案例】

吸墨器的发明

在德国某造纸厂，工人因疏忽在生产过程中少放了一种胶料，制成了大量不合格的纸。用墨水笔一写，字迹就化开来了。如果这批纸全部报废，就会给公司带来重大的损失。肇事者拼命地想：有没有什么好的补救办法呢？有一天，他漫不经心地把墨水洒在桌子上，顺手拿起几张这种“没用”的纸来擦，结果墨水被吸得干干净净。“变废为宝”的念头在他的头脑中一闪而过。终于，这批纸被当成吸墨水纸全部卖了出去。后来，又有人做了个带把的船形架，把吸墨水纸装在上面。这样，一个新发明——“吸墨器”就诞生了。

3. 结构逆向

结构逆向就是从已有事物的结构形式出发，通过结构位置的颠倒、置换等技巧，使该事物产生新的性能或作用的思维方法。事物的结构与原理相比，原理不常变化，而结构则经常变化，把原来的结构倒转过来，或许可以使事物的性能或作用得到新的有价值的改变。

【案例】

新型烤箱的发明

在日常生活中，煮饭做菜都是锅在火的上方。夏普公司研发的电烤箱亦是如此，将需烤制的食物放置在烤箱的上部，热源放置在烤箱的下部。然而在烘烤过程中，肉制品会析出油脂滴落在热源上，从而产生大量的焦烟。技术人员通过进行简单的结构变换，即将热源放置在烤箱的上部，需烤制食物放置在烤箱的下部，轻而易举地解决了烟雾困扰问题。

4. 属性逆向

属性逆向是指从事物属性的相反方向进行思考。各事物的属性是多种多样的，其中有不少属性是彼此对立的，如软与硬、滑与涩、干与湿、直与曲、柔与刚、空心与实心等。有意地以某一属性的相反属性去尝试取代已有的属性，即逆化已有的属性，或可获得创新性成果。

【案例】

洗衣机脱水缸的替换

洗衣机的脱水缸的转轴是软的，用手轻轻一推，脱水缸就会东倒西歪。可是脱水缸在高速旋转时却非常平稳，脱水效果很好。当初设计时，为了解决脱水缸的颤抖和由此产生的噪声问题，技术人员想了许多办法，先加粗转轴，无效；后加硬转轴，仍然无效。最后，他们来了个逆向思维，弃硬就软，用软轴代替了硬轴，成功地解决了颤抖和噪声两大问题。

5. 序位逆向

序位包括顺序（含时序和程序）和方位（含方向和位置）。序位逆向是指对事物的顺序和方位逆向变动，以产生新创意的思维方法。

【案例】

变仰焊为俯焊

在造船史上，早先的船体结构装焊时都是在同一固定状态进行的，于是有很多部位需要仰焊。仰焊劳动强度大，质量不易保证。有人便在船体分段结构装焊时，将需要仰焊的部位暂不施工，待其他部位焊好后将整个分段翻个身，变仰焊为俯焊位置，这样，装焊的质量与速度都有了保证。这里运用的就是程序逆向的创新思维。

6. 观念逆向

观念逆向是指人们对习以为常的观念和认识做相反的思考。随着社会的发展和科学技术的日益进步，许多旧观念会发生巨大变化，如能有意识地对习以为常的观念、认识做相反的探索，就会产生新的创意。

【案例】

电影院“允许戴帽”通告

某电影院常有人戴着帽子去看电影，挡住了后面观众的视线，因此大家请电影院经理发个场内禁止戴帽子的通告。经理摇摇头说：“这不太妥当，只有允许他们戴帽子才行。”大家听了，不知何意。第二天，影片放映之前，银幕上显示了一则通告：本院为了照顾衰老患病的观众，可允许他们照常戴帽子，在放映电影时不必摘下。通告一出，所有观众都摘下了帽子。

（四）逆向思维对创新的作用

逆向思维是一种非常重要的思维方式，它对于创新的作用突出表现在以下三个方面。

1. 突破传统思维的束缚，破解难题

通常人们习惯沿着正向的、习惯的或常规的思维方向去思考问题，但如果正向思维受到阻碍，面临的问题难以解决，逆向思维或许能使人们突破旧经验、旧方法或习惯的束缚，产生新观点、新方式，使难题得到解决。

【案例】

智胜国王

一位智者到某国求职，国王心胸狭窄，故意刁难他说：“听说你挺有才能，如果你能使我从座位上走下来，就封你为将军。”国王心想：“我就是不起来，你能奈我何？”智者想：“我不能强行把国王拉下来，把国王拉下来是死罪。怎么办呢？只有让他自己走下来。”智者灵机一动，对国王说：“我确实没有办法使大王从宝座上走下来，但是我却有办法使您坐到宝座上。”国王心想：“这还不是一回事，我就是不坐下，你又能奈我何？”他便乐呵呵地从座位上走下来。智者马上说：“我现在虽然没有办法使您坐回去，但我已经使您从座位上走下来了。”

2. 另辟蹊径，出奇制胜

人们认识世界、发现规律，不可能总是从一个方向，走同一条路；解决问题时，也会有“条条大路通罗马”的情景。但是，哪条路通得更快、更好？这是应该思考选择的问题。逆向思维会使人们从另一角度另辟蹊径，在别人没有注意到的地方有所发现，有所建树，从而出奇制胜。

【案例】

减少燃料反而增大火箭射程

中国载人航天工程总设计师、中国工程院院士、国际宇航科学院院士王永志对中国航天事业的发展做出过巨大的贡献。1964年6月，他作为一个年轻的国防科技工作者，第一次走进戈壁滩，参加了中国自行设计的第一种中近程火箭的试验发射。有关专家面对火箭射程不够的问题，都在竭力想办法如何尽可能多地装进一些推进剂，以增加火箭的射程。尽管火箭的燃料贮箱已被完全填满，专家们却仍在挖空心思地想怎样才能再多加进去一些燃料。

在当年的一次研讨会上，王永志站起来说：“火箭发射时推进剂的温度高，密度就要变小，发动机的节流特性也要随之发生变化。经过计算要是能从火箭体内泄出600千克燃料，这枚火箭就能命中目标。”在场的专家们大多对王永志的建议不以为然，有人不客气地说：“本来火箭射程就不够，你还要往外泄燃料？”后来便再也没人理睬他的建议了。王永志对于自己的思路和计算非常自信，对于别人的否定并不以为然，于是他去找了当时正坐镇酒泉发射场的技术总指挥钱学森。钱学森听完王永志陈述的意见后，当即对秘书说：“快把火箭的总设计师请来。”

钱学森指着王永志对总设计师说道：“这个年轻人的意见对，就按他说的办！”果然，火箭泄出一些推进剂后，射程真的变远了。连打了三发火箭，发发命中目标。三十多年后，当总装备部的领导去看望钱学森时，钱老还兴致勃勃地说：“我推荐王永志任载人航天工程的总设计师，没有看错人。他年轻时就崭露头角，大胆进行逆向思维，和别人不一样。”王永志提出从火箭体内泄出600千克燃料，使火箭发射时推进剂的温度不是增高，而是降低；密度不是变小，而是变大，从而使“发动机的节流特性”随之变化。他运用逆向思维的思路与做法，成功地解决了火箭射程不够的问题。

3. 激发人们反向思考，扬长避短、化害为利

事物都是对立统一的，拥有正反两面才是完整的。比如，黑白分明、高低不平、水火难容、利害之分等，都是共存的。失去一个，另一个也就无存在的意义。逆向思维有利于我们更完整地认识和把握事物的属性，尤其是激发人们反向思考，扬长避短、趋利避害，有的时候还可以化害为利。

【案例】

“知人善用”三弟子

一位高僧有三个弟子。大弟子较为懒惰，一旦落座，一时半会儿别指望他会站起来。二弟子天生好动，受不了寺院的清静。三弟子讨厌诵经却喜欢听鸟唱歌。于是高僧便这样安排：让大弟子司晨钟暮鼓，天天坐堂诵经；让二弟子到山下化缘；让三弟子在寺内遍植林木，让百鸟落巢栖息。这样的安排充分运用了逆向思维，使三个弟子都各得其所、各尽其能。这也充分说明，逆向思维运用得好，可以最大限度地扬长避短、趋利避害。

二、逆向思维训练

每个人都有逆向思维的潜能，可以从以下几个方面有针对性地训练和培养逆向思维能力。

（一）改变习惯，反向而行

在日常的生活、学习中，有意识地将自己的一些习惯行为、思考方式等进行反向操作，以培养自己的逆向思维的意识和习惯，比如，用左手写字，左手用鼠标，左手接电话（左撇子用右手）；倒立观察世界，体会一下与平时所看到的不同；尝试倒着走路，并描绘倒行时所看到的风景与正行时的不同；等等。

（二）“反弹琵琶”式作文训练

在作文立意和构思时，站在对立面角度去思索，反弹琵琶、正中求反、同中求异、异中求新，往往能够提出与传统迥然有别的观点。许多作家、记者、编辑、学者，在写文章时都不拘于司空见惯的定论，而总是“反过来想一想”，反其向而思之，反其意而写之。这样的报道或评论文往往令人耳目一新，历史上不乏此类成功之作。

【训练】

运用逆向思维方法思考以下观点并作文（括号之中为原观点，仅供参考）。

1. 开卷未必有益（开卷有益）。
2. 旁观者未必清（旁观者清）。
3. 应当欢迎“出格”（不以规矩，不能成方圆）。
4. 一失足未必成千古恨（一失足成千古恨）。
5. 酒香也怕巷子深（酒香不怕巷子深）。

（三）在“反口令”游戏中训练

“反口令”游戏即要求学生根据“口令”做相反的动作，以训练和培养思维的逆向性及逆向思维的敏捷性。

游戏玩法举例：教师说“起立”，学生就要坐着不动；教师说“举左手”，学生们就要举右手；教师说“向前走”，学生就要往后退……总而言之，要求学生“反着来”。

【训练】

1. 举起左手—放下左手—举起右手—放下右手—举起左手—举起右手—放下左右手。

2. 向左一步走—再向左一步走—上前一步—退后两步—向右转—向右一步走。

3. 向左看—向右一步走—向后看—向后转—左手拍左腿两下—右腿向前一步—双脚跳一下。

（四）设置逆向思维题进行训练

创新思维可以通过针对性的训练加以培养和提高，逆向思维也不例外。所以，还可以通过有意设置一些思考题或假设特定情景的思维题，有针对性地开展逆向思维的训练。

训练的方法与步骤：①认真读题。②根据题意及要求进行逆向思考。③把思考的结果写下来。④可以和同伴共同进行训练，然后比较各自的经过，看谁对逆向思维运用得更大胆，思维结果更新颖，并加以讨论，取长补短。⑤如果对自己的答案不满意，可以反复训练。

训练的注意事项：①主动、有意识地利用逆向思维方法。②追求与众不同的观念。③对于别人对自己观点的否定，尽力以充分的理由说服别人认可。④在遇到困境时要敢于和善于抛弃固化经验答案。

【训练】

运用逆向思维，思考并解答以下问题。

1. 找出一个你认为很讨厌的东西，说出它有什么用途或好处。

2. 你能从自己最讨厌的人身上找出优点吗？

3. 钉子上挂着一个系在绳子上的玻璃杯，你能既剪断绳子又不使杯子落地吗？（剪绳子时，手只能碰剪刀。）

4. 以5只猫5分钟捉5只老鼠的速度计算，要在100分钟内捉100只老鼠，需要多少只猫？

5. 在下列等式的数字后面加上单位名称，使等式成立。

　　1＋1＝1

　　2＋1＝1

　　3＋4＝1

　　4＋6＝1

6. 有四个相同的瓶子，怎样摆放才能使其中任意两个瓶口的距离都相等呢？

7. 在一个荒无人迹的河边停着一只小船，小船只能容纳一人。两个人同时来到河边，两个人都乘这只船过了河。请问：他们是怎样过河的？

8. 篮子里有4个苹果，由4个小孩平均分。分到最后，篮子里还有一个苹果。

请问：他们是怎样分的？

9. 公安局局长在茶馆里与一位老人下棋。正下到难分难解之时，跑来了一个小孩，小孩着急地对公安局局长说："你爸爸和我爸爸吵起来了。"老人问："这孩子是你的什么人？"公安局局长答道："是我的儿子。"请问：这两个吵架的人与公安局局长是什么关系？

10. 一艘商船顺流而下，来到一个桥洞前，发现货物比桥洞约高出1厘米，要想通过看来必须卸掉一些货物才行。无奈货物是整装的，一时无法卸下。你有什么好办法能够在不卸货物的情况下让船顺利过桥呢？

第三节 想象思维的培育

想象思维源于且又高于脑内已有记忆表象，它既不受已有事实的局限，也不受抽象思维的束缚，是人们在创新活动中经常用到的思维方式之一。

一、认识想象思维

（一）想象思维的含义

想象是指人脑通过形象化的概括作用，对脑内已有的记忆表象进行加工、改造或重组的思维活动。想象思维包含以下三层意思。

第一，想象思维的基础是人脑已有的记忆表象，即人脑对外界事物通过形象储存下来的信息，是在大脑中保持的客观事物的形象，包括静止的、活动的画面，平面的、立体的画面，有声的、无声的画面等。例如，人们在看小说时，头脑中会出现小说中各种人物和情景；久别的老同学偶然相遇时，从前在一起生活、学习中的景象都浮现在自己的眼前。这些记忆表象构成了想象思维的基础。

第二，在想象的过程中必须对客观形象进行组合、加工等改造。想象思维以记忆表象为基础，但它不是记忆表象的简单再现，而是组织起来的形象系统对客观现实的超前反映。例如，工程师根据自己在建筑方面的知识经验（已有的记忆表象），将其重新组合、加工和改造，从而设计出新的建筑物的形象。

第三，想象思维的结果是创造出一种人们未曾直接感知过的新形象。在想象思维中，人脑记忆表象的画面就像放电影一样，在脑中涌现，经过黏合、夸张、人格化、典型化等加工，形成新的有价值的表象时，新想法、新技术、新产品可能就出现了。这正是形象思维的价值所在。

（二）想象思维的特征

想象思维具有形象性、概括性、超越性、多元性的特征。

1. 形象性

想象是通过对已有表象的加工而创造新形象的过程，想象思维活动的基本单元是表象，是一幅幅画面，而不是语言或符号。有了想象，看小说时就可以见到人物的音容笑貌；看图纸时就可以见到有立体感的物体；看设备说明书时就可以见到设备的外形和结构。想象思维的形象性使它的过程和结果丰富多彩、生动活泼、直观亲切。例如，法拉第借助于想象，设想电荷或磁之间的空间中充满着一种传递力作用的媒质，形象地提出了电力线、磁力线的概念，并建立了电磁“力场的图像”，从而为电磁场理论的科学发现起到了重要的促进转化作用。想象思维的形象性在于思考者能根据相关的知识信息、经验和形象积累，模拟出关于事物具体情景的形象。

2. 概括性

想象是一种思维的并行操作，即一方面反映已有的记忆表象，同时把已有的表象变换、组合成新的形象，达到对外部事物的整体把握，所以概括性很强。例如，把地球想象成鸡蛋，蛋壳是地壳，蛋白是地幔，蛋黄是地核；科学家把原子结构想象成太阳系，太阳是原子核，核外电子是行星，围绕原子核高速旋转；等等。

3. 超越性

想象的最宝贵特性是可以超越已有的记忆表象的范围，产生许多新的形象，这正是人脑的创造活动最重要的表现。一些重大的发明创造，都离不开超越性的想象。例如，爱因斯坦想象自己以光速运动；魏格纳想象几个分裂的大陆板块慢慢地漂移；随着航天技术的发展，曾经的“嫦娥奔月”神话已然变成现实。

4. 多元性

形象思维的多元性表现在既包括对未知事物的假设、虚构和预演，也包括对各种可能性的分析和演绎，既可能是正面的，也可能是负面的。例如，凡尔纳所写的科幻小说，通过神奇无比的想象和精确预示，给无数青少年和科学家以启迪。他通过想象，设想和预见各种未来场景和事物，也假设了一些可能出现的困难和与现实不相容的问题，如超级大炮发射登月舱的故事中，就涉及如何解决动力不足、失重，以及是否能够返回的问题。想象的多元性，对人们的实践活动能起一种先导作用，或者促进和激励人们采取有益、正确的行动，或者抑制和防止人们采取有害的错误的行动。

（三）想象思维的主要类型

根据是否有明确的目的性，可将想象思维分为无意想象和有意想象。

1. 无意想象

无意想象是指事先没有预定目的、不受主观意识支配的想象。这种想象不受思维框架的束缚，是一种非常自由、活跃的思维状态。它可以是想入非非的梦想，可以是无根据的假想、猜想，也可以是不切实际的幻想。它虽然荒诞、离奇，但有时会引导人们产生创新灵感，帮助人们找到解决实际问题的思路或方案。

2. 有意想象

有意想象是指事先有预定的目的、受主观意识支配的想象。它按一定的思路，对某一问题进行有步骤的思考，并设想解决问题的方法，具有一定的预见性、方向性，属于想象思维的高级形式。有意想象在科学探索、文艺创作中是必不可少的。根据新颖性和创造性的不同，有意想象可以分为再造型想象、创造型想象和幻想型想象。

（1）再造型想象——情景再现

再造型想象是指根据语言文字的描述或图样的示意，在大脑中随即形成相应的形象的思维过程。比如读小说、诗歌时想象出的人物形象和场面，看图纸、听音乐时想象出的画面等。当读到马致远的《天净沙·秋思》时，我们头脑中就会出现一幅充满悲凉气氛的“秋暮羁旅图”；根据白居易《忆江南》的描述，我们头脑中就会浮现出祖国江南秀丽的景色；根据设计的图纸，工程师在头脑中会出现建筑物的形象；等等。这些都属于再造型想象。再造型想象的特点是再现，也就是想象者头脑中产生的形象是别人早已创造出来的或自身亲历过的，想象者不过是使其再现而已。再造型想象不具有创新性，但它是理解和掌握知识必不可少的条件。再造型想象在人们的学习、工作生活中具有重要作用，使人们能够摆脱时空的限制，更广泛、更深入地认识世界。

（2）创造型想象——推陈出新

创造型想象是指完全不依据现成的描述和引导而独立创造出新形象的思维过程。文学、艺术创作、科学发明、技术革新等活动中的想象，大多是人类历史上前所未有的，都是创造型想象。创造型想象是创造性活动的重要组成部分，在人类实践活动中具有重要作用，特别是在创造发明中更具有现实的意义。发明家在新发现的事物未成模型之前，要事先在头脑中把所要发明的事物的形象创造出来；科学家在提出新的假说、猜想时，也要充分地运用创造型想象。

（3）幻想型想象——无中生有

幻想型想象是指与生活愿望相结合并指向未来的想象。幻想是有意想象的一种特殊形式，一是幻想中的形象体现着个人的愿望；二是幻想指向未来，不能立即实现。幻想有积极和消极之分。违背客观发展规律不能实现的幻想叫空想，是一种有害的幻想。如果完全陷入空想，只能使人脱离现实生活，导致挫折、失败，甚至误入歧途。在科学理论指导下，符合客观发展规律，能够实现的幻想，就是积极的幻想，可以称为理想。理想是激励和鼓舞人们学习、工作和创造发明的巨大动力。例如，太空漫游、嫦娥奔月、龙宫探宝等愿望，通过人们的努力，今天已经变为现实。

(四) 想象思维对创新的作用

想象是创新的翅膀，想象思维对创新具有重要的作用，突出体现在以下方面。

1. 想象思维是发明和创新的重要源泉

爱因斯坦说过，想象力比知识更重要，因为知识是有限的，而想象力概括着世界上的一切，推动着社会的进步，并且是知识进化的源泉。严格地说，想象力是科学的实在因素。事实证明，想象思维可使人思路开阔、思维奔放，能够激发起人们的创新欲望，能够为人们指出进取的方向，古代人心驰神往的“千里眼”“顺风耳”等均已成为现实就是最好的例证。在无数的发明创造中，我们都可以看到想象思维的重要作用。

2. 想象思维是获得新概念、新理论、新发现的重要途径

在创新活动过程中，某些新概念、新理论、新发现的提出和建立是很重要的环节或阶段，单凭抽象（逻辑）思维活动是不够的，往往还要借助想象思维，在思维空间创新地组合那些特定意义的思维意象信息材料，按照内在逻辑关系组合成新的意象模型或图示，从而为新的理论和新的概念的提出和完善提供重要的思维契机和途径。例如，在科学发现中，假说的提出是关键，而假说的提出必须通过丰富的想象来完成。

3. 想象思维是描述、表达和理解科学发现的创新思维过程及其成果的重要手段

科学发现理论所揭示的是客观事物内在的本质，其思维过程及其思维成果具有高度的抽象性。为了描述这种思维抽象的过程，便于人们更好地理解和掌握这种思维活动及成果，想象思维可以起到很重要的辅助作用。借助想象思维活动，可以把逻辑思维抽象过程具体化、生动化，把抽象晦涩的概念或范畴具体化、直观化、感性化，便于生动直观地描述和理解。同时，在对抽象思维的具体化过程中，还可以起到对这种理性思维过程在某些细节理解上的补充和完善的作用。例如，科学家借助想象思维，提出了诸如“葡萄干面包模型”“土星圆圈舞式模型”“太阳系原子模型”等，把原子结构的科学发现的理性思维活动过程及其成果加以形象化的描述，也有助于人们的理解和掌握。

4. 想象思维是人们进行和欣赏文艺创作的重要因素

创造型想象在文艺创作中起着至关重要的作用，作家塑造人物、描写环境、展开情节、设定矛盾冲突等，都离不开创造型想象。刘白羽在谈自己的创作经验时说：“对一个创作者来说，是生活中种种具体的动人形象打动你，给你带来思想、认识，你通过复杂的生活形象，才提炼出你的一点理解、一种思想、一分诗意，这是作品的灵魂；但同时理解、思想、诗意也只有得到最能恰如其分的表达它们的典型的形象、细节，才能取得反映生活的艺术形象的鲜明光彩。”作家和艺术家要想创作出优美、动人心魄的作品，就更需要发挥想象力。同时，读者和观众欣赏作品也需要借助想象力。比如，当读到《红楼梦》中“两弯似蹙非蹙罥烟眉，一双似喜非喜含情目。态生两靥之愁，娇袭一身之病。泪光点点，娇喘微微。闲静时如姣花照水，行动处似弱柳扶风。心较比干多一窍，病如西子胜三分”时，通过再造型想象思维可以使林黛玉的形象清晰地浮现在眼前，我们就仿佛真的见到了那个柔弱娇嗔、才思敏捷、多愁善感的病美人。

二、想象思维训练

想象思维的诞生是有条件的，在进行想象思维培育的时候应有意识地注意以下几点。

第一，最基本的条件就是要突破经验主义的认知框框，透过有限的条件深入到无限的遐想之中，推测过去、预测未来，摆脱具体和现实的束缚，自由地进行排列组合。

第二，要善于观察和发现，积累丰富的表象材料，夯实想象思维的基础。诺贝尔物理学奖获得者格拉肖就曾指出，涉猎多方面的学问可以开阔思想，可以帮助提高想象力。在日常的学习活动、娱乐活动，以及各种社会实践中，尽量扩大对事物形象的了解、记忆和掌握，有意识地、细心观察和感受每一种事物的显著特征，并将这些特征记忆于脑海中，以此广泛积累表象材料，丰富表象储备，从而为想象思维的培养和提升奠定、夯实基础。

第三，还应保持一颗童心，对世界抱有新奇的幻想。童年时期是人想象力最丰富的时期，保持一颗童心有利于人们进行想象思维的训练。

培养和提升想象思维能力，可以运用以下几种具体方法进行训练。

（一）组合想象法

组合想象法就是指从头脑中某些客观存在的事物形象中，分别抽取出它们的一些组成部分或因素，根据需要做一定改变后，再将这些抽取出的部分或因素，构成具有自己结构、性质、功能与特征的能独立存在的特定事物形象的方法。例如，儿童把积木搭成各式各样的房子，手工工艺师把各种废弃材料做成不同的手工作品，运用的就是组合想象法。旱冰鞋就是由英国一名小职员通过想象，把脚上穿的鞋和能滑行的轮子这两样东西的形象组合在一起，设计出的一种“能滑行的鞋”。又比如狮身人面的斯芬克斯，半截少女、半截鱼身的美人鱼，人性猴形的孙悟空等，都是运用组合想象法的结果。通过组合想象法，人类创造出了这个千姿百态的奇妙世界。

【训练】

尝试把生活中任意两样或三样东西组合在一起，看能创造出什么新东西。当你把它们结合在一起时，请你在大脑中想象这个东西是什么样子的，会产生什么样的新功能？

（二）充填想象法

充填想象法是指在认识了某事物的某些组成部分或某些发展环节的情况下，在头脑中通过想象，对该事物的其他组成部分或其他的发展环节加以填补充实，从而构成一个完整的事物形象或一个完整的事物形象的思维方法。例如，古生物学家根据一具古生物的化石，就能想象出这个古生物的原有形态；建筑工程师只看到建筑物的设计图纸，就能想象出将要建成的是一座什么样的高楼大厦。

【训练】

给你一个椭圆，请你在上面加几笔画出一个茶壶来，请你再发挥想象力，看看还能画出哪些新的东西来。

（三）纯化想象法

纯化想象法是指在头脑中抛开与所面临问题无关或关系不大的事物的某些因素或部分，只保留必须着重考虑的某些因素或部分，从而构成反映该事物某方面本质与规律的简单化、单纯化、理想化的形象思维方法。

【训练】

1. 依题作画：一位猎人带一只狗上山打猎，你能用三笔画出这种情景吗?(提示：试试将一些复杂的元素忽略或遮盖，只露出关键部分。)

2. 阅读下面这则故事，再依题作画。

据说古代京城画院曾用“深山藏古寺”这一诗句为题进行考试，结果有的考生画成深山里林木环抱，中间一座寺庙；有的画成密林深处露出寺庙的一角；有的画成林木上空高高地飘着一幅幡等。但是这些画均未被选中，因为都没有抓住一个“藏”字。另有一位考生画了山峦起伏，林深树密，画中无寺庙，但在山间小道上有一个和尚在挑水上山，结果这幅画由于作画者丰富的想象力而被选中。

（四）取代想象法

取代想象法是指采用换位思考的方法，通过揣摩某人的思想感情或某事的具体情景，以谋求获得解决某一问题的办法或启示。

【案例】

盲人的灯笼

有一个盲人晚上出门的时候总是提着一个灯笼。一个好奇的路人感到迷惑不解，于是上前问道：“大哥，你眼睛看不见，打着灯笼有用吗?”盲人答道：“怎么会没用？我打灯笼不是给自己看的，而是给看得到的人看的。免得他们在黑暗中看不见我，把我撞倒。”

【训练】

1. 当你要与父母讨论一件事情的时候，你是否会先想好父母可能提出的几种想法？试举一例与大家分享。

2. 设想一种膝盖与我们的膝盖结构相反的外星人，它们的膝盖只能朝后弯曲而不能朝前弯曲。为了让这种外星人舒适地生活在地球上的某个房间内，我们的家具和用具应该做哪些相应改变？请根据这个特点为他们设计一些实用的东西。

（五）预示想象法

预示想象法是指根据已掌握的知识经验和形象积累，在头脑中构成体现一定设想或愿望的当前不存在而未来可能产生的某种事物形象的思维方法。

人们在改变客观现实的实践活动中，一般都需要通过预示想象展望自己各项活动的前景，设想它们可能带来的后果，预见可能遇到的种种困难，然后采取相应的行动。对希望产生的事物，努力创造其产生的条件；对不希望产生的现象，则尽力避免其出现。预示想象法对人们的实践活动能起一种先导作用，或者促进和激励人们采取有益、正确的行动，或者抑制和防止人们采取有害的错误的行动。无论是科学研究还是其他实际工作，借助预示想象法都可能节省大量的人力物力，使人们少走许多弯路。

【训练】

1. 根据目前市场的状况做一次系统的综合分析并以此来预见未来市场将要出现的某种变化。在预见到市场将要出现的变化时，在大脑中真切地浮现某种场景，构思出自己将要面临的处境，找到改善处境的可行性措施，并浮现出改善后的美好景象。

2. 随着科学技术的发展，你认为到2050年，人类社会的城市、交通、生活方式、学习方式、交流沟通方式会是什么样的？用文字或图画表达。

（六）导引想象法

导引想象法指人通过在头脑中具体细致地想象和体验自己为完成某一复杂艰巨任务所进行的顽强努力，以及任务完成后的成功情景与喜悦心情，从而充分调动和发挥自身潜力，以促进自己顺利完成这一复杂艰巨任务的思维方法。

许多人都有这样的体会：每当自己想象做某件事情获得成功后，那种喜悦的体验会让思维活动更加活跃；反之，当心灰意冷、抑郁惆怅时，思维就会变得迟钝、堵塞。一个人的“思”与“情”是互相影响、互相制约的。导引想象的重要特点和作用就在于发挥心理状态的积极影响，从而以“情”育“思”，以“情”助“思”。同时，导引想象能有力地调动人的潜意识，使潜意识充分发挥作用。在发掘潜能过程中，通过显意识与潜意识的合作，能够更好地解决复杂的问题。导引想象在各个领域、各个行业中的运用十分广泛，许多成功人士都使用过导引想象法。

【案例】

体育冠军的导引想象

澳大利亚的一位世界射击冠军在每次比赛前，总是“闭目养神”，想象自己在赛场上枪枪打中靶心。他说：“如果不这样想象，我恐怕连一环都打不中。”

【训练】

读一部好的历史小说或科幻小说，让自己陷入一种生活在过去或未来世界的感觉。这时，过去、未来鲜明的形象会浮现在脑中。尝试这样做，并想象如果自己生活在过去或未来，会是什么样的情况。

（七）自由冥想法

可以眺望风景，仰望天空，观察云彩，坐着或躺着，什么事也不做。只有静下来思考，让幻想毫无拘束地奔驰，才会有想象的冲动。这种锻炼和发挥想象力的方法可称为“自由冥想法”。具体来讲，可以依据以下的步骤展开。

第一步，精神放松，端坐在椅子上，手掌放在腿上，眼微闭，全身放松。接着，再一次全身放松。具体方法是：先把精神集中于脚趾，想脚趾不用力气，完全放松了。接着，把精神集中于脚腕，想脚腕也不用力气，完全放松了。这样，再由腿到腰，到腹部肩、颈、头，逐次地放松。

第二步，注意力集中，彻底放松后，将精神集中到丹田附近，缓慢地进行腹式呼吸约十次以后，将注意力集中到下腹，同时继续想象全身放松了，舒服极了，最后进入无意想象状态。

最后，整理和记录结果。五分钟后停止，并将结果记录下来。

【训练】

每天早晨起床前，请你伸开四肢，放松全身肌肉，然后想象一下你今天要做的事，就像看电影一样。如果在你的想象中，你做了错事，那么就在想象中改正，直到你看到你这一天干得非常出色为止。晚上睡觉前也这样做一次，先在想象中检阅一下白天的工作与想象之中的差别有多大，再想象第二天你会做得更好。每天抽出一些时间静静地沉思，来计划或回忆我们所经历的场景和事件，能提高我们用形象思维处理问题时的敏捷程度和准确程度。

（八）文艺创作法

文艺创作法是指通过进行文学或艺术创作来培育、训练和提升想象思维能力的方法。如前所述，想象思维在文学和艺术创新领域起着重要作用，反之，我们也可以尝试用文学和艺术创作的方法来培育、训练和提升想象思维能力。例如，绘画创作实际上是一种综合训练，包括视觉感受、动手能力、听觉描述、语言理解等多项内容。通过学习和练习绘画，将周围事物表现在纸上，对培养和提高想象思维能力有直接帮助。又如，写诗也是训练和提升人的想象思维能力的有效途径和方法。同样，小说创作、编舞谱曲等文艺创作既来源于生活又高于生活，无不需要丰富的想象力的参与，所以都可以作为培育、训练和提升我们想象思维的方法，不妨尝试之。

【训练】

1. 尝试写诗，并试试诗配画。
2. 尝试写小说，或进行其他形式的文艺创作。

第四节　联想思维的培育

世界是普遍联系的，要创新，就需要以一种能够由此及彼、举一反三、闻一知十、触类旁通的思维方式来对这个世界进行思考，联想思维正是这样一种思维方式。

一、认识联想思维

（一）联想思维的含义

联想是由一种事物想到另一种或多种事物的思维活动。比如，看见白的，就想到雪；看见太阳，就想到月亮；看到黑，就想到夜晚。联想思维是指在人们的大脑中将一种事物的形象与另一种事物的形象相互联系起来，从而达到解决问题的思维方式。我们日常生活中常说的举一反三、由此及彼、触类旁通等就是联想思维的体现。

联想思维以事物的普遍联系为基础，是对于事物之间存在普遍联系观点的实际运用。没有事物之间存在的客观联系，联想就很难发生，离开事物之间客观联系的联想只是空想。牛顿从自然界现象——苹果落地联想到万有引力，又从万有引力联想到质量、速度、空间、距离等因素，进而推导出力学三大定律。人们还从洗澡池放水出现的水的旋涡方向得出地球磁场磁力线的运动方向；从豆角蔓的盘旋上升判断出天体的运行方向；从水面上木头漂浮、铁块下沉的自然现象联想到浮力，并把它运用到造船业；从偶然间看到事物的不连贯性到创建量子理论；从运动、质量、引力推断出时空的弯曲；从意识作用推广到宇宙全息等，这些都是联想思维的应用。

（二）联想思维的特征

联想思维具有目的性、连续性、形象性、概括性和实践性的特征。

1. 目的性

联想思维往往从一定的思考对象出发，有目的、有方向地想到其他事物，以扩大或加强对思考对象某方面本质和规律的认识或解决某一问题。它是一种由已知到未知的思维过程，需要抓住事物之间联结或相关的背后动因，把与其相关联的其他因素串联起来。为了获得创造性成果，联想思维显然具有目的性。

2. 连续性

联想思维最重要的地方就在于它的连续性，即由此及彼、连绵不断地进行。联想的过程可以是直接的，也可以是迂回曲折的；可以按一定的顺序进行，也可以不按顺序进行；可以由一种事物联系到另一种事物，也可以从一种事物联想到多种事物。通过这些过程，可以形成一系列的联想链，使原本看似不相干的事物相互联系起来。

3. 形象性

联想思维基本的操作单元是记忆表象，是一幅幅生动的画面，而不是语言或符号。所以，联想思维和想象思维一样，都具有鲜明的形象性。

4. 概括性

联想思维从整体上把握思维操作活动，它可以把联想到的思维成果迅速显现在联想者的眼前，因此具有很强的概括性。

5. 实践性

联想思维是将客观存在的一种事物与另一种或多种事物之间关联起来的思维活动，这种思维活动本身属于人类实践活动的范畴。人们知识的获得、经验的积累以及对事物的理解都可以看成联想的过程。联想思维不是天生的，而是在后天的实践中锻炼和培养起来的。它作为一种探索未知的创新思维活动，显然具有实践性。

（三）联想思维的主要类型

1. 相似联想

相似联想借用事物间的相似性，由某一事物或现象想到与其相似的其他事物或现象，进而产生某种新设想。英国科学家贝弗里奇认为，科学的联想常常在于发现两个或者是两个以上研究对象或假设之间的联系或相似之处。例如，瓦特就是根据水壶中的水沸腾后产生的水蒸气不断推动壶盖的原理改良了蒸汽机。

2. 接近联想

接近联想，是指根据事物在时间上或空间上相互接近而形成的联想。例如，从日出联想到朝霞，从春天联想到鸟语花香，“叶落而知秋已至”，这些是时间上较接近的联想；看到天安门广场就想起人民大会堂，“秋水共长天一色”，这些是由于空间上的接近而引起的联想。当然，空间上的接近联想和时间上的接近联想是不可能截然分开的，它们常常相互交织在一起。“落霞与孤鹜齐飞”就既有空间上的接近联想，也有时间上的接近联想。

3. 对比联想

对比联想亦称相反联想，是指根据特征相反的事物或相互对立的事物之间所形成的联想。客观事物之间普遍存在着相对或相反的关系，事物的内部更是普遍存在着既对立又统一的两个方面。利用客观事物之间的这种相对或相反的关系进行联想，可以帮助我们由一种事物便能很快地联想到与之相对或相反的另一种事物，由事物的一个方面便能很快地联想到与之相对或相反的另一个方面。对比联想是相似联想的另一种形式，如看到好就想到坏，看到夏就想到冬，看到慢就想到快。对比联想有利于全面地、从整体上看问题。

4. 因果联想

因果联想是指由事物之间存在的因果关系而引起的联想。例如，美国工程师思波塞在做雷达起振实验时，发现口袋里的巧克力融化了，探究其原因，是雷达发射时的微波造成的，找到因果关系就联想到用微波加热食品，发明了“微波烤炉”。这种联想往往是双向的，可以由因想到果，也能从果想到因。如由冰想到冷，由瑞雪联想到丰年，由科技进步想到经济发展，这些是由原因联想结果。由呼吸道疾病联想到雾霾，由水患联想到砍伐树木、水土流失，这是由结果联想到原因。正是由于千变万化的客观事物组成了环环紧扣的彼此制约和牵制的锁链，才使世界保持着相对的平衡与和谐的状态，这些锁链中就存在着因果关系。因此，在思考问题的过程中，要充分运用因果联想，尽量找出产生这个问题的原因，再去寻求解决的办法。

5. 连锁联想

连锁联想是指根据事物之间这样或那样的联系，找到各事物之间的逻辑关系，一环紧扣一环地进行联想，从而引发出新的设想。如因下雪联想到发明 X 光感光纸的连锁反应过程：雪不停——路面结冰——人滑倒——到骨科拍 X 光片——X 光胶片——X 光感光纸。

6. 飞跃联想

飞跃联想是指在头脑中从一个事物形象的某一点或某个方面，联想到与之似乎没有任何联系的另一个事物形象，使思维活动大跨度跳跃，以获得对事物的某种新的认识，或引发出某种新的设想。飞跃联想是思维上下左右、四面八方、无边无际地自由联想，思维跨度越大，联想的内容就越丰富，往往创造性就越强。

(四) 联想思维对创新的作用

1. 联想是开启思路、引发创新的导火索和催化剂

世界是普遍联系的，事物之间总是存在着这样或那样的联系。运用联想思维可以将两个或者两个以上相似、相近、相反甚至看似不相干的事物通过一定的诱因相互联系起来，从而发现它们之间的属性、关联，使自己得到启发，进而去探索未知的领域，获取更多的创新成果。广阔而丰富的联想能够在一定程度上促进科学技术的巨大飞跃。实践证明，人们联想能力的跨度很大，两个看似风马牛不相及的事物，只要在它们之间加上几个环节，就能实现联系起来的愿望。这种大跨度的联想思维能力，是开启思路、引发创新的导火索和催化剂，能极大地促进创新。

2. 联想思维是打开记忆之门的“钥匙”，能为创新提供丰富的素材

人的头脑中储存着大量的信息，它原本可以绰绰有余地应付各种各样的问题，但是随着时间的推移，有些信息会渐渐被人们淡忘，在头脑中变得模糊杂乱、支离破碎，甚至回忆不起来，自然就很难被利用。联想能在一定程度上帮助我们挖掘出潜意识深处的种种信息，把各种信息按一定的规则、以有条不紊地联系在一起的形式保存于大脑中，有了它，人的思维活动能以极高的速度，从大脑的信息库中检索出所需要的信息，包括那些潜藏于记忆深处的似乎早已被遗忘的信息。因此，联想思维是打开深层次记忆之门的“钥匙”。人们研究出来的许多记忆方法，都是基于联想思维的这一作用：将那些需要记住的东西“串”起来，也就是将它们作为一些“环节”，纳入一定的概念或形象的“链条”中。联想思维的这一功能，为创新思维及其活动提供着丰富素材。

3. 联想思维能活化创新思维的空间，极大地促进创新

在进行创新的时候，人的思维是特别活跃的，如同波涛澎湃的大海。正是联想思维由此及彼、触类旁通的特征，让我们能够多角度、多渠道、多侧面地思考问题，进而产生灵感，寻求多种途径去解决问题。联想思维就像是创新思维的“万花筒”，人们每进行一次联想，就好像将这个万花筒转动了一次，就能够看到丰富多彩、质量高、数量多的新图案，使得创新思维空间更广阔。

二、联想思维训练

培育联想思维能力，一方面要“敢于想”，要打破常规，跳出传统、书本、名言、经验和从众的框框去大胆地想，任思维自由飞翔；另一方面要“能够想”，知识、经验的多少直接影响联想思维的实现程度，要扩宽视野，博览群书，扩大知识领域，丰富表象储备，这样才能够产生科学的创造性联想。在此基础上，可以从以下几个方面进行联想思维训练。

（一）分类联想思维训练

将联想分为若干不同的类型，按类型进行训练，有助于我们提高联想思维的能力。

【训练】

1. 相似联想训练

要求被训练者想起同一刺激或环境下相似的信息。如，从警察想到士兵，由医生想到护士等。

对以下事物尝试相似联想：（1）猫；（2）湖泊；（3）茅草；（4）手机；（5）汽车。

2. 接近联想训练

对以下给定的事物从时间或空间接近的角度去联想。

(1) 月亮;(2) 篱笆;(3) 落叶;(4) 冬至;(5) 流感。

3. 对比联想训练

对以下给定的事物从相反的角度去联想，例如上—下、天—地、热—冷、胖—瘦、笑—哭、老—少、前—后、左—右、内—外。

(1) 藏、借、错、好、甜、快、深、远、有。

(2) 抬头、简单、胜利、夏天、长处、浪费、紧张。

4. 因果联想训练

(1) 起风了，接下来会发生什么呢?

(2) 家里突然停电了，会是什么原因呢?

5. 连锁联想训练

把以下词语按照一定的逻辑或顺序进行连锁联想，例如，乌云、下雨、孩子、皇帝、大海、衣服、冷饮、桌子、小猫、地震，可连锁联想成：满天“乌云”密布，要“下雨”了，一个“孩子”看见“皇帝”正在“大海”中洗“衣服”，他把“冷饮”准备好了放在“桌子”上，被“小猫”发现了，小猫闹得天翻地覆，仿佛“地震”了。

(1) 小雨、毛毛虫、秘书、锄头、车皮、被套、叶子、射线、石油、考试。

(2) 小白兔、白雪、头发、绵羊、火车、二胡、偏方、酸菜、秀才、思想。

(3) 形状、鸭子、田螺、下岗、骆驼、万丈、夜猫子、蚯蚓、香水、箱子。

6. 综合训练

从下列各组词汇的第一个词开始，开展接近、相似、对比或因果联想，经过若干中介联想对象，最终到达第二个词(每题1～2分钟，要写出中介步骤和联想种类)。

(1) 风—马、牛;(2) 面包—瀑布;(3) 高射炮—吉他;(4) 松树—手机;(5) 铅笔—人造卫星;(6) 罗盘—香蕉。

7. 综合训练：砖的联想

形式：分组讨论，在班上交流。大致可以分为以下几个联想点。

(1) 从砖块的个体与最后形成有用的住房，可以联想到个体与集体的关系。

(2) 从砖的不同颜色和砖构成的变化，可以联想到任何事情都在随着社会的进步在不断变化，要与时俱进，不仅要注重实用性，还要注重审美性。

(3) 从砖块经得起重压，经得起风吹雨打，有一副“铮铮铁骨”的特点，可以联想到那些不屈不挠的英雄好汉。

(4) 由砖可以奠基、铺路、砌墙，任你把它放在底层还是角落，都心甘情愿、毫无怨言的特点，联想到社会上那些默默奉献的无名英雄。

(5) 由砖块方方正正、有棱有角的形状，与鹅卵石的圆滑作比较，可以联想到那些有原则、不假公济私的人员，但如果不讲人际交往方法，往往可能伤人伤己。

(6) 同样是从砖的形状出发展开联想，还可引发对一些人处事虽有原则性，但缺乏灵活性现象的思考。

(二) 多种联想综合训练

在实际的创造活动中，人们很难预先规定好使用哪种类型的联想，只能是让联想思维去自由地发挥。因此，要提倡多种联想的综合训练，以掌握各种联想的综合应用。具体来讲，可以用联想链法和焦点客体法来进行训练。

1. 联想链法

从给定事物出发，尽可能多地应用各种联想，形成多种多样的联想链。这种训练追求联想链的长度和尽可能多的数量，尤其以建立遥远事物的联系为佳。一般来说，从给定信息出发，联想的步次越多，画出的联想链越长、越多，联想能力就越强，创新能力也就越强。

例如，建立一个从"粉笔"到"原子弹"的联想。可以这样建立多种联想链：

粉笔—教师—科学知识—科学家—爱因斯坦—原子弹

粉笔—粉笔灰—分子—原子—原子弹

使用联想链法不必过分关注联想类型的问题，要避免各种干扰，尽力追求联想的速度和联想链的数量。

【训练】

给定一个词或物，要求通过联想在最短的时间内形成联想链。例如天空，那么其间的联想途径可以是：天空（对比联想）—地面（接近联想）—大海（接近联想）—鱼（相似联想）—潜水员。当然也可以是其他的联想途径。

以下列信息为出发点，写出联想链：

(1) 老鼠；(2) 西瓜；(3) 月亮；(4) 阿拉伯数字 1；(5) 台灯。

2. 焦点客体法

焦点客体法是美国人温丁格特提出的，目的在于创造具有新本质特征的客体。主要做法是将研究客体与偶然客体建立联想关系。焦点客体法的实施步骤为：①选择需要研究的客体（焦点客体）；②确定研究客体目标；③借助书籍等来选择偶然词（偶然客体）；④分出所选偶然客体的特征；⑤将所选特征（性质）转向被研究客体；⑥记下研究客体与偶然客体特征结合后得到的想法（方案）；⑦分析得到的结合点，选择最合适的想法（方案）。

【案例】

椅子的创新

运用焦点客体法对椅子进行创新。我们先选择焦点客体为"椅子"，然后随机选取"花"作为偶然客体进行联想，尝试绘制"椅子—花"焦点客体法分析表

(见表 4-2)。

表 4-2 “椅子—花”焦点客体法分析表

偶然客体特征	焦点客体创新成果
可生长	可改变高矮和角度的椅子
五颜六色	不同色彩系列的椅子
有香味	散发不同香味的椅子
可开合	可折叠的椅子
有根须	可固定在某处的椅子
光合作用	白天吸收光能，晚上散发微光的椅子

【训练】

运用焦点客体法设计一款新型自行车。

第五节 超前思维的培育

超前思维是一种前瞻性、预测性的思维方式。它以事实和科学知识为基础，以对事物发展规律的洞察为依据，以科学假说为典型的表现形式，它无论是在推进科学技术发展，还是在促进人文研究、科学决策与管理，乃至在日常生活中，都起着举足轻重的作用。

一、认识超前思维

(一) 超前思维的含义

人的思维具有能动性，能够在尊重客观规律的基础上对事物的发展趋势做出科学预测。超前思维是指人们根据对事物发展的预见性进行推理，对事物发展的趋势或者未来的大致格局进行推算和估计，进而对未来将要发生的事物做出前瞻性判断或科学预测，并调整对眼前事物认识的一种思维方式。它立足于现实，着眼于未来，注重用未来可能出现的情况来调整和指导现在，充分表现了人类特有的自觉能动性。

科学的超前思维必须以事实和科学知识或扎实的科学实验为基础，以对事物发展规律的洞察为依据。生物学家孟德尔通过多年的杂交实验，栽培了数以千计的豌豆植株，进行了数百次人工授精，挑选了 1 万多颗各种性状的种子，证实了他之前预想的生物遗传规律。虽然他的研究成果在当时并不被科学界重视，但孟德尔坚信自己的时代一定会到来。孟德尔的自信正是建立在超前思维和坚实的科学实验基础上的。孟德尔去世 16 年后，他的名著《植物杂交实验》才正式出版，孟德尔的预想终于变成了现实。毛泽东著名的论断《中国的红色政权为什么能够存在》，以中国革命发展的规律为依据，从中国革命的实际出发，对中国革命作出了正确的判断和预见。“大陆漂移假说”是奥地利地质学家在科学考察中受非洲西部的海岸线和南美洲东部的海岸线相吻合的启发提出的；“三分天下”的假说是诸葛亮在研究兵书和云游天下的过程中受东汉末年政治形势的启发提出的。

（二）超前思维的特征

1. 思维主体的独立性

超前思维来源于个体的独立见解。新思想、新观念的产生大多是由某个个体发现的，而不是一群人同时发现的。

2. 思维对象的未来性

通常思维认识的对象是指在时间、空间中已经客观存在的现实事物、事件和现象。而超前思维则不仅要超越过去，而且要超越当前现实存在的事物、事件和现象，把思维认识的对象指向尚未存在于现实中而可能存在或发生在未来的事物或事件。

3. 思维过程的超越性

超越性是超前思维最突出的特点，也是超前思维的价值所在。超前思维的目的就是对未来的事物进行把握，不断延伸和拓宽认识的深度和广度。超前思维从当前现实的发展过程出发预测未来，是一种超越当前对事物或思想观念的认识的思维方式。

4. 思维方法的探索性

过去已存在或发生的事物或事件是既定的，不会再改变的，因此，要研究这类对象，只要搜寻到足够的资料，就可以推理出确定、可靠的结论。而未来对象是一种可能出现的对象，对其研究只能用探索、推测的方法，如惯性分析、类推分析、因果分析、概率分析、趋势外推等，来勾画出一个大概轮廓，导引出一个模糊量值，具有很大的探索性。

5. 思维成果的或然性

超前思维方法的探索性，使得它的认识成果具有或然性或不确定性。客观而言，超前性预测未必都准确。提高超前思维预测推断的科学性和准确性，需要立足实践活动，尊重客观规律，创造有利的条件，促使事物向有利于人们预测的方向发展。

（三）超前思维对创新的作用

在现代科技日新月异的当下，只有在认清规律、尊重规律的基础上，具备超越现实、展望未来的超前思维，方能在实际工作中掌握主动权，做出科学决策，进行创新活动。超前思维对创新具有以下重要意义。

1. 超前思维能够激发人们的创新意识，进而助推创新活动

超前思维起着探索、超越、破旧立新、推陈出新的作用，能够刺激创新意识的产生。从某种意义上讲，超前思维是创新意识的源泉，是形成创新意识的基础之一。超前思维突出的创造性、创新性，能大大助推创新活动，收到显著的效果。

2. 超前思维能指导创新实践，推动人类历史发展的进程

超前思维对象的未来性，决定了运用超前思维的创新很大程度上就是对未来事物的创新。我们之所以运用超前思维，就是为了用预测的未来的目标、前景来引导、调整和规范现在的实践，使现在能够更快、更好地靠近未来的理想境界。所以说，超前思维的最终目的还是指导现在的创新实践。门捷列夫预言元素周期表，爱因斯坦预见广义相对论，孟德尔预言遗传定律等，都指引着后世的科学家做进一步的探索和验证，进而推动了人类历史发展的进程。在当今信息科学技术飞速发展的新形势下，我们要在发展经济的同时，努力提高全民族的超前思维素质和超前思维水平，不断改变自身的命运，有力推动人类进步事业的发展。

3. 超前思维能促进科学假说产生

科学假说是在已知的有限的科学事实和一定的科学原理的基础上，通过科学抽象和逻辑推理等科学思维方法，对已经存在的事物现象做出的假定性解释和说明，以及对未发现和尚未存在的事物现象做出的前瞻性预见和推测。拥有一定科学基础的人，很有可能会在某种情境下产生超前思维。比如，哥白尼做出日心说的假设，伽利略悟出钟摆原理，达尔文预测植物的向光性，门捷列夫预测元素质量与化学性质之间存在某种联系，等等。同时科学假说又是超前思维的显像表现，它立足于事实，但又不局限于事实，是超前思维的一种外在表现形式。

4. 超前思维有利于创新者在创新活动中科学决策

思维方式是影响创新的关键因素，创新者的思维方式不仅应是多维的，而且应是超前的。超前思维可以使决策目标科学化，因为只有思维超前，创新者才能确立具有战略意义的目标。超前思维也可以使决策方案科学化，创新者只有对事物的未来发展趋势和发展结果做出科学预测和估计，才能制订出行之有效的，具有科学性、创造性和前瞻性的决策方案。超前思维还可以使创新决策的执行和实施科学化，可以把组织的短期目标和长期目标结合起来，把现在和未来统一起来，从而科学执行和有效实施，取得创新活动的成功。

纵观历史，正是有了超前思维，人类才能不断改变自身的命运，有力推动自身进步和发展。因此，不论现在还是将来，我们都应重视并更好地发挥超前思维的作用。

二、超前思维训练

（一）从实践和客观事实中抓住事物本质，把握事物规律

超前思维首先源于人们对客观事物本质的认识，只有认识事物的本质，才能

超越事物的现象；也只有认识了现实的本质，才可能超越现在。神奇的预言是神话，科学的预言却可能成为事实。只有掌握大量的事实，才能分析找出事物的内在规律。超前思维就是通过把握事物的本质和规律，指导事物朝着符合客观规律的方向发展的。

培养超前思维的首要任务就是要学会把握客观事物的本质，而概念是反映客观事物本质的逻辑思维形式。从这个角度讲，建构超前思维，首先要把握事物的概念，概念与感觉、知觉、表象不同，它属于认识的高级阶段，属于认识的理性阶段。它源于感觉、知觉和表象，却又高于感觉、知觉和表象，属于认识过程中的质变，能够反映事物本质和规律性。当然，只有正确反映事物本质属性的真实概念才有助于构建超前思维，那些歪曲反映事物本质属性的虚假概念是不能构建超前思维的。比如，鬼、神等虚假概念就是违背客观事物发展规律变化的，不能正确地指导事物向着其本质规定的方向发展。

把握事物的概念依赖于客观实践。超前思维是在客观现实的基础上产生的，而客观现实是发展变化的，从根本的意义上讲，客观事实就是人类的社会实践。实践是人类有目的地改造世界的物质活动的整体。离开了人类最基本的社会实践活动，超前思维是不可能产生的。比如，只有通过实践，人们才能够了解楼房的概念，才能构思出楼房的图纸。离开了社会实践，人类将一无所知，更不用说进行超前思维了。

客观世界是不断发展的，概念也是不断发展变化的，人们对于客观世界的认识也是不断地深入和丰富的。概念作为人对客观事物的认识和反映，也必然是不断发展变化的。因此在社会实践中寻求事物的本质也是一个由浅入深、由表及里的过程。人认识客观事物，首先是从认识个别事物开始，然后才逐步扩大到认识一般事物及其共同本质。比如，对于“人”的概念的认识就体现了一个由浅入深的过程。柏拉图认为“人是两足直立行走的动物”，这也是关于“人”的初步概念。经过长期的社会实践，人们的认识有了很大的发展，在马克思主义诞生之后，人们才真正把握了“人”的本质，即“人是能制造和使用生产工具的动物”。从这一角度看，超前思维也是一个不断发展完善的过程，需要不断探寻事物的本质的内在规律。

【案例】

毛泽东的《论持久战》

卢沟桥事变之后，以汪精卫为代表的亲日派就曾宣称“中国武器不如人，战必败”，后来又说“再战必亡”，以蒋介石为代表的亲英美派则幻想依赖英美等国迅速取胜。当时在中国共产党内，以王明为代表的一些人，由于麻痹轻敌和过高估计国民党的力量，也幻想能够依赖国民党迅速取得胜利。在这种情况下，抗日战争能否取得胜利？怎样才能取得胜利？这些问题，成为举国关注的焦点。

面对正面战场的战局，面对种种社会思潮，中国共产党及其抗日力量的主要领导人毛泽东显得格外冷静。他全面地考察了中日战争的历史条件，仔细地研究了中日双方的力量，认为日本的军队力量、经济能力和政治组织力量都是非常强的，而中国这些方面都比较弱，所以战争一开始，会显示出对日本有利的局面。但日本是小国，人力、物力都有限，而中国地大物博，人多兵多，所以日本要最终打败中国，却是做不到的。况且日本发动侵略战争，在国际社会上失道寡助，而中国却能够得到国际社会的更多同情与支持。据此，毛泽东推断：这场战争将会是一场持久战。

1938 年 5 月 26 日，在延安召开的抗日战争研究会上，毛泽东发表了演讲，把他对这场战争的看法和推断——“论持久战”公之于众。随后，1938 年 7 月 1 日，这篇演讲稿就以《论持久战》为名，发表于延安出版的《解放》期刊上。《论持久战》一文论述了抗日战争的最后胜利是属于中国人民的客观依据，预见了持久战的进程和发展趋势，并对怎样进行持久战提出了一整套的方针。文章明确回答了全国所关注的问题，激起了全国人民夺取抗战最后胜利的信心和决心。

1949 年 8 月，当抗日战争取得全面胜利的时候，人们惊奇地发现，毛泽东对战争的预见竟是如此准确。

【分析】

毛泽东的《论持久战》之所以能够预见得如此准确，关键就在于毛泽东全面考察了当时中国和日本的双方的力量。他通过分析以往的历史条件，立足于客观实践，分析这场战争的本质和发展规律，并利用这一规律预见持久战的进程和发展趋势，制定一整套的方案，而不是幻想依赖英美等国获取胜利。

【训练】

作为中国改革开放的总设计师，邓小平同志从实际出发，对中国现代化建设的目标和步骤进行了深入的思考，提出了“三步走”的发展战略，即通过国民经济翻番地增长，第一步，到 1990 年，解决温饱问题；第二步，到 20 世纪末实现小康；第三步，到 21 世纪中叶，达到中等发达国家水平。

想一想，邓小平同志的思维方式具有什么特点？上述材料给了我们什么启示？

（二）大胆预测，对客观事物做出判断

掌握了事物的本质和发展规律后，接下来就要对事物未来的走向进行大胆的预测，勇于做出判断。判断是思维的基本要素之一，超前思维往往产生于人们对各种事物的正确判断。判断可以分为可能性判断和必然性判断。

可能性判断具有暂时不确定性，是随着客观事物的发展和条件的变化有变为现实的可能。可能性能否转变为现实，则需要客观因素和主观因素共同作用。其中，客观条件是不容忽视的重要因素，如随着地球上的人口增多、资源缺乏、环境破坏，人们会想象以后能到火星上去生活，这就是一种可能性判断。但是如果火星上没有水、氧气这些客观条件，这种可能就无法变成现实。同时，将可能性

判断转变为现实，除了要尊重客观事物的发展规律，重视客观因素，还要发挥人的主观能动性和创造性。因为可能性不是实际存在的事物，而是潜在存在着、尚未实现的东西。比如，在抗日战争中，毛泽东提出《论持久战》是结合当时的客观实际，但是获取战争的胜利更重要的是依据《论持久战》制定的方针，依靠的是中国共产党和广大人民群众积极主动的抗日行动。发挥人的主观能动性，努力创造条件，促使事物向可能的方向转化，使可能性转变为现实，达到预期的目的，这个过程就是超前思维实现的过程。

必然性判断反映着人们对客观事物深刻的、必然的、规律性的认识，是指人们认识到的客观事物发展不可避免的、确定不移的趋势。例如，水从高处往低处流是地球引力带来的必然性，太阳东升西落是地球自转带来的必然性。在运用超前思维时，既要掌握事物发展的必然性，也不能忽视事物的偶然性。在偶然性中把握必然性，就体现为一种超前思维。

【案例】

新加坡航空公司的启示

新加坡航空公司初建时，由于新加坡领土较小、缺乏技术和条件，加之激烈的航空市场竞争，人们对新加坡航空公司的前景感到悲观。然而，新加坡航空公司管理当局经过分析和研究，认为民航业是个资金、技术密集型的行业，航空公司的竞争实力集中体现在其拥有技术装备的先进程度。新加坡航空公司作为后来者，完全有条件一开始就采用先进的技术装备，取得“后来者效应”，只要在技术装备上领先一步，实现后来居上就不是天方夜谭。因此，采用高新技术装备，把经营重点放在为外国乘客服务，是新加坡航空公司的发展之路。公司做出了大胆的超前投资决策。

1972 年，新加坡航空公司还未正式营运前，公司管理当局经过详细的研究和周密的计划，确认公司的服务市场在欧洲、亚洲、大洋洲及北美洲，应开辟亚洲到欧洲、大洋洲和北美洲航线。而在这些航线上已经活跃着欧洲、美国、澳大利亚及日本的十几家大航空公司，其机种一般为波音 737 型。新加坡航空公司欲加入市场竞争者行列，就必须具备自己的优势。波音新产品 747 飞机具有比波音 737 载客量大、耗油相对少、航速快、舱位座椅等机内设施更为舒适等优点，它不仅有助于公司将航运业扩展到欧洲和大洋洲，而且由于单机载客量的增大，使得单位营运成本相对降低，颇具竞争力。因此，公司做出了投资决策：购买两架波音 747 飞机。这在当时被认为是鲁莽之举，后来事实证明，正是因为做出了这样的判断，使得新加坡航空公司有了一个较高的起点。随后几年，新加坡航空公司审时度势，对主客观环境做了周密审慎的分析后，做出投资扩大企业规模的判断。事实证明，正是这“疯狂”投资的正确决策，促使新加坡航空公司发生了全方位质的飞跃，给公司带来了规模经营的好处，在激烈的市场竞争中脱颖而出。

【分析】

新加坡航空公司的成功，一是从实际出发，正确分析主客观条件，找到了适合自身发展的道路；二是审时度势，大胆预测，超前做出判断，明智投资，后来者居上，在竞争激烈的航空市场赢得主动。

【训练】

宇宙将永远膨胀下去，还是有一天会收缩？20 世纪，人们确认了宇宙在膨胀，膨胀的能量来源于一次大爆炸的斥力。21 世纪，人们发现了宇宙在加速膨胀，不仅有当初大爆炸的作用，而且还有一个尚不清楚的加速力，即“暗能量”。根据你所掌握的科学知识大胆预测一下未来宇宙将会永远膨胀还是会收缩？为什么？

第六节　系统思维的培育

系统思维是理清事物关系和认识事物本质的重要思维方式。对于创新活动来说，它是研究和协调复杂关系的有效工具，是科学决策的重要方法。

一、认识系统思维

（一）系统思维的含义

系统是处于一定相互关系中并与环境发生关系的各组成部分（要素）的总体。系统思维是指从系统与要素、要素和要素、系统与环境的相互联系、相互作用中综合地认识事物本质的一种思维方式。任何一个事物或过程，都不是孤立、单独存在的，而是存在于一定的系统之中的。系统思维不主张将问题单独处理，而是主张把事情放入大系统中全面思考，这有助于人们充分把握事物的本质。

运用系统思维综合地考察和处理问题，是现代经济、科学发展的新趋势和客观要求。例如，当今许多国家都把发展以各种新工艺为基础的综合性自动化生产、建立综合性无废料生产当成是更新生产力的方向；许多国家也已经将生态系统的原理用于规划、设计、建设和组织农业生产系统和农村生活系统以至农业政策系统，引起了农业生态系统综合化的趋势。至于现代的信息产业、宇宙工业、海洋开发等新兴产业，更是应用系统科学理论及系统思维方式对单科单项技术进行综合配套和调控的产物。

（二）系统思维的特征

系统思维具有整体性、结构性、立体性、动态性和综合性的特征。

1. 整体性

整体性是系统思维的第一大特征，也是其基本特征，它既贯穿于系统思维活动的始终，也体现在系统思维的成果之中。整体性是基于整体与部分间的辩证关系形成的。整体与部分相互作用、相互影响、密不可分，系统与要素间的关系亦是如此。系统思维通常将整体性作为认识的出发点和归宿：首先，在对整体情况充分把握基础上提出整体性的目标；其次，提出实现目标所需要的各种条件；再次，设计出能够创造这些条件的可供选择的方案；最后，从全局出发对方案进行各种权衡，选择最优。要素的功能只有通过系统的结构才能转化为系统的功能。因此，系统思维的整体性要求注重各个要素在系统中的地位，并充分发挥每一个要素的作用。

2. 结构性

系统思维的结构性是指将科学的结构理论运用到要素间的连接方式中，探寻要素间最佳结构，从而获得最佳系统，实现最大的功能。系统的要素、结构与系统功能是紧密联系的。要素是功能实现的基础，结构是连接要素与功能间的桥梁。要素保持不变，系统结构不同，系统发挥出来的功能会有很大差异。要素通过一定规则和结构进行排列组合，发挥出来的整体效果会呈现三种结果，即 1＋1＞2、1＋1＝2、1＋1＜2。第一种称为正系统，第二种称为零系统，第三种称为负系统。凸透镜和凹透镜结合起来的望远镜，互联网与教育组成的新教育模式等，都是不同要素重新组合后，发挥出的意想不到的好效果。在创新活动中，我们追求的正是系统式创新。

3. 立体性

系统思维是一种开放性的立体思维，它以纵横交错的现代科学知识为基础，使思维对象处在其中的交叉点上，有利于人们全方位、立体地把握问题。认识客观事物，既需要横向比较与纵向比较相结合，全方位把握事情的本质；又要使自己的思维方向多样化，不仅要有“三维思维”，还需要有“四维思维”。立体思维就是时空一体的思维，是一种综合性思维，系统思维正是具有立体性，思维活动才会更深刻、更全面。

4. 动态性

系统是静态和动态相统一的过程，它的稳定是相对的，任何系统都有生成、发展和灭亡的过程，只有在动态中系统才能不断向前发展。系统的动态性是指系统内部各要素、要素与系统、系统与外界环境不断相互作用、相互影响的过程。系统的动态性主要表现在两个方面，一是指系统各要素间的结构及其部分位置不是固定不变的，而是随着时间和情境的变化而变化；二是指系统基于开放性不断与外界环境进行物质、能量与信息的交流。系统思维是基于系统论而衍生的思维活动形式，那么系统思维同样是动态和静态相统一的思维形式，必须在动态中寻求发展。

5. 综合性

思维是人借助语言符号、表象对客观事物的间接的、深层次的反映，与人类认识活动交织在一起，任何思维活动都包含着综合的因素。系统思维方式的综合性是一种非线性的综合，是一种更高级的综合，主要体现在两个方面，一方面是指系统都是基于特定目的或为了实现某种功能而构成的综合体，具有强烈的功能性；另一方面指对系统的把握需要对要素、层次、结构、功能和内外环境做立体式分析，综合性地考察系统，具有突出的层次性、立体性、多样性、复杂性和全局性。系统思维的非线性综合与传统的综合不同之处在于它强调的是多种因素共存，因素共存的方式、形态和强度都是非线性的，而不是简单地放在一起。

（三）系统思维的方法及一般步骤

1. 系统思维的方法

（1）整体法

在分析和处理问题过程中，应始终坚持从全局出发考虑问题，局部服从于整体。要素之所以称为要素，是因为它处在一个整体系统中，要素离开了整体就没有意义。假如没有从全局出发，仅从一个或几个要素出发思考问题，就容易造成对事物理解片面、局势把握不明、本质规律认知偏差等问题，直接影响到问题的解决。例如，一个学校的专业设置与建设，不仅需要考虑每个院系发展水平和学科需求，还需要考虑学校的发展定位、发展规划、发展资源和社会需求度等因素，从整体上分析和把握专业设置与建设的问题，而不是仅凭某一方面的信息就做出决定。

（2）结构法

在分析和处理问题过程中，应注意把握系统内部要素间结构的合理性、科学性和发展性。合理性强调结构应符合每个要素的特性，能够将每个要素良好地统一在一起，这样既可以充分发挥每个要素的特性，又可以实现整个系统的功能和目的。科学性强调结构应符合自然规律和科学规律，是客观的、有依据的。发展性强调结构应具有发展潜力和自我更新能力，不仅可以调动要素发挥作用，还可以激发要素间发挥出新的作用，充分表现出1＋1＞2，且这个大于是远远大于。在系统思维过程中，以合理性、科学性和发展性为原则来构建思维对象的内外部结构，有助于事情的顺利解决和实现思维活动功能的最大化。

（3）要素法

在分析和处理问题过程中，应重视要素的价值和地位，注重选择全面的、科学的要素。要素是客观事物存在并维持运动的最小单位，也是构成一个系统的最小单元，是系统产生、变化和发展的来源。每一个系统都由各种各样的因素构成，其中相对具有重要意义的因素称为要素，各要素相互作用才能促进系统运行，因此要素对系统来说是非常关键的。假如一个系统中，选定的要素不充分或冗杂，那么在既有要素基础上无论进行多么合理的结构组合，最终系统效果也会存在问题。另外，假如选择的要素本身就不科学，不能准确地代表系统内涵，代表性和可信度都比较低，那么这样的要素构成的系统，不仅不会有利于系统发挥最好的作用，反而会妨碍系统的运行。

（4）功能法

在分析和处理问题过程中，应坚持全局观，通过改变、调整系统内部局部功能，从而使系统整体功能达到最大化。系统以系统功能的实现为主要发展目的，那么要使一个系统呈现出最佳状态，就要使系统功能发挥到最大。系统功能的实现需要系统内部各部分的功能和作用给予支撑，要想系统功能达到最大化，主要有两种方法：一是促进系统内部各部分都朝着好的方向发展，充分发挥自己的功能和作用；二是从系统全局出发，以适当降低系统某局部的功能为代价，提高另外某局部的功能为补偿，让系统内部各部分从整体出发调整自己。这两种方法均可通过调整系统内部部分功能，实现促进系统整体功能的最大化。

2. 系统思维的一般步骤

（1）提出问题

提出问题是系统思维方法的第一步，是探寻切入点的过程。要针对具体的情境，根据特定维度和层次需要尽可能收集全面的信息资料，包括事物的过去历史、现在特征与未来发展趋势。从事物的起源出发，充分把握事物的发展历程，有助于理解事物的现状与探寻事物发展的特征。总结事物的发展特征，将其放在大环境下与其他同类型的事物进行比较，能够找出优势与不足，同时及时捕捉时代和市场的发展趋势，进行准确的自我定位。

（2）确立目标

提出问题之后，需要对问题进行相应分析，确定问题解决的目标。从宏观角度，依据目标实现的强制性来分，可分为必须解决的目标和希望实现的目标；依据目标实现时间来分，可分为短期目标、中期目标和长期目标；依据目标实现的程度来分，可分为最高目标和最低目标。从微观角度，目标还需要依据具体实施情况再次进行划分，每一个目标都可由若干项子指标构成，每项指标的价值比重和紧急程度都是有所不同的。当目标细分之后，还需要对不同子目标制定考查目标达成的标准，并规定当不同目标之间发生矛盾时取舍的方法和原则，给出实现子目标的约束性条件等。目标的确立及相关规定的制定是目标达成的基础和保障。

（3）综合分析，制订方案

在确定目标的基础上，以目标为中心，充分利用各种资源并综合分析，从多个角度制订方案以供选择。在这个过程中，需要坚持三个原则：一是以目标为核心，不可将关注点转移。问题的目标都由多个小目标构成，通过多项指标来考核目标的实现程度，那么在方案制订时，就需要以小目标和子项指标作为出发点和归宿，同时针对小目标和子项指标的比重有所区别。二是充分利用已有资源，同时拓宽新的资源。方案制订是方案实施的前提，方案的具体实施需要人、事、物等多项资源支撑，那么在方案制订的时候就应该充分考虑资源的合理调配。三是方案的制订要多维度、多方面，不可单一。从多个角度出发制订方案，而不是局限于某一方面，有利于寻找最优方案，花费最低的成本，达到最大的效益。

(4) 系统评估方案

多项方案制订出来后，需要根据特定的评估标准对方案进行分析和评估，选出最有助于目标实现的几个方案。首先要对方案进行可行性评估。可行性评估可以分为经济性和合格性两种。经济性是指从每个方案的费用和功效出发，研究方案是否符合项目的预算，是否具有进一步研究和实施的经济价值，采用边际分析、费用－效益分析和价值分析等方法来实现。合格性是从最低目标和最高目标两个方面来进行衡量，假如某方案这两个目标都没有满足，那么就可判定方案是不合格的。在可行性评估后，还需进行科学性评估。科学性评估主要是建立各种数学模型和进行方案对比，还需将决策技术和运筹学方法运用到其中，对方案进行分等评分以供决策者根据需求进行选择。

(5) 选择方案进行决策

在经过系统评估后，决策者需要从符合标准的方案中选择一个或者少数几个方案试用。决策者在进行决策过程中，会将定性分析与定量分析相结合，不仅考虑方案自身的科学性，还会将社会需求、企业文化、人的心理和政治背景等考虑在内，从全局出发果断决策，选择方案进行试用。

(6) 方案试验

选定的方案在全面实施之前，必须进行局部试验，以检测方案的正确性和稳定性。根据实际需要，可随机抽取和定向抽取相结合进行方案的局部试验。假如试验效果很好，就可进入推广阶段，全面实施；假如试验效果不理想，那么就必须反馈结果并寻求原因，根据实际情况重新制订方案。

(7) 实施方案

方案经过局部试验成功后，就可以投入全面实施的阶段。在实施过程中，要根据设计方案和实际情况制订合理的、科学的和动态的实施方案。设计方案虽说已经经过了局部试验，但是现实情况是非常复杂的，难免会遇到事先预料不到的情况，因此需要制订出具体的行动计划，对方案在具体实施中发生的偏差进行有效的控制。具体行为计划必须是动态的，需要根据现实执行情况而不断进行调整。实施方案是系统思维方法的最终环节，也是一个决策流程，是根据现实情况不断决策的过程。

系统思维方法一般有以上七个步骤，在面对具体情况时，可能会有所差异，但是无论怎样变化，都是以之为基础发展而来的。

(四) 系统思维对创新的作用

创新往往以特定的事物、特定的系统作为载体。系统思维是基于系统论而发展起来的思维形态，是一种全局观和大局观。掌握系统思维对系统功能的发挥具有重要影响，并能有效促进事物的创新。

1. 系统思维是研究和协调复杂系统的有效工具，为实现创新提供了保障

系统是由众多因素以一定的结构相互作用、相互影响而形成的整体。系统要获得发展和实现创新，需处理好要素与要素、要素与系统的关系，形成良好的动态系统结构，这一切必须以系统思维为支撑。

2. 系统思维是科学决策的重要武器，为实现创新指明了方向

决策者基于经验而做出的决策称为经验决策，面对常规化、日常化的问题时，可以凭借已有经验快速而精准地做出判断。但随着现代科学技术的迅猛发展，社会生活越来越复杂，工作事务越来越综合，决策结果涉及多方面，必须在科学基础上做出科学决策。科学决策要求决策者在进行判断之前，尊重和学习科学知识，掌握并熟练运用一系列的科学决策的理论和方法，依据现实情境的不同采用差异化的决策方法。科学决策是实现创新的先导，对事情判断错误，也就会错失创新的机会。掌握并熟练运用系统思维，有利于科学决策的顺利进行，也有利于为实现创新指明正确的方向。

3. 系统思维为现代科学研究和科学理论的整体化提供了新思路

科学研究是创新类型中的一种，具有学科性、长期性、理论性和社会性。传统的科学研究都是分学科进行的，存在学科壁垒严重、缺乏交流合作等问题。系统思维方法强调从全局、整体来把握事物，强调综合性思维和整体性思维。认为联系是普遍存在的，任何事物都是处在一定的关系之中，想要深度研究事物，探寻新的理论的整体化，必须将其放在大环境下，将各部分看成一个整体。例如，教育人类学、教育社会学、教育生态学、计算教育学等新的交叉学科和研究领域的出现，为现代科学研究和科学理论的整体化提供了新的思路。

二、系统思维训练

培养系统思维能力需要增强整体意识、结构意识和动态意识。

整体意识要求在面对综合复杂事物时，应认识到以下三点：一是复杂事物中任何事物都是普遍联系的，特定事物间存在特定关系的联系，正是由于事物间的各种联系才将其构成了一个整体；二是综合复杂事物中，局部的价值一般低于整体的价值，需要调整局部来实现整体的价值和功能；三是在重视整体的同时，需要充分发挥局部的价值和功能。

结构意识要求重视结构关系在一个群体里的价值，重视要素与要素间的逻辑关系。面对复杂事物，需思考系统内部要素间是否需要存在结构关系，什么样的结构关系最有利于整个系统的发展。系统思维必须肯定要素间存在结构关系，然后根据要素内涵、要素价值、整体功能和外界环境等探寻最佳的结构关系。思考问题时有结构意识才会关注到具体要素，才会将要素进行比较分析，不会将事物简单化。

动态意识要求用动态的眼光看待事物的发展变化。事物发展都是动中有静，静中有动，动是绝对的，静是相对的。唯有保持动态意识，才能使自身在环境中充满生机活力。面对现实具体情境，要将其看成是运动的、变化的，才能找到新的思路和方向来解决问题。

在树立以上三种意识的基础上，可以从以下几个方面训练系统思维。

（一）案例分析，掌握系统思维方法

系统思维方法主要有整体法、结构法、要素法和功能法四种。下面结合案例，具体分析系统思维方法的运用。

【案例】

田忌赛马

田忌经常与齐国众公子赛马，以重金为赌注。孙膑发现他们的马脚力都差不多，马分为上、中、下三等，于是对田忌说：“您只管下大赌注，我能让您取胜。”田忌相信并答应了他，与齐王和各位公子用千金来做赌注。比赛即将开始，孙膑说：“现在用您的下等马对战他们的上等马，用您的上等马对战他们的中等马，用您的中等马对战他们的下等马。”三场比赛结束后，田忌一场败而两场胜，最终赢得齐王的千金赌注。

齐王十分惊讶，他问田忌从哪里得到了这么好的赛马。田忌坦白告诉齐王，他的胜利并不是因为找到了更好的马，而是用了计策。随后，他将孙膑教他的计策讲了出来，齐王恍然大悟，立刻把孙膑召入王宫。孙膑告诉齐王，在双方条件相当时，对策得当可以战胜对方，在双方条件相差很远时，对策得当也可将损失降到最低。后来，齐王任命孙膑为军师。从此，孙膑协助田忌，改善齐军的作战方法，使齐军在与别国军队的战斗中屡屡取胜。

田忌赛马的故事给我们以下启示：

第一，运用结构法重塑系统

结构法强调坚持科学性、发展性和动态性的原则。在合理的、科学的和发展的结构下，不仅事物内部各要素都能发挥出自身功能，而且在相互配合下还能激发出新的功能，表现出1+1＞2。很多情况下，固有思维会影响我们对事情的判断和解决方法的选择。固有思维也叫惯性思维，是指日常生活中由之前行为活动而造成的一种对现在活动有影响的心理准备状态。当外界环境不变的情况下，固有思维有利于人们应用已有的思维和方法快速解决问题，但情境一旦发生改变，固有思维就会阻碍新的想法和思路，从而使人陷入困境。突破固有思维，采用结构法，坚持动态性和发展性，重构要素结构，是系统功能最优化的保障。

由于马分为上等、中等和下等三种，田忌的马和齐国众公子的马整体实力相差不大。田忌此前与齐国的每次赛马都是遵循着固有模式，以自己的上等马对战

对方的上等马，中等马对战对方的中等马，下等马对战对方的下等马。在这种实力均衡的对战中，赛马的结局是无法预料的。但是，在孙膑新的计谋——用自己的下等马对战对方的上等马，中等马对战对方的下等马，上等马对战对方的中等马——这种新的对战模式中，田忌胜出的概率是以前的很多倍，不出意外地以一负二胜赢得了比赛。田忌赛马获得胜利，主要就是在于突破之前固有模式，改变策略，调整了整场比赛的结构，先以自己劣势对抗对方的优势，换来了自己更大的优势对抗对手的劣势。系统功能要想发挥到最佳状态，获得一定程度上的创新，必须坚持系统的整体性、动态性，不断根据实际情况进行内部要素间关系的调整，使内部结构最优化来适应外界环境的需求。

第二，利用功能法促进事物自我调整

在一个系统中，坚持的首要原则就是必要情况下，个体利益服从整体利益，整体利益是个体利益实现的保障，个体利益是获得整体利益的基础。假如没有了整体，系统中要素也就没有存在的意义。要素与系统是相依相存的。要素只有在整体中，才有存在的价值。系统思维中，功能法是最重要的一个方法。功能法强调功能是事物存在发展的动力所在，追求功能的最大化、最优化是事物发展的目标。

田忌赛马的三场比赛中，三场比赛的胜负是整场比赛的重要组成部分，要想赢得最终的胜利，必要情况下需要牺牲某一要素，即用下等马对战对方的上等马。第一场比赛的失败迎来的是第二、第三场比赛的胜利，在这种新的计谋下，田忌以二比一赢得比赛，充分体现出个人利益服从整体利益、个体功能服从整体功能的意义。田忌赛马故事是系统思维中功能法运用的典型案例，它告诉我们，只有以追求功能最大化最优化为目标，合理安排好各要素的利益，同心协力，才能促进事物向前发展和成功。

第三，要素间呈现递进关系，相互配合促进事物发展

系统中，各个要素间逻辑结构有五种，分别是并列式、对比式、递进式、总分式和一个中心式。不同结构有不同的特点，由此构成的系统也是不一样的。在面对内部结构不同的系统时，需要具体问题具体分析。只有把握好内部结构，学习掌握系统分析方法，才能深刻认识事物本质，找到推动事物向前发展的策略。在并列式结构中，各要素是平等的、处于同一地位的，它们相互独立，但彼此间必须相互配合、相互作用，这样才构成了一个整体。对比式中，各要素处于对立的地位，通过对比对立，刺激整体发挥功能。递进式中，前一要素是后一要素的基础前提，后一要素是前一要素的发展升华。前后要素以特定顺序进行组织推动整体发展。总分式可以分为更小的结构，简单来说主要体现一种包含和阐释的关系。一个中心式中，各要素都围绕一个中心而展开，直接或间接地与中心存在联系，彼此间关系更加复杂。

在田忌赛马的故事中，三场比赛的安排情况就可看成整场比赛的三个要素，

每场比赛的结果都是相互影响的。要想取得比赛的胜利，需对其进行系统分析，得出这三个要素属于要素递进式的关系。依照传统思维，下等马对战下等马、中等马对战中等马和上等马对战上等马，田忌的胜率是不确定的。因此，根据要素间的递进式关系，安排第一场比赛中，田忌的下等马对战对方的上等马；第二场比赛中，田忌的中等马对战对方的下等马；第三场比赛中，田忌的上等马对战对方的中等马。整场比赛中，只有按照下对上、中对下、上对中这种比赛模式，才能大大增加取胜的概率。

【案例】

重组组合法设计出新型飞机

螺旋桨飞机是老式的飞机，其特色在于螺旋桨设计在机首，两翼从机身伸出，机身尾部安装稳定翼。美国飞机设计专家卡里格·卡图在总结螺旋桨飞机不足的基础上，按照空气浮力和气流推动原理，将螺旋桨放在了机尾，像轮船一样推动飞机前进，将稳定翼放在了机头，这种飞机设计与螺旋桨飞机刚好相反。重组后的飞机有尖端悬浮系统，拥有更加合理的流体型飞机外形。这种设计不仅提高了飞行的速度，而且还排除了失速和旋冲的可能性，安全性更高。这种重新组合的飞机就是现在比较普遍的喷气式飞机。另外，对螺旋桨飞机进行改造，将螺旋桨设计在飞机顶部，就是我们俗称的直升机。

新飞机设计的故事给我们以下启发。

第一，运用要素法可以实现事物的多种可能性

要素是系统构成的重要组成部分，每一要素的特征都是系统整体功能发挥的重要影响因素，要素间的组合方式更是系统功能实现的关键。只有充分认识每一要素，了解要素的优势和劣势，掌握要素的特征和作用，熟悉要素运行时的情境，才可以将各要素科学地组合在一起。合理的组合结构，一方面有助于每一要素充分展示自己，达到自我实现；另一方面可以在要素间相互作用下促进系统的有机发展。

案例中，将飞机看成一个系统，飞机的配件就是系统中的各要素。想要在飞机机型上寻求创新，其中一个方法就是聚焦在配件上，充分认知和利用每一要素。要素是系统形成发展的最基本单位，也是系统发生质的变化的基础。我们知道螺旋桨飞机、喷气式飞机和直升机在机理和部分构件上是类似的，区别主要在于部分构件的设计上。其中，最明显的就是螺旋桨。螺旋桨分别设计在机尾、机头和机顶，就形成了不同的飞机机型。案例中的飞机设计者非常熟悉飞机每一配件，努力尝试各配件的不同搭配，追求要素的各种可能性。想要实现某种程度的创新，可以运用要素法，通过要素的增加、减少、重新组合等，深入了解并挖掘要素可能性，最终以新的要素重组系统，飞机不同机型的发明就是运用要素法取得成功的典型案例。

第二，要素间呈现对比式关系，可通过对比推动事物创新

系统分析框架中，要素间关系主要有五种。不同关系构成的系统有明显差异。这里尤其要提出的是要素对比式关系，简单来说是指构成系统的各要素是相互对立、互相竞争的，存在一定程度的利益关系。要素间这种对立的、不协调关系，表面上是不利于事物发展的，但也恰恰是事物不断更新的源泉和动力。存在对立就存在对比、存在差异、存在竞争，这种状态是实现创新应有的条件。

案例中，螺旋桨飞机、喷气式飞机和直升机三种型号的飞机，整体的配件几乎都是一样的，具备普通飞机所应有的配件，不同之处在于部分构件的设计上，主要体现在螺旋桨的位置。同一个螺旋桨放在不同的位置，就可以形成不同机型。这种现象的发生，源于飞机设计者将螺旋桨放在机头、机顶和机尾进行了对比。假如不放在这三个位置进行试验和对比，就不会发现将螺旋桨放在不同位置会出现不一样的效果，因此飞机机型的发明正是通过要素对比实现的。这种对比一方面是螺旋桨和飞机其他配件的对比，另一方面是不同位置的螺旋桨的对比。在对比中发现新思路和新方向，这为推动创新提供了条件和机遇。

在田忌赛马和新飞机的设计两个案例中，充分体现了系统思维的方法和系统分析框架。通过典型的案例，我们可以更加具体、有效地学习系统思维方法和系统分析框架。在面对系统活动、运用系统思维的时候，需要综合运用多种方法。要素间也存在复杂的、多样的关系，这就需要我们依据具体情况具体分析。例如，只有明确三场比赛间的递进关系，坚持要素结构法和功能法，才能改变固有思维，采用“下等马对上等马、中等马对下等马、上等马对中等马”的对战策略，取得整场比赛的胜利。只有充分认识每一个要素，明晰要素间的对比关系，才能通过改变螺旋桨的位置发明出三种机型。同时，这两个案例中都隐含着整体意识、大局观念，没有要素整体法作为支撑，系统很难真正发挥作用。

（二）分析客观现象，学会系统思维

挖掘自然与人文社会科学中已经存在的充分体现系统模式的客观现象，以其为例也可以进行系统思维分析，深刻理解并运用系统思维。

【案例】

亚热带地区，动植物种类繁多，蛇是其中之一。蛇主要以青蛙为捕食对象。蜈蚣属于小型动物，它身上发达的毒腺足以使比它体型大很多的蛇毙命，很多蛇对蜈蚣无能为力。青蛙在蛇面前属于弱者，但是它可以以蜈蚣为食。蜈蚣在蛇面前是强者，但逃不过青蛙的捕捉。在寒冷的冬天，曾有猎人在洞穴中发现，蛇、蜈蚣和青蛙三者可以共处且相安无事。这些动物是没有意识和谋略的，但是可以形成这样的相处模式肯定是经过了世代适者生存的自然选择。这种相处模式不仅增强自己的捕食能力，还可以利用自己克星的天敌保护自己。假如蛇吃了青蛙，自己就会被蜈蚣毒杀；假如蜈蚣毒害了蛇，自己就会被青蛙吃掉；假如青蛙吃了

蜈蚣，自己就会被蛇吃掉。在这种相互牵制中，三者为了生存只好和谐相处。于是，就形成了这种势均力敌的局面：蛇不吃青蛙，以便让青蛙帮助自己抵御蜈蚣；青蛙不吃蜈蚣，以便让蜈蚣帮助自己遏制蛇；蜈蚣也不会毒害蛇，以便让蛇牵制青蛙。

【训练】

认真阅读上文，思考并回答下列问题：

1. 分析上述段落中，青蛙、蛇和蜈蚣所构成的系统模式。
2. 分析本文中系统的构成要素以及要素间的联系。
3. 结合上文解释为什么相互矛盾的要素却可以构成一个动态的有机整体。

（三）分析语言文字材料，训练系统思维

语言文字是思维的表现形式，思维是语言文字的内在灵魂。系统思维往往以某种语言文字表现出来，语言文字的组合肯定也是符合系统结构的。通过对语言文字材料的分析，可以训练和提高系统思维水平。

【训练】

1. 分析下列物体，你可以将它们组合成哪些有意义、有价值的东西？

卧室、自动化床、运送装置、睡觉的地方、移动、窗帘、加热器、位于浴室附近、不同颜色、自动门锁。

2. 阅读下面的句子，认真分析句子间的关系，然后对其进行排序。

（1）这一年北斗产业中，形成了珠三角、京津冀、长三角、鄂豫湘、川陕渝五大产业区，涌现出一批有实力的卫星导航企业。

（2）一年内完成 10 箭 19 星发射，创下世界卫星导航系统建设和我国同一型号航天发射的新纪录；高标准打造国际合作新亮点，成功主办联合国全球卫星导航系统国际委员会第十三届大会；建成首个海外北斗/GNSS 中心，签署中俄卫星导航合作政府间协定；北斗芯片、模块等基础产品销量突破 7000 万片，性能价格比肩国际水平，北斗高精度产品出口 90 多个国家和地区，北斗地基增强技术和产品成体系输出海外。

（3）2018 年是北斗发展史上极不平凡的一年。

（4）这一年，北斗在交通运输、海洋渔业等应用走深走实，全国已有 617 万辆道路营运车辆，36 个中心城市公交车，2960 座海上导航设施使用北斗。

（5）国内销售的智能手机大部分支持北斗；而基于北斗高精度的智能驾驶汽车，有望 2019 年上市。

（6）北斗已加入民航、海事、移动通信国际组织，国际民航组织批准北斗星基增强服务商标识号和标准时间标识号，国际搜救卫星组织准备将北斗纳入全球卫星搜救系统计划。

（7）这一年，北斗已服务于俄罗斯、缅甸、老挝、柬埔寨、泰国等国家，收

获良好口碑。

（四）场景模拟训练，培养系统思维

设计日常工作和生活中常见的场景并充当场景中的角色，尝试用系统思维来解决现实问题，以此来训练和提高系统思维能力。

【训练】

1. 如果你在一家以机械、车辆和发动机为主要经营范围的企业的销售部门上班，且任职销售部长。近几个月，你的部门整个销售业绩一直没有很大的提升，甚至部分型号销量呈现下降趋势。此时，你将怎样运用系统思维来改变这一现状？怎样提高产品的销售量并为公司赢得更大的经济效益？

2. ×市是一个大型城市，人口众多，车辆也很多。每次上下班或者节假日的时候，有些道路都会严重拥堵，对人们生活造成了很大的影响。如果将该市的交通看成是一个系统，你将怎样运用系统思维来改变道路拥堵的问题？

3. 工程问题是一个非常复杂的系统问题，工程负责人在实际工作中要负责解决来自各方面的事情，并且需要协调平衡它们。假如你是一个建筑工程的负责人，从工程的招标一直到工程完工出售，都属于你工作的范畴，你将怎样运用系统思维来完成整项工作？

第七节　逻辑思维与创新思维的培育

逻辑思维指人在认识过程中遵循思维规律借助概念、判断、推理反映现实的思维方式。逻辑思维所提供的一系列理论、规律、方法，使人们的思维更加敏捷；概念、判断、推理所充分表现出的思维的间接性，适合人们探求新知识，有利于培育和提升人们的创新思维。

一、逻辑思维与创新思维

（一）逻辑思维是创新思维的理性基础

借助于概念以及进一步展开的判断进行创新，可使思维更具敏捷性和选择性，使思维具有超前性和预测能力。概念的理性思维有利于提高创新概率。因为人的认识一旦上升到概念思维的高度，就能使人看到认识要素可以进行无止境的组合以及存在着各种可能的选择，更能够引发创新。创新思维中的想象和直觉，应当是一种理性的想象和直觉，是运用概念和判断进行思考的。创新思维中的想象，既可以是一种概念的选择与重组，也可以是一种思维方式的转换。如创造学联想学派的迈德尼克在其远程联想理论中就认为，在创造性过程中，大脑中已经存在的思想以不寻常的、创新的和有用的组合方式联系在一起。我们已有的每一个映

象或概念与其他映象或概念联系在一起。他还指出，那些头脑中善于形成概念联想的人将会拥有较高的创造性。格式塔学派则认为创造性思维主要是“思维的模式或形式”的转换。创新思维中的直觉更是在长期逻辑抽象思维基础上的一种思维跳跃，直觉不会凭空出现，而是长期理性思考的结果。日本科学家汤川秀树指出，在任何富有成果的科学思维中，直觉和抽象总是交互为用的。不但某种本质性东西必须从丰富却多少有点模糊的直觉图像中抽象出来，而且作为人类抽象能力的成果而建立起来的某一概念也常常在时间的进程中变成直觉图像的一部分。

借助概念、判断所进行的理性的想象与直觉要比感性的想象与直觉更科学、更可靠。在科学史上就有许多这样的例子。在 19 世纪，如果单凭当时科学界盛行的“以太”理论进行感性的想象，没有迈尔克逊－莫雷实验理性地证明“以太”存在的“零结果”，也就没有爱因斯坦的相对论。爱因斯坦在讲述相对论起源时谈到，如果承认迈尔克逊的零结果是事实，那么地球相对于“以太”运动的想法就是错误的，而这引导了他的思维。爱因斯坦更是从当时的 X 射线、天然放射性和电子三大实验的理性思考入手，创立了狭义相对论。最古老的生物技术对于微生物的运用，由于没有显微镜，纯属一种感性的想象，以致到 20 世纪 40 年代以前还很盛行生物之间的遗传性是由一个因子决定的观念，认为是蛋白质在起决定作用。1944 年，科学家埃弗里等人通过科学实验和理性思考，才改变了传统的看法：决定遗传性的物质不是蛋白质，而是 DNA。DNA 的发现开创了生物技术的新时代。

（二）逻辑思维的创新功能

逻辑思维是科学理论形成的必由之路。人在认识过程中，往往把感性认识阶段获得的对事物认识的信息材料抽象成概念，运用概念做出判断，运用判断进行推理，从而产生新的思想认识。概念、判断、推理是逻辑思维的具体形式，而这些具体形式本身就具有创新功能。

以自然科学为例，自然科学以自然界为对象，它的认识是从经验开始的。培根被称为近代自然科学的始祖，就是因为他坚持认为：感觉经验是一切知识的源泉，而科学就在于用理性的方法（归纳、分析、比较、观察和实验等）去整理感性材料。17 世纪到 19 世纪，近代自然科学基本上是按照培根的方法发展起来的，因此爱因斯坦指出，自然科学的“发展过程就是不断的归纳过程”，并把这一过程描述为：（提出）问题—经验事实（有目的地观察）—［通过归纳（逻辑）概括出］基本定律—［通过演绎（逻辑）和科学实验］解释或证实。

无论是社会科学还是自然科学，其产生和发展都要经历一个从实践到理论，再从理论到实践的螺旋式上升过程。没有这个过程，就不可能形成科学体系。西方国家许多重大创新发明一般都是先有理论研究，再有实践证明。也就是先用抽象的逻辑思维，提炼出某种理论与原理后，再按照理论与原理的指导，进行演绎推理，从而实现技术创新。逻辑思维是科学技术转化为科学理论的必经之路，如果没有逻辑思维作为基础，科学技术就难以深化为系统完整的科学理论。如果一个人失去逻辑思维，他就会失去独立思考和创新的灵魂；如果一个国家和民族失去逻辑思维，整个国家和民族就会失去独立思考和创新的灵魂。因此，我们要注重逻辑思维的培育，强化创新思维，促进科学与技术的协调发展。

二、逻辑思维形式与创新思维的培育

概念、判断、推理是逻辑思维最基本思维形式，这些基本思维形式本身具有非常明显的创新功能。正如恩格斯所说："甚至形式逻辑也首先是探寻新结果的方法，由已知进到未知的方法。"①

（一）概念与创新思维的培育

概念属于认识的理性阶段，它不是生动的直观，而是已经抓住了事物的本质和内部联系。概念能把握感觉和表象所不能把握的东西，它对事物的反映不是机械的摹写，而是对客观存在的辩证的反映，是主观性与客观性、共性与个性、抽象性与具体性的统一。同时，概念是可以互相转化的，所以概念也是确定性与灵活性的统一。概念的形成过程本身就是一种创新，如果没有概念的这种创新，人们对事物的认识只能停留在片面的、现象的层面上，无法把握事物的本质。

1. 概念思维在创新思维中的作用

概念思维指人类在认识事物过程中，把感知的事物共同的特点抽出来，加以概括，使之成为概念。比如，人们从白雪、白马、白纸等事物中抽出它们的共同点，就得出"白"（颜色）的概念。社会文明在进步，科学技术在飞速发展，物质的形象也有变化，过去的许多概念正在自然消亡，有的将进入博物馆，许多新的概念也在产生。因此，概念思维必须与时俱进。比如"政府职能"，过去考虑的是政府如何管人、管物、管钱，"管"字是核心；现在"政府职能"的概念变成为民服务，概念的内涵来了个一百八十度大转弯。

英国理论物理学家保罗·戴维斯曾经说过，若想表达某个规律，以质朴的、不可动摇的逻辑为基础的表达便是最足以服人、最令人满意的表达方式。创新始于问题，而概念是清晰表述问题、深刻观察和认识世界的前提和基础，在整个创新过程中都会涉及概念的形成、理解和运用，这也是创新中至关重要的环节。概念是思维的最小单位，是科学探究开始的标志。创新一方面是发现某种新的事实，另一方面则是要揭示事物本质的内在规律性，因此需要运用概念和理论把认识的成果表述出来。如果科学中已有的概念存在问题，则极有可能成为科学研究的核心问题，正如海森堡所说，凡是逻辑上能够脱离经典概念的地方，其确定便每每

① 《马克思恩格斯文集》第 9 卷，142 页，北京，人民出版社，2009。

成为现代物理学理论的实际核心。又如科学哲学家瓦托夫斯基强调概念的批判对形成科学的关键性作用，他认为科学概念是从事科学思维的工具，是科学思维和对话的尖端工具和高技术。他以运动概念从亚里士多德到伽利略的发展演化为例，说明了科学问题的提出、明确及其解决是围绕概念展开的系列创新与发展。事实上，不论在创新的哪个阶段，如果概念意义模糊、似是而非，就会影响恰当判断的形成，进而导致推理的无效，最终就会出现错误的思考、无谓的争论或盲目的从众。因此，对于创新所研究问题涉及的关键概念必须要清晰、明确和一致。在此基础上，人们才能进一步做出恰当的判断，进行有效的推理，并对提出的解决问题方案的正确性展开有说服力的论证。

2. 运用概念思维培育创新思维

概念是反映对象本质属性或特有属性的思维形式。一类指那些客观对象固有的本质属性在人脑中的反映，一般称为真实概念或客观概念，如人、地球、花、鸟等；另一类是客观上没有对应物，其外延为空类的虚假概念，如上帝、鬼、神、燃素、永动机等。创新概念则是创新思维主观假设出来的概念，它是创新过程中，创新思维通过对原有思维元素的组合与加工而创造出的新概念，如外星人、大陆漂移、音乐牙刷、土豆西红柿、三峡水利枢纽工程等。

新概念是创新者主观能动性得到充分发挥的体现，它有如下两个特点：第一，内涵的主观性与客观性的统一。新概念不是对现实人们感知的客观对象的直接反映，而是主观创造的产物。就其整体来说是假设出来的，但又不是凭空臆造，就其构成元素来说都有已知的客观属性。新概念也是已知与未知的辩证统一。第二，外延的不确定性。新概念刚提出时，在未经检验或创制之前，其个体在现实世界或未来世界中可能存在，也可能不存在。而经过进一步研究检验、创制，不确定性就可能转化为确定性，科学研究的过程就是将这种不确定性转化为确定性的过程。例如，上述概念有的已由假设概念转化为反映现实的实在概念，如计算机、音乐牙刷等已研制成功；有的则在实践检验或创制过程中被证明只存在于人们的思维中，不可能有现实的对应物，如鬼、神、燃素、永动机等，即虚假概念；有的正处在转化过程中，如大陆漂移假说；有的在目前条件下尚难确定，如外星人等。新概念在知识创新和技术创新中占有重要地位。

调整思维的关键是概念创新，不同的概念会带来不同的思维。因此，创新概念决定调整思维，而调整思维又决定了转变观念。党的十一届三中全会以来中国的改革，思维调整的关键就有来自概念的创新。中国改革首先需要界定概念是社会主义。传统概念的社会主义是确保先进的生产关系，是以阶级斗争为纲；调整后的社会主义概念是“三个有利于”，是发展生产力，是以经济建设为中心。正是由于这一概念的根本性创新，中国的思维才能调整，观念才能转变。又如，企业改革也是从企业概念的创新开始的，传统计划经济下企业的概念是生产单位，故称为生产型，市场经济条件下企业的概念是经营单位，故称为经营型，而知识经济条件下企业的概念则是创新单位，故称为科技先导型。不对企业概念的创新，怎么会出现企业的改革和企业的发展呢？可见，只有概念更新了，思维才能调整，观念才能转变。

（二）判断与创新思维的培育

判断思维能正确反映事物的复杂性和多样性，从而能正确、有效地指导人们改造客观世界。一个人的行动能否取得良好的效果有赖于他能否对事物做出正确的判断，判断思维能力在人的实践活动中起着至关重要的作用。

1. 判断思维在创新思维中的作用

判断思维就是运用概念属性进行判断，肯定或否定某种事物的存在或指明它是否具有某种属性的思维过程。判断思维的运用过程，是搜集材料，整理材料，分析研究材料的过程，是运用概念做出判断进行推理的过程。判断思维主要有四个步骤：理解、分析、评价和推断。所谓理解，就是要理解对象，理解所要进行判断的对象；分析，即把一个复杂的对象分为不同的简单部分或简单方面，然后对每个部分或方面进行理解或解析；评价，就是在所分析出的各个简单部分中，找出对解决问题比较有用的部分或者方面进行判断；推断，就是做出自己的判断，即根据以上所进行的理解、分析、评价，最终得出结论。判断的过程应该是严密的，有严密的过程才会有合理的结论。将复杂的问题变简单，从纷繁现象中找到精简的本质，就是判断思维的妙处。

判断思维在实际生活中的应用十分普遍。运用判断思维方法，关键要把握判断的真假问题。判断是描述客观事实的思想，就有一个同客观实际相符合的问题，即真假的问题。凡如实地陈述实际情况的就是真判断，凡陈述不符合实际情况的就是假判断。毛泽东同志曾说“天有一个井大”，这个判断不准确，因为它不符合事实，说“天的某一部分有一井大”，这个判断是准确的，因为它符合实际。对事物作出恰当的判断，不应当只看到事物一方面的情况，也应当看到事物其他方面的情况，不应当只看到事物目前的情况，也应当看到事物的过去的历史情况与将来的发展情况，而且还要在事物的各个方面与各个因素中，看出哪些方面或因素是主要的、本质的，哪些方面或因素是次要的、非本质的。这就要求我们具有关于事物的丰富实践与深刻认识。因此，弄清判断真假性这一重要特征，对于应用判断思维方法创新思维具有重大意义。

2. 运用判断思维培育创新思维

判断思维要求运用者在理解判断对象的基础上，对其各个方面做出分析，找出要点进行评价，进而得出最终结论。

【案例】

让你拥有属于自己的思想

在新版语文教科书中，鲁迅作品被大量删减，这一事件成为文学界、教育界的重要话题，赞成者与反对者各执一词。

赞成者的观点如下：

鲁迅的作品晦涩难懂，压抑而缺少亮色，不适合中学生阅读。

即使课本里减少点鲁迅作品也没什么，我们照样可以通过别的方式，去学习鲁迅的精神。

鲁迅的文章是半文言半白话的，太拗口，还经常连标点符号都要背下来，太痛苦了。

反对者的观点如下：

这样好的作品，有什么理由不进教材？

鲁迅的文章并不全是生涩难懂的，一些诗歌、散文照样很生动，比如《从百草园到三味书屋》《社戏》《故乡》《风筝》等，其实孩子们是能接受和喜爱这样的文章的。鲁迅精神不仅仅是“横眉冷对千夫指”，我们大可以选一些孩子能读懂的文章来进行教学，让他们更全面地认识鲁迅。

鲁迅乃一代文学宗师，其对现代文学的影响绝非他人可比。英国人都知道莎士比亚，俄国人都知道托尔斯泰，德国人都知道歌德，中国人怎么能不学鲁迅的文章？

对以上材料，应该先想明白双方赞成或反对的理由是什么，哪些是针锋相对的，哪些其实是一致的；自己是否赞成他们的说法，这些理由有没有激发你新的想法；然后决定自己的立场——是赞成，反对，还是有条件的赞成或反对；最后将自己的看法有条理地组织起来，形成文字。比如，看以上材料，赞成者主要是认为鲁迅的文章不易读懂，教学方式上也容易让学生产生反感；反对者则认为鲁迅文章也有适合学生读的，而且鲁迅作品的重要地位不容回避。两种意见的矛盾集中在鲁迅的文字能否为学生所接受这一点上；同时，持不同立场的两方都肯定了鲁迅作品和鲁迅精神的重要，争论只是需不需要让人们在学生时代就接触了解它，需不需要通过教材来推广它。明确了这些，再结合自己学习鲁迅文章的想法和感受，运用判断思维，就能得出属于自己的立场和看法。

（三）推理与创新思维的培育

推理是另一种重要的逻辑思维形式，是从一个或几个已知判断中得出一个新判断的思维过程，常见的推理形式有演绎推理、归纳推理和类比推理。推理过程本身就是探究新问题和获得新知识的过程，掌握推理思维方法是培养创新思维能力的有效途径。

1. 推理思维在创新思维中的作用

推理思维是应用逻辑推理思考问题的方法。这种推理思维灵活多样，可以从一般推出特殊（演绎推理），也可以从特殊推出一般（归纳推理），还可以从特殊推出特殊（类比推理）。无论是在工作中，还是在生活中，一件看似很奇怪的事情，只要通过缜密的推理思维去分析，就能找到合理的解释。比如，孟子分析了如下事实：周文王被商纣王关起来后，能在牢里推演《周易》；孔子在周游列国的途中曾被困，但依然能写出《春秋》；屈原遭到放逐，最后写出了《离骚》；左丘明的眼睛瞎了，却写出了《国语》；孙膑遭受了膑刑，还能写出兵法……最后得出结论：大凡圣贤之人，都是在艰难困苦中矢志不渝、奋发图强之人。在这里，孟子通过对一些名人进行列举，最后从他们身上总结出一个普遍性的特点，那就是在艰难困苦的境遇中仍然能够奋发图强。这一结论就是运用了归纳推理的思维方法。

创新思维往往是突破现有常规思路的束缚，以新颖、独特的思维方法分析问题、解决问题，但创新思维也要遵循逻辑思维规律和逻辑思维方法。创新思维过程中对获得的大量信息或材料的分析—综合时，就包含了大量的逻辑推理，需要用到推理思维。比如，在《鲁滨孙漂流记》中，鲁滨孙为了探知树上的果实能不能吃，便先查看鸟粪。若其中混有这种果实的种子，就表示那果实对鸟是无毒的。因此，他知道了如何区分能否食用的果实。这就是巧妙的分析和推理。而运用推理思维去分析事物，不但可以解释一些未知现象，还能够成功发明新事物，获得新知识，从而推动社会的进步。

【案例】

种植长绒棉要有日照长、霜期短、气温高、雨量适度等条件。一些中亚国家具备这些条件，能生长长绒棉。我国塔里木河两岸过去没种过长绒棉．但具有和部分中亚国家相同的条件，因此有人推断，塔里木河两岸地区可能生长长绒棉。

这一推断是将我国新疆塔里木河两岸与一些中亚国家在“日照长、霜期短、气温高、雨量适度”等相同属性类比得出的，这里运用了类比推理。这个推断后来为新疆生产建设部队的实践所证实。

2. 运用推理思维培育创新思维

有一种观点认为，由于逻辑推理（主要指演绎推理）的结论已隐含在前提中，不是新知识，所以，逻辑思维不具有创造性。这里，必须弄清“新知识”中“新”的含义。这个是从人的认知状态角度来说的，“已知的”不是“新”，从“未知的”转化为“已知的”“新”，原来不知道的现在知道了，这就是“新知识”。虽然结论隐含在前提中，但在推出它之前，对推理者来说是未知的，是原来不知道的，当推出它之后，推理者的认知状态就发生了变化，这个结论对他来说就是一种新知识。比如从现有的数学理论中推出一个新定理就是一种新知识。人类的一切科学理论知识都是对客观事物规律的反映，这种规律在人们认识它之前就存在着、就“隐含”在事物之中，经过实践和科学研究，我们才认识到它们。人的认识是从“未知”到“知”，从这个意义上说，逻辑推理（演绎推理）也能产生新知识。哈雷彗星的发现就是归纳、演绎方法综合运用的成果。哈雷发现1682年出现的一颗大彗星，同分别在1531年和1607年出现的两颗彗星有许多共同之处，他利用归纳、演绎的方法，推断出这三次出现的是同一颗彗星，它的周期约是75年，而且这颗彗星下次将在1758年出现。1758年这颗彗星果然如期出现。世人对此感叹不已，无不折服。这颗彗星被命名为哈雷彗星。

在生活中，常有这样的情况：面对同样的思维材料（逻辑前提、已知信息），有的人一筹莫展，理不出头绪，更得不出有意义的结论，而有的人则能够迅速得出有意义的结论。造成这种差别的原因之一就是前者没有掌握必要的逻辑知识、逻辑思维能力不强；而后者掌握了一定的逻辑知识、具备一定的逻辑思维能力。确实，"能得出新结论"与"得不出结论"相比较，前者应该说是一种创造。例如，对于"如果甲厂遵守合同，则乙厂遵守合同，如果乙厂遵守合同，丙厂遵守合同"这样一个思维材料，掌握一定的逻辑知识、具备一定逻辑思维能力的人，就能根据"如果P，则Q；如果Q，则R。所以，如果P，则R"这个推理形式，从上述思维材料推出新信息"如果甲厂遵守合同，则丙厂也遵守合同"。也就是说，能把一开始看起来没有直接联系的"甲厂遵守合同"和"丙厂遵守合同"联系起来，得出新的信息，这就是一种创造性思维。可见，逻辑知识是我们整理、分析已有思维材料，得出新知识（结论）的一种有效工具。从一定意义上说，逻辑也是创造性思维的工具。

三、逻辑思维规律与创新思维的培育

逻辑思维规律包括同一律、矛盾律、排中律。同一律的作用在于保证思维的确定性，矛盾律的作用在于保证思维的一贯性，排中律的作用在于保证思维的明确性。同一律、矛盾律、排中律在各种思维形式中普遍适用。创新思维具有破除迷信、超越陈规、知难而进、开拓创新等特点，但创新思维不是杂乱无章的，它必须遵守逻辑思维规律，也就是说，逻辑思维规律对创新思维能力培养起着规范和引导作用。

（一）逻辑思维规律在创新思维中的作用

创新思维离不开逻辑思维规律的规范与制约。人们不论是运用概念、做出判断，还是进行推理、论证和创立假说等，都要求思维必须保持自身同一、前后一致、不能两不可，也就是说，只有使思维具有同一性、一贯性和明确性，才能保证思维的确定性。为了避免语言和思维本身陷入混乱和困境，也为了使理性的交流能够顺利进行，人们必须遵守逻辑思维规律。

首先，在创新过程中运用同一律可以保证所研究问题涉及的概念和命题的同一，确保创新目标的前后一致，在围绕某个中心问题展开研究时保证思维具有首尾一致性，同时可以帮助人们在保证思维同一性的角度识别和驳斥谬误。同一律的根本作用就在于从思维的同一性角度来保证思维的确定性。任何事物都处于不断发展变化的过程中，在不同时间、不同方面对于同一对象来说都是有所不同的，但在一定阶段也有其质和量的规定性，也就是说，事物在发展过程中也有相对的确定性，同一律就是人们对事物相对确定性的反映。人们要想表达思想和成功交际，就必须保证在思维和表达过程中使用的概念或命题在同一思维过程中始终保持一致，即在同一思维过程中运用概念时要保证其内涵和外延都是同一的，在运用命题时要保证其断定的内容一致，否则就会引起思维的混乱和交流的不畅，不能正确认识客观事物的规律。

其次，在创新过程中运用矛盾律可以保证科学理论不自相矛盾，保证所研究问题是成立的、有意义的，从而帮助人们在思维一贯性的基础上识别和驳斥谬误。在创新准备阶段，运用矛盾律可以寻找已有理论中的逻辑错误，从而提出新的问题。矛盾律是保证思维的无矛盾性和一贯性，其根本作用就在于从无矛盾性和一贯性的角度来保证思维的确定性。矛盾律所说的思维的无矛盾性指的就是任一正确思维的过程，都必须前后一致、不包含逻辑矛盾。科学认识的任务之一就是要不断发现并排除思想中的逻辑矛盾，最终建立逻辑上无矛盾的理论体系。

最后，在创新过程中，运用排中律可以消除思维的不确定性和模糊性，避免出现模棱两可和含混不清的情况，保证思想的清晰性和明确性，从而帮助人们从明确性的角度识别和驳斥谬误。排中律要求在两个具有矛盾关系的思想中必须有一个是真的，正如亚里士多德所说，凡否定一个属性就等于肯定其相对的另一端。例如，在数理范围内据称有既非“奇”又非“非奇”的一种数，从定义上看来显然是不可能的。

（二）运用逻辑思维规律培育创新思维

1. 同一律的训练

在论证过程中，要让有关概念和判断保持确定性，就必须遵循同一律。

【案例】

达尔文耗费了20多年时间，前往世界各地深入考察，研究物种的起源与变化，最终，他的著作《物种起源》在1859年出版。之后，进化论的有关思想开始广为传播。教会提出“人是由上帝创造的”，这种说法也为当时的人们所普遍接受。而达尔文在《物种起源》中通过一系列确切翔实的证据论证，最终得出“人是从猿猴进化来的”这一结论。这个结论就如同一个石子被扔进了毫无波澜的湖面，在学术界和宗教界引起了巨大反响，很快就招致了教会猛烈的攻击。那些教会人士认为，达尔文是极端分子，他提出了一个荒诞不经的观点，亵渎了神灵。1860年6月，英国教会召开了一场会议，决定在会上批判进化论学说。教会方面专程派出牛津大学大主教威尔伯福斯参加会议。不巧的是达尔文当时身患重病，于是他全权委托胡克和赫胥黎二人作为代表参加会议。首先，威尔伯福斯在会上发言，他指责达尔文的学说有悖于《圣经》的内容，违背了神意。他指着赫胥黎恶狠狠地说："大家看，这位赞同进化论的先生就坐在我身边，我估计他过一会儿就会把我撕成碎片。因为根据进化论的说法，人都是从猿猴变来的！不过，让我好奇的是，究竟你的哪一位祖先是从猿猴变来的呢？"话音未落，那些反对进化论的人们爆发出一阵哄笑。这时，赫胥黎毫不怯场，勇敢地站起来回应道："达尔文是利用进化论来解释各种自然现象，在《物种起源》一书中，他使用了大量证据来证明各种生物的进化过程。在我看来，再没有其他学说比进化论做出的解释更合理，更有逻辑了。"接着，他又列举了大量事实来进一步论述进化论，有力地辩驳了威尔伯福斯对进化论的侮辱和污蔑。最后，赫胥黎对威尔伯福斯进行了掷地有声的还击："我们的祖先都是无尾猿猴，任何人都无须为此感到羞耻。"话音未落，掌声如暴风骤雨一般席卷了整个报告厅。威尔伯福斯无从辩驳，只能低着头溜走了。经过这场辩论，达尔文的相关学说越来越受到人们的重视。

在这场精彩的辩论中，为什么赫胥黎能占上风呢？我们来整理一下威尔伯福斯辩论的逻辑：人是从猿猴变来的；赫胥黎的祖先是人；所以，赫胥黎的祖先是从猿猴变来的。

大主教在辩论中将集合与非集合的概念混为一谈，犯了偷换概念的逻辑错误。在"人是从猿猴变来的"或"人是从猿猴进化来的"这两个命题中，"人"是集合概念，指的是全人类。集合概念指的是反映由同类个体事物构成的一个不可分割的整体，也就是说，人类是从古猿猴进化而来的，指的并不是某一个具体的人是由猿猴进化来的。而威尔伯福斯提出的"赫胥黎的先祖"中的"人"不是集合概念，而是非集合概念，这种概念是不以由同类个体事物构成的一个整体作为反映对象的。威尔伯福斯要了小聪明，有意使用"人"的非集合意义，将某个具体的人，即赫胥黎的先祖与全人类混为一谈，最终得出的结论是他的某位祖先是由猿猴进化而来的，这有悖于同一律的要求。可见，这个结论是有逻辑错误的。

2. 矛盾律的训练

矛盾律基本内容表述为：A 不是非 A，或 A 不能既是 B 又不是 B。根据矛盾律的要求，在同一思维过程中，对于同一思维对象不能同时做出两个互相矛盾的判断，也就是说，不能同时肯定并否定它。矛盾律在传统逻辑学中首先被作为事物的一种基本规律提出，指的是任何事物都不能同时既具有某个属性又不具有某个属性。接着，矛盾律又被作为一条规律在思维活动中发挥作用，指的是任何命题不能既是真的又不是真的。

【案例】

鳄鱼的悖论

一天，一位母亲带着她的孩子在一条大河边洗衣服。这时，水中窜出来一条大鳄鱼，一把抢走了孩子。母亲苦苦哀求那条鳄鱼："求求你放了我的孩子吧，你可以提任何要求，我会尽力满足你的。”这条鳄鱼的逻辑思维能力很强，它洋洋自得地说：“那好，你回答我一个问题，如果答对了，我就把孩子还给你；如果答错了，哼，我就把他吃了！”接着，鳄鱼提问道：“你猜猜，我会不会把你的孩子吃了？”这位母亲也很聪慧，她思索片刻，说：“我猜，你会吃掉我的孩子。”鳄鱼冷笑着说：“猜对了，我肯定会吃掉你的孩子呀！可是，如果我把孩子还给你了，我就没吃掉你的孩子，你就猜错了，那么，我就可以吃掉你的孩子了。”说完，鳄鱼张开血盆大口，准备把孩子吃掉。母亲高呼一声：“慢着！你刚才还说过，如果我猜对了，你就不吃孩子了。如果现在你把我的孩子吃了，我就猜对了，你就必须把孩子还给我。”听了这番话，鳄鱼一下子愣住了，心想：“她说得没错呀！如果我吃了这个孩子，她就猜对了。看来我不能吃他呀！那么，我该如何是好呢？”鳄鱼陷入了进退两难的境地：它想吃掉孩子，同时，它又不得不把孩子还给他的母亲。但是，鳄鱼又转念一想：“如果我把孩子还给她了，那她就答错了。所以，我还是应该把小孩吃掉。”于是，鳄鱼无论如何也不肯归还小孩。但是，母亲也丝毫不肯让步，她说：“你必须要把孩子还给我。如果你把我的孩子吃了，我就猜对了，你就得把孩子还给我。”在这个故事里，鳄鱼自以为是，结果给自己找了一堆麻烦，陷入了一个逻辑悖论里。也就是说，不管鳄鱼怎么做，它都无法履行自己的承诺。

在这个案例中，究竟是什么造成了逻辑悖论呢？我们梳理一下鳄鱼许下的承诺：A. 母亲答对了，不吃孩子；B. 母亲猜错了，吃掉孩子。当母亲猜鳄鱼会把小孩吃掉后，有两个选择摆在鳄鱼面前，然而，这两个选择都有悖于鳄鱼之前许下的承诺。鳄鱼的第一个选择是，吃掉小孩。这也就证明母亲猜对了，按照鳄鱼之前的承诺 A，这时，鳄鱼必须把孩子归还给母亲。因此，如果鳄鱼吃掉了孩子，就违背了之前的承诺。鳄鱼的第二个选择是把孩子还给他的母亲。这也就证明母亲猜错了，按照鳄鱼之前的承诺 B，这时，鳄鱼就应该吃掉孩子。但是，如果鳄鱼把孩子还给母亲，也就违背了自己的承诺。

3. 排中律的训练

排中律要求在同一思维过程中，两个互相矛盾的思想不能同假，必有一真。如果违反这一逻辑要求，在思维活动中，对具有不可同假关系的命题同时加以否定，就会犯“模棱两不可”的逻辑错误。熟练运用排中律，能提高人们的思维能力，增加人们解决问题的技巧。

【案例】

小军、小明、小毛三个小孩在一起玩耍，不小心打破了一块玻璃，当老师问是谁打破时，小军说：“不是我打破的”，小明也否认，小毛说：“是小军打破的”。据目击者说只有一个小孩说真话。问，玻璃是谁打破的？

从已知条件可知，小军和小毛的话是矛盾的。根据排中律，两个相互矛盾的思想不可能都假，其中必有一真。又依据已知条件，说真话的人只有一个。所以说真话的人在小军和小毛之间，其余的说假话，那就是说小明说假话，即小明说“没有打破玻璃”是假的。所以，玻璃是小明打破的。

【案例】

一位苏联作家的长篇小说中，描写青年突击队长马尔古里斯用一种机器在较短的时间里生产出了大量的混凝土，工地上的总工程师纳尔盆杜夫不认可这种工作。于是他们进行了这样一段对话。

马尔古里斯：“那么，你禁止这种工作了?”

纳尔盆杜夫：“我并不禁止。”

马尔古里斯：“这就是说，你允许这种工作?”

纳尔盆杜夫：“不，不。”

马尔古里斯：“那么，何以理解呢?”

纳尔盆杜夫：“就算长辈对你的忠告吧!”

这里，“禁止这种工作”与“允许这种工作”是互相矛盾的关系，不能既否定前者，又否定后者。总工程师纳尔盆杜夫的依据违反了排中律的要求，犯了“模棱两不可”的逻辑错误。

第五章　创新项目选择能力的培育

【名人名言】

科学的灵感，绝不是坐等可以等来的。如果说，科学上的发现有什么偶然的机遇的话，那么这种“偶然的机遇”只能给那些学有素养的人，给那些善于独立思考的人，给那些具有锲而不舍的精神的人，而不会给懒汉。

——华罗庚

科学不是为了个人荣誉，不是为了私利，而是为人类谋幸福。

——钱三强

善于正确选择，就意味着节约时间。

——弗兰西斯·培根

创新能力是创新素质的重要构成内容之一。创新能力不仅包括创新思维能力，而且包括创新实践能力。创新实践能力指人在实践中将创新意识、创新精神、创新品格、创新思维转化为创新行动，又好又快地产生创新成果的能力。缺乏创新实践能力的人，不管有多么强烈的创新意识和创新精神，多么优秀的创新品格及多么新颖独特的创新思维，也难以取得创新成果，实现创新价值。可见，创新实践能力是不可或缺且非常重要的创新素质。创新实践能力主要包括创新项目选择能力、实验（试验）能力、社会调查能力、创新成果形成能力等。开展创新实践活动，首先必须选择创新项目，没有创新项目，创新就无从说起。本章介绍创新项目选择能力的培育。

第一节　创新项目选择能力

培育创新项目选择能力，首先需要了解创新项目及其选择能力的基本知识，掌握创新项目选择的一般原则和基本步骤。

一、创新项目及其选择能力

（一）创新项目

创新项目是创新活动的载体。没有创新项目，就不可能进行项目运作，也就不可能产生创新成果。创新项目是以特定创新对象为载体，具有明确的创新目标，能够对其整体或部分进行革新，或进行原创性的发现、发明和创造，在一定时间内和一定条件下能够完成的创新任务。某种产品的研发，某项课题的研究，某种模式的探索，某部专著或某篇论文的撰写，某种技术方法的改进等，都属于创新项目。

创新项目具有以下主要特征。

其一，创新项目必须具有确定的创新对象。创新项目针对的是“对什么进行创新”的问题，相对于招投标中的“标的”。任何创新都是对特定对象的创新。没有确定的创新对象，就无法确定创新目标，也无法选择相关信息和利用相关资源，不可能制订具体的创新方案，更不可能形成创新成果。没有特定的创新对象或对象模糊，就等于没有确定创新项目。

其二，创新项目必须具备一定的创新目标。创新目标指创新项目在功效、作用、价值或方向等方面预计能够达到的基本要求。只有具备一定创新目标，才能对此项目进行必要性和可行性分析，才能围绕目标进行项目策划和设计，进而将相关信息和资源组织起来进行创新。尽管创新目标可能在创新过程中根据新的情况予以调整和修正，但项目初始必须具备一定的创新目标。否则，创新项目就不可能成立。例如，要开展某种新药的研发，就必须明确此种新药的药用功能、市场价值目标，否则此项目就不能成立。在招标研究项目或课题中，无不要求明确创新目标。因此，主体在选择相关创新项目时，首先应明确创新目标。

其三，创新项目必须能够对特定创新对象的整体或部分进行革新，或利用相关信息和资源进行原创性的发现、发明和创造。这是创新项目和一般项目的本质区别。在社会生产和生活中有很多重复性、延续性的工作任务或工程项目，它们缺乏发现、发明、创造或改进（更新）的因素，所以不能被称为创新项目。创新项目的本质是“新”。没有新的发现、发明或改进，此创新项目就不能成立。

其四，创新项目必须能够在一定时间内和一定条件下完成，即可以基本实现创新目标。如果不能对项目的完成阶段及其最后完成时间进行预测和设计，就无法制订创新方案或计划，也说明该项目可能因暂时不具备相关必要条件而缺乏可行性，没有可行性的项目是不能立项的。

创新对象涉及自然、社会和思维领域，因而创新项目的种类很多，按照不同的划分标准，创新项目可以分为不同的种类。以创新目标的价值和意义大小为标准，分为一般创新项目和重大创新项目；以预计的创新成果原创性程度为标准，分为原始创新项目和改进性创新项目；以预计的创新成果能否获得自主知识产权为标准，分为自主创新项目和引进性创新项目；以创新的不同领域和对象为标准，分为知识创新项目、理论创新项目、制度创新项目、管理创新项目、科技创新项目、艺术创新项目、产品创新项目、工艺创新项目、服务创新项目等。本书将创新项目分为科技类创新项目、经济与管理类创新项目、艺术类创新项目三类，并由此介绍创新项目选择能力培养的方法。

（二）创新项目选择能力

创新项目选择能力是指创新者具备的在繁纷复杂的自然和社会现象或现实已知领域中，寻找和正确选择创新项目的能力。这种能力体现在能否寻找到创新项目及选择的质量和效率上。

“质量”讲的是项目选择的准确性、科学性和价值性，即所选项目应找准某地方、某领域亟待解决的关键问题，能够在现有条件下通过创新解决问题，且能够在可行性高、风险较小的基础上尽量选择价值较大的创新项目。一些改变人类社会进程的重大创新项目，如中国古代的“四大发明”，现代涉及信息技术、新能源技术、新材料技术、生物技术、空间技术和海洋技术及社会经济制度等诸多领域的一系列创新项目，都能够凸显出创新者卓越的创新项目选择能力。

“效率”讲的是项目选择的速度快、成本相对较低。比如，当前研发新型冠状病毒疫苗，正是对研发单位创新项目选择效率的严峻考验。

创新项目选择能力对于创新具有极其重要的作用。创新实践是一个系统的行动流程，项目选择是其龙头。不同的选择必然导致不同的结果，创新项目选择直接关系到创新的成败和创新成果价值的大小。选择什么创新项目，决定创新者创新的方向和目标，决定创新活动是否必要和可行，决定其能否取得创新成果及其价值的大小。创新项目选择正确，就有可能实现创新目标和价值。相反，项目选择错误而不适时调整，就会越错越远，不可能实现创新目标。在社会生活中，很多人都希望通过创新来改变现实。然而，自然界、人类社会和思维领域具有无限的广度和深度，极其纷繁复杂且变幻无穷，在其中捕捉创新点，寻找和正确选择创新项目是件很困难的事情，要求创新者必须具备较强的创新项目选择能力。在社会实践中，很多人梦想创新，但不知道从哪里寻找创新项目；有的人具有浓厚的创新兴趣，不时产生新奇的想法并喜欢不停尝试，但总是半途而废；有的人充满创新信念并穷尽毕生精力，却最终一事无成。这些人一事无成的重要原因之一就是缺乏正确选择创新项目的能力。只有具备较强的创新项目选择能力，创新者才能够较快地发现历史与现实中的矛盾和问题，从中看到未来的发展趋势，找到能够改变现实状况，满足人类社会及主体自身的某种需要的创新点，正确选择确定创新项目。而缺乏这种能力，面对纷繁复杂的自然和社会现象或现实已知领域时，人们就会无所适从，束手无策，不可能正确选择创新项目。我国的一些创新型企业如华为、海尔等能够在激烈的市场竞争中立于不败之地，就是得益于其团队的强大的创新项目选择能力。相反，有些在改革开放的大背景下兴起的企业或品牌，因缺乏创新能力尤其是创新项目选择能力而昙花一现，在激烈竞争中销声匿迹。这样的例子举不胜举。可见，正确的选择比盲目的努力重要得多。任何人要开展创新活动，实现创新价值，就必须具备较强的创新项目选择能力。

二、选择创新项目的基本原则

提高创新项目选择能力的重点，是熟练掌握创新项目选择的一般原则。创新对象极其广泛，创新项目的种类很多，虽然具体对象、目标、方式、方法等不尽相同，但都必须遵循价值性、科学性、可行性这三条基本原则。这三条基本原则在各类创新项目选择中缺一不可。只有同时满足这三条基本原则，创新项目才具有正确性、合理性。相反，不能满足这三条基本原则的任何一条，该创新项目就不能成立。

（一）价值性原则

价值性原则具有“质”和“量”两个方面的含义。

“质”的含义是指选择的创新项目必须具有积极意义，即能够满足经济社会发展或人的发展进步的需要而不是相反。这种创新项目的价值性体现在材料、构造、操作、功能等方面的精巧别致、出奇制胜上。在效率和质量上比前人或他人优越，产出快，用得好；在某个方面能够发现新事物，认识到新的客观规律，对自然、社会现象作出新的科学解释，或能够创造、创作出新的物质文明或精神文明，满足社会的某种新的需要。就人的发展进步而言，能够提高人的生存能力、工作效率、生活质量、事业发展等；就经济社会发展而言，能够应对社会某方面的挑战，解决社会某个方面的问题，从而改变现实状态，实现更好的愿景，促进人类社会更加文明、进步。具有新颖性想法的项目不一定都是有价值的，在一些腐朽、堕落、恐怖、反人类领域（如毒品）也会出现一些新颖性创造或改进，但这显然与人类经济社会发展或人的发展进步的需要相悖，违背了创新的价值性原则，不属于创新项目。

“量”的含义是指创新者在选择创新项目时，应充分整合利用甚至创造相关条件和资源，在可能的情况下尽量选择具有较大或重大价值的创新项目。这种项目可能解决某行业某领域长期悬而未决的重大问题，对其发展具有里程碑意义；可以有效应对经济社会发展面临的某种严峻挑战，或在物质、精神、制度、生态、社会等方面创造出一种新的文明，对于推动国家民族的生存发展及人类社会的发展进步具有重要意义。从某种角度而言，基础理论的突破比实用技术的创新价值更大，比如，近300年物理学经历了几次重大突破：牛顿力学的建立；热力学的发展；麦克斯韦创立了电磁理论；相对论、量子力学的创立。每一次突破都为科技发展开辟了一个新的时代，对人类生产生活和思维方式产生了极其深刻的影响。前沿与高端科技创新比传统领域的技术创新价值更大，比如，在航空、航天科技领域，人类对飞行器的创新不是止步于对传统空中交通工具的改造，而是着眼于从低空飞向高空、从高空飞向太空、从太空飞向深空的发展，将来甚至可能在遥远的深空建立人类第二故乡。制度创新往往比技术创新、产品创新、艺术创新等更有意义，因为制度创新能够有效引导和促进其他创新，并能为其他创新的价值实现提供保障。

选择的创新项目价值追求越高，对主体和社会发展进步的作用就越大。当然，就大学生而言，由于缺乏相关知识积累，缺乏社会实践经验，对于行业、领域及国家和人类发展面临的问题不一定清楚，也缺乏相应的条件和资源，因而在重点培养创新素质的同时，搞一些小发明、小创造或创作是必要的，但大学生创新不能总是立足于或局限于那些“小打小闹”，那样既不能真正体现出创新价值，久而久之还会束缚创新潜力。只有在可能情况下尽量选择具有较大或重大价值的创新项目，才符合创新项目选择的价值性原则。

创新项目选择的价值性原则要求：创新者必须树立正确的人生观、价值观，具有积极、有价值的人生目标，具有正确的个人进步观和强烈的爱国主义、人类命运共同体的情怀，具有强烈的追求卓越的愿望和品质，对工作、学习、生活中所关注或感兴趣的领域不断有更好更完美的追求。同时，具有牢固的法治和道德意识，坚持法律红线和道德底线。能够自觉运用创新项目选择的价值性原则，在“质”和“量”两个方面检验创新项目的目标和价值追求，从而确保创新过程不偏离正确轨道，尽量创造出有较大价值的创新成果。

（二）科学性原则

具有价值性的项目，不一定都具有科学性。比如，以“人类长生不老”“永动机”等幻想性课题为创新项目，可能具有新颖性和价值性，但不具备科学性，因而也一定不会有结果。创新项目选择的科学性原则，就是要求创新项目的选择必须以科学理论为指导，以事实为依据，遵循事物发展规律。“以科学理论为指导”必须坚持唯物主义世界观，用普遍联系、永恒发展、对立统一的观念看待世界万物，而不能用唯心主义世界观或机械唯物主义观点看待世界，同时，还应用相关领域已有的科学理论作指导；“以事实为依据”就是要求项目的背景、发现的问题及概念、原理、定义、论证等内容必须符合客观事实，包括现实事实和历史事实，不能凭空想象或主观臆断；“遵循事物发展规律”就是在认识和掌握相关事物发展规律的基础上，要求所选择的项目必须符合发展规律的要求，不能凭主观想象。牛顿曾主观臆断上帝是宇宙的第一推动力，在其科学生涯的最后阶段花了很多精力研究，试图加以证明，这违背了科学性原则，所以没有结果也不可能有结果。可见，缺乏科学性的创新项目是不能成立的。

创新项目选择的科学性原则同样适用于科学假说。按照《中国大百科全书》的定义，科学假说是指“根据已有的科学知识和新的科学事实对所研究的问题作出的一种猜测性陈述。它是人们将认识从已知推向未知，进而变未知为已知的必不可少的思维方法，是科学发展的一种重要形式”。科学假说是以一定的事实材料和科学理论为依据的。第一，假说的形成需要搜集相当数量的事实、资料，在此基础上通过归纳、对比进而提炼、推导出具有预见性的科学问题，并运用相关科学理论推导证明。第二，假说的检验标准是能够解释相关领域新出现的事实和符合新发现的客观规律。从某种意义上来说，选择创新项目实质上就是提出某种创新假说并加以研究探索的过程。

创新项目选择的科学性原则要求：创新者必须系统掌握相关领域的科学理论和知识，掌握并熟练运用相关原理和定律，以保障创新项目的选择在科学思想指导下进行。同时，结合拟创新领域收集足够充分的事实资料，并确保相关资料特别是核心事实的真实性，在此基础上归类整理，去粗取精、去伪存真，既要运用逻辑思维严格推理，又要结合学科或专业特点运用非逻辑思维充分进行前瞻性预测和想象，以保障创新项目的选择能够以事实为依据，遵循事物发展规律。那种既缺乏科学理论的指导，又没有可靠的事实做依据，违背客观规律的所谓“异想天开”，只会成为盲目的瞎胡闹，不是创新，自然不可能产生创新成果。

（三）可行性原则

有些项目具有较大或重大价值也具有一定的科学性，但不一定具有可行性。如“海水变油”“地震控制”“地球移民”等具有重大价值并具有一定科学性，但就目前人类的科学水平和技术条件来说还不具有可行性。而缺乏可行性的创新项目不会产生创新成果。因而，可行性原则是选择创新项目的又一不可缺少的重要原则，对于实现创新目标和价值具有重要意义。创新项目选择的可行性原则，是指在选择创新项目时，人必须在可以预见的范围，充分考虑主、客观条件能否保证项目的实施，能否按预期实现创新目标，创造出成果。如果目标不可能实现，就说明此项目至少在当前不具有可行性。影响创新项目的可行性因素会因项目不同而千差万别，一般而言，主要包括时空范围、科技水平、政治因素、经济条件、智力支持、社会认可、风险能否可控、环境影响、是否具有可操作性等因素。创新者需要在对这些因素进行综合分析和可行性研究基础上，确认该项目是否可以立项。比如，在我国计划经济时期，就不可能产生关于产品营销模式的创新项目，因当时的政治、经济、社会等各方面的因素决定不可能有这类模式的产生。

创新项目选择的可行性原则要求如下。其一，应根据项目内容和目标列出可行性相关影响因素，越详细越周密越好。其二，根据对其可行性影响因素研究分析的需要，进行充分调查研究，做好基础资料的收集工作，注意资料选取的全面性、重要性、客观性和连续性，资料越真实越全面越好。其三，对于收集的基础资料，要按照客观实际情况和项目需要进行分析研究。包括：国内外相关研究背景，是否涉及政治因素或政策方面的影响，是否具有相关科学理论和技术条件支撑，创新者或团队是否具备相关能力，财力物力条件是否具备，风险多大、是否可控，是否合法和符合当地社会道德规范，是否影响生态环境，是否具有可操作性，预计的时空范围是否可能完成，等等。论证评价应力图符合客观规律，如实反映客观实际。其四，在分析研究的基础上，得出项目是否可行的结论。结论必须明确，不能模棱两可。对于重大创新研究项目，需要按要求写出规范的可行性研究报告，并接受行业领域专家的评估。

三、选择创新项目的基本步骤

选择创新项目有多个步骤，其选择能力体现在各个步骤中。

1. 第一步，正确选择创新方向

正确选择创新方向就是准备从哪些领域的事物中选择创新项目。正确选择创新方向必须具备必要性和可行性。必要性是指适应经济社会发展或人的进步需要，预见的创新成果具有新颖性和价值性，如发现别人以前没有发现的新事物或某种规律性的东西，能够对自然或社会现象做出某种新的、合理的解释，其发明、创造或改进、更新确实是以前没有的或比以前的事物更优越更完美。假如选择的创新事物不具备新颖性和价值性，不能适应经济社会发展或人的进步的需要，就失去了必要性，那就选错了。可行性一方面要考虑客观条件，如时间、地点、资源、环境等要素，另一方面要考虑主观因素，具体来说，就是要根据实际回答三个问题：其一，最关注什么？其二，如果没有最关注的事物，那么最感兴趣的是什么？其三，如果最关注、最感兴趣的事物都不明显，那么最熟悉的事物是什么？这三个问题实质是表明选择创新方向或创新领域的主观三要素，选择时起码具备其中一个要素，最好是同时具备三个要素。假如你选择的项目这三个要素都不具备，那就选错了。如果一个人对相关知识一窍不通，就不具备上述主观方面的三个条件，因而选择方向就不会正确。

2. 第二步，项目初选

创新者应根据确定的创新方向或创新领域，预测新的社会需要和相关事物的新变化，挑战现实已有结论或习惯性认识，寻找并发现新现象、新矛盾、新问题，比如：有什么以往没有出现或人们没有关注的新现象？某方面已有的结论或认识是否已不能解释现实和变化的新情况？现在的物品在材料、构造、操作、功能、效率、质量等方面是否需要改进和完善？行业及经济社会发展对相关领域有什么新的需求？相较于现有事物（作品），用什么新的内容和形式满足社会不同层次不断增长的需求？面对诸如此类的问题，创新者应在充分思考的基础上将相关问题列举出来，广泛寻找创新对象，初步选出多个相关创新项目。

3. 第三步，项目筛选

在初选项目基础上，对照选择创新项目的价值性、科学性、可行性原则反复对比思考：以上初选项目分别准备达到什么创新目标，是否具有前沿性，其创新点是什么，是否具有创新价值，具体有哪些价值，有哪些不具有科学性？根据自身掌握的资源及可能争取创造的条件，哪些项目具有实现目标的可行性？应尽可能地征求同行、专业教师或行业领域专家的意见，在反复比较基础上，筛选出在必要性和可行性方面较突出，创新价值比较大的2～3个项目。

4. 第四步，项目精选

在以上筛选出的项目中反复比较，广泛收集资料，充分了解相关信息特别是国内外相关对象研究的前沿动态，结合自身实际充分论证，并进一步征求专家意见，在可能的情况下，尽量选择价值比较大的项目，用淘汰法最后择优确定创新项目。

以上四个步骤是基于创新项目选择的一般过程而言的。如前所述，创新项目因创新对象不同可分为很多种类。在创新实践中，对于那些一般性创新项目，人往往在平时知识积累及其创新阅历经验基础上较快选择确定，而不一定都按照这四个步骤。有的人可能经其中的两个或三个步骤即可确定适合自己的创新项目。因此，创新者应当在实践中灵活运用这些步骤和方法。

第二节　科技类创新项目的选择

科技类创新项目包括科学发现项目和技术发明项目。科学发现一般理解为在自然科学领域中对未知事物或规律的揭示，主要包括新的科学事实、科学规律的发现和新的科学理论的创立，其目的侧重于“探索未知”，主要解决“是什么”“为什么”的问题；技术发明是将成熟的自然科学理论研究成果转化为产品的活动。技术发明必须是具有应用价值的创新，侧重于“创制未有”，主要解决“怎么办”“产出什么”的问题。科技类创新项目的选择除了要严格遵循价值性、科学性和可行性等项目选择的一般原则外，还要具备其客观性、实证性、创制性、可直接转化为生产力等特点。所谓客观性，即这类创新项目应在客观自然界或人类生活的物质需要领域寻找；所谓实证性，即不管是科学发现还是技术发明，在项目选择时都应考虑该项目的科学性、价值性能否经受领域中各种事实验证；所谓创制性，即选择的技术发明项目必须是首创或改进性地制造出有形产品或工艺，具有可操作性；所谓直接转化为生产力，即指这类创新项目能够为单位、行业乃至全社会创造经济效益，创造出物质财富，促进社会的发展和人类进步。

一、案例引导

卢柯新发现的启示

20世纪80年代中期，中国的纳米技术研究刚刚起步。当时作为中国科学院金属研究所年轻研究员的卢柯，一直为寻找其研究领域的创新突破口而苦苦思考。在一次国际学术会议上他敏感地意识到，纳米材料是一个新的领域，它的出现将会给人类社会带来巨大的变化。于是，卢柯开始潜心研究纳米技术。

英国科学家发现：材料晶粒越小硬度越高，硬度和晶粒大小有一个对应关系。按照这个结论，当材料为纳米晶粒时，它的硬度会更高。

卢柯大胆地对这个结论提出了怀疑。经过反复实验，他发现，当材料达到纳米晶粒时，硬度不但不再提高，反而会下降。这个开创性的研究成果突破了以往的传统观点和理论框架，将纳米材料的研究推向了一个新的高度。

熔化是自然界最常见的一种现象。无论是金、银、铜，还是铁、铅、铝，超过了它们的熔点就会变成液体。这似乎是一个颠扑不破的真理。随着微电子器件的小型化、高集成化，金属连接线的厚度和线宽已进入纳米尺度，而在电子器件的使用中不可避免地会带来温度的升高，纳米级金属颗粒或薄膜的熔化温度普遍低于相应块状材料的平衡熔点，并随颗粒直径或薄膜厚度的减小而显著下降。于是，提高纳米金属材料的热稳定性便成为一个亟待解决的问题。

1997年年初，卢柯提出了一个大胆的假设：纳米金属会不会超过了熔点仍不会熔化？这种假设似乎与传统理论背道而驰。

为了论证纳米金属有无过热现象，卢柯开始了实验。他的实验是从铅开始的。他利用叠层轧制的方法制备出夹在铅中的纳米铅薄膜样品，反复进行熔化实验。可是，一次次实验结果都令人失望，一到熔点，铅薄膜就熔化了。经过分析后，卢柯认为问题出在样品上，经过一次次改进，铅薄膜样品的单层厚度达到了纳米量级。一年过去了，两年过去了，实验一直没有中断。

1999年6月的一天，卢柯在实验中惊喜地发现，超过熔点后，仍有一小部分固体铅薄膜存在。这个发现令他激动不已。经过反复实验证实，这种现象是可重复的。

可是，科学家只承认不断重复的现象和对这种现象令人信服的理论说明。卢柯必须为这一发现建立起新的理论框架。就在这时，卢柯应邀去德国进行学术访问。在飞往德国的飞机上，他一刻也没有停止思考，一个说明这个现象的理论框架渐渐清晰起来，他迅速拿起纸和笔描绘出说明这种现象的模型。

纳米金属薄膜过热现象的发现，突破了传统理论对过热现象的认识，对理解低维材料的熔化及过热机制具有极其重要的价值，为提高纳米材料的热稳定性开辟了新的途径。

卢柯一次次地成为新理论的创造者。他还创造性地提出了过热晶体熔化的

“均匀形核突变”模型，建立了固体熔点的动力学极限理论，提出了非晶体合金晶化的新微观机制。这些在该领域具有开创性的研究成果极大地丰富和完善了非平衡相变过程动力学理论，对纳米材料的研究和发展起到了积极的推动作用。

卢柯认为，要创新，选题至关重要。关于“究竟什么才是好问题”，卢柯总结为两类：第一类好问题是在某个领域里大家公认的解决不了的重大科学难题，如数学领域的“哥德巴赫猜想”。材料的强度和导电性是鱼和熊掌的关系，导电性好的材料强度往往低，强度提高，导电性就要损失，如果你能做出来一种材料，强度提高的同时不损失导电性，这就是一个挑战性强的好问题。第二类好问题是能对工业发展起到推动作用的问题。材料学是一门应用学科，它的最终目的是工业应用。我们要看“创新”是不是对这个学科有所推动，对生产力发展有所推动。卢柯曾谈及引导他科研选题的两个重要因素。一是“需要”。中国工业化的进程对材料学科提出了许多严峻的、亟待解决的问题。面临资源减少、原材料价格上涨、环境污染等问题，如果不发展更先进的材料，中国工业化的成本将惊人的巨大。二是“兴趣”。他对材料科学一直保持着纯粹的、浓厚的兴趣。卢柯说他的一系列重大发现都是在“破铜烂铁”里找到的。他在发现中品尝到研究的乐趣，不断地发现，不断地受到鼓舞。①

这一创新案例在项目选择与再选择方面给了我们如下启示。

其一，时时洞察经济社会发展需要，对创新保存兴趣，在需要和兴趣的结合处寻找创新项目。卢柯在华东工程学院机械系攻读的是金属材料与热处理专业，毕业后在中国科学院金属研究所攻读金属材料及热处理专业并相继获得硕士、博士学位，对材料科学一直保持着纯粹的、浓厚的兴趣。在攻读博士学位时，卢柯就对非晶态金属的晶化动力学及其微观机制进行了深入研究，并关注中国工业化进程对材料学科提出的问题。博士毕业后留所工作，卢柯将研究目光转向在国际上刚刚兴起的纳米材料。

其二，长期关注、思考才能获得机会。“机会只青睐有准备的人。”卢柯在做博士论文的时候，就开始关注纳米材料领域研究的新动向，一直为寻找该领域的创新突破口而苦苦思考。正是这种“苦苦思考”，使他在国际学术会议上一接触相关信息就敏感地意识到其新颖性和重大价值，进而在博士论文基础上，他独辟蹊径地在国际上提出了一种制备纳米金属的新方法——非晶完全晶化法。论文在美国权威学术刊物发表后被大量引用。

其三，敢于挑战权威，在实证基础上大胆突破就能找到创新点。科学不相信权威，只相信真相。没有卢柯大胆地对英国科学家关于材料晶粒大小与硬度关系结论的怀疑，并反复实验，就不可能突破以往的传统观点和理论框架，将纳米材

① 卢柯 2003 年当选中国科学院院士，2005 年当选德国国家科学院院士，2018 年当选美国国家工程院院士。

料的研究推向了一个新的高度。

其四，大胆进行科学假设，往往能找到创新突破口。正是卢柯基于对金属熔化传统认识的突破，提出了纳米金属超过了熔点可能仍不会熔化的大胆假设，使他为提高纳米材料的热稳定性开辟了新的途径。

其五，在已有创新基础上向深度和广度开拓，更容易找到新的创新项目。卢柯在已有的创新研究基础上深入进行“均匀形核突变”模型、金属材料表面纳米化、纳米孪晶等一系列研究，使他一次次地成为新理论的创造者。

二、方法训练

训练是提升能力的根本途径。科技类创新项目的选择方法很多，在这里，我们对几种常用的方法进行训练。这些方法相互联系，有时相互交叉，训练时可分开使用，在创新项目选择实践中可综合采用。

（一）从社会需要中寻找和选择创新项目

【提示】

社会需求是创新之母。人类历史上的科技创新成果无不来源于社会需要。李跃滋教授说，一次构思的产生就是发现各种客观需要和得到技术解决办法两者的结合。满足人和社会发展进步的需要是创新的直接动因。科技类创新成果具有直接满足某种社会需要，影响和推动社会经济和文化发展的特点，因而，寻找和选择科技创新项目首先要面向社会需求。例如，18 世纪，天花已成为可怕的瘟疫在整个欧洲蔓延着，在英国几乎每个人都可能传染上这种病，每年死去的人很多，医学界都在寻找其治疗办法。英国医生爱德华·詹纳从伦敦回到家乡，多年的乡村行医的经历使他注意到，乡村里的牛身上的疱疹类似天花病，那些挤奶女工在接触到牛身上的疱疹时受到感染，身上也会长出小一些的疱疹，这就是牛痘。而感染过牛痘的人都不曾被传染上天花。他因此潜心研究，用各种动物做试验，发明了通过接种牛痘疫苗防止天花的方法，被称为免疫学之父，为后人的研究打开了通道。

从社会需要中寻找和选择创新项目首先要了解社会需求，在此基础上选择创新领域，确定创新方向，然后再进行初选、筛选和精选。了解社会需求的途径除了人通过自身直接经历去感悟和体会外，更重要的是在媒体、社会中寻找信息，善于学习，勤于思考。

【训练】

结合自己最关注、最感兴趣或最熟悉（所学专业、课程）的领域，列举：

（1）当今人类社会在相关领域面临哪些挑战？

（2）我国在科技领域需要在哪些方面进一步赶超发达国家？

（3）试预见行业及经济社会发展（包括企事业单位）对相关领域有哪些新的

需求?

(4) 你关注的某种现成物品在材料、构造、功能、成本、效率、质量等方面需要哪些改进和完善?

(5) 你熟悉的某种技术在理论、方法、程序、操作、精准度等方面需要哪些改进和完善?

(6) 在你了解的信息中，哪些地区或企事业单位有哪些你感兴趣的科技类招标项目（课题)?

(二) 从矛盾及问题中寻找和选择创新项目

【提示】

发现矛盾及问题，如人类在认识世界和改造世界中所发现的矛盾和面临的重大问题，现有理论知识和传统认识与新现象、新事物、新需要之间的矛盾等，是打开创新之门的钥匙。科学技术的创新突破往往基于传统认识（理论）及现有技术与新现象、新事物、新需要之间的矛盾。

从矛盾及问题中寻找和选择创新项目，首先要善于发现矛盾或问题。在相关矛盾及问题基础上建立科学假说，是选择科技类创新项目的重要方法之一。例如，在澳大利亚某些地方的羊群患上一种神经性疾病，原因多年不明。贝内茨根据某种理论怀疑该病是铅中毒所致。为了证实这种假说，他用铅的抗毒剂氯化铵来治疗羊群。第一次试验效果很好，但是后来的试验却不成功。这使他想到该疾病可能是缺少某种矿物质所致，而这种矿物质很可能少量存在于第一次使用的氯化铵中。贝内茨根据这个线索进一步研究，很快就证实该疾病是由缺铜所致，而过去人们还不知道牲畜会因缺铜而患上疾病。假说在上述问题研究中起了重要的作用。尽管起初的假说是错误的，但它却大大启发了研究思路，并将科学发现的路径引向正确的坦途。各门科学在创新和发展中，都曾提出过一定的科学假说。在天文学中，康德、拉普拉斯提出了太阳系起源的星云假说；在地质学中，李四光提出了地质力学的假说；在物理学中，有关于原子结构各种模型的假说；在化学中，有关于元素周期性变化的假说；在生物学中，有关于生物遗传和变异的假说；等等。这些假说都是根据已知的科学原理对未知的自然现象及新事物所作的假定性的解释。提出假说以后，需要进行科学的验证。验证的结果可能证实原有假说，也可能使原假说面临被否定的命运，但无论哪种结果，假说的提出本身都是有益的。

【训练】

(1) 列举出你所见的与以往认识不同或从没见过的新现象、新事物。

(2) 根据你现有的相关理论知识和传统认识，将其与你所见新现象、新事物、新需要之间的矛盾及问题列举出来。

(3) 结合所学专业，列举出你在学习中发现的或别人（老师）发现的矛盾和问题。

(4) 根据新事物、新现象与现成理论、传统认识之间的矛盾，以及其与现存事物关系，尝试提出某种新事物存在的假说（预言和预见）。

(5) 仿照地球图形和大陆漂移、苹果落地与万有引力、物种演变与进化论等假说，观察和思考自然界经常反复出现的现象，尝试提出对某种事物的属性、状态、因果关系的推测假说。

（三）从学科专业和技术前沿中寻找和选择创新项目

【提示】

从学科专业和技术前沿中寻找和选择项目是比较快捷有效的方法。获取学科专业和技术前沿信息的主要途径有如下几种。

一是在大学课堂和相关专业教师（导师）那里获得。大学课堂上专业教师在系统讲述相关学科专业理论知识时，一般都会介绍学科专业的前沿动态和问题，以拓展学生知识视野，启发学生思考。很多院校为本科生或研究生配备了专业导师，他们也会适时给学生讲述相关学科专业的前沿问题。

二是通过研读专著或学术论文了解。学科专业方面的专著特别是名著对相关问题的揭示和论述一般具有相当的广度和深度，从中可以发现相关前沿信息。同时，一些有影响的专业学术期刊都会刊发反映前沿问题的学术论文，特别是国际国内一些科技类权威学术期刊，从中可较快捷地了解相关前沿信息。

三是可在相关学术或行业组织（学会、协会）召开的研讨会议、相关学术动态资料及招标课题中获得。例如，2018 年第三届中国创新挑战赛承办机构科技部火炬中心公布了 1315 项技术创新需求。

四是在国家部委及省市相关部门官网的招标课题中获得。例如，自然科学基金委、科技、能源、交通、航天、信息等部门的网站，一定时期都会根据经济社会发展需要发布一些招标项目（课题），并附有项目（课题）指南。可在认真研读相关文件要求和指南基础上，根据自身条件选择申报创新项目。

五是了解被学界公认的具有世界级意义的前沿问题或难题。例如，在数学领域，2000 年年初美国克雷数学研究所的科学顾问委员会选定了世界七大数学难题，亦称七个“千年大奖问题”，包括 NP 完全问题、霍奇猜想、庞加莱猜想、黎曼假设、杨-米尔斯存在性和质量缺口、纳维-斯托克斯方程、BSD 猜想。在物理学领域，2000 年 7 月，一批物理学家聚集在美国加利福尼亚大学圣塔芭芭拉分校，在弦理论学术会议结束后，挑选出在新的千年中需要思考的 10 大顶级物理难题，包括：表达物理世界特征的所有（可测量的）无量纲参数原则上是否都可以推算，或者是否存在一些仅取决于历史或量子力学偶发事件的无法推算的参数？量子引力如何帮助人们解释宇宙起源？质子寿命有多长，如何理解？自然界是超对称的吗，若是，超对称是如何破灭的？为什么宇宙表现为一个时间维度和三个空间维度？为什么宇宙常数有其自身数值，是否为零或恒定？M理论的基本自由度是多少，该理论是否真实地描述了自然？黑洞信息悖论的解决方法是什么？何种物理学能够解释基本粒子的引力与基本粒子的典型质量之间的巨大差距？我们能否定量地理解量子色动力学中的夸克和胶子约束以及质量差距的存在？《科学》（*Science*）期刊2018年公布了125个最具挑战性的科学问题。其中涉及生命科学的问题占46%，关系宇宙和地球的问题占16%，与物质科学相关的问题占14%以上，认知科学问题占9%。其余问题分别涉及数学与计算机科学、政治与经济、能源、环境和人口等。他们认为，在今后四分之一个世纪里，人们将致力于研究解决这些问题。

【训练】

（1）根据自己所学专业，将平时阅读的相关专著和学术论文中了解到的前沿问题列举出来。

（2）将课堂上专业教师或导师介绍的学科专业前沿问题列举出来。

（3）根据所学专业，收集查阅相关学术或行业组织（学会、协会）召开的研讨会议、相关学术动态资料及其招标课题，将其中感兴趣的前沿问题列举出来。

（4）根据所学专业，查询政府（相关国家部、委、省市相关部门）网站的招标课题，将其中感兴趣的课题列举出来。

（5）将与自己所学专业相关的被学界公认的有待研究解决的世界级前沿问题或难题列举出来。

（四）从日常生活和社会实践中寻找和选择创新项目

【提示】

创新与每个人的日常生活和社会实践紧密联系。只要做一个有心人，随时随地都可以激发创新灵感，产生创新思路。特别是一般性创新项目，多是为了解决人们在日常生活和社会实践中遇到的实际问题。一些重大创新项目也来源于人们日常生活和社会实践，例如，牛顿从苹果落地的日常现象中受到启发进而探索发现万有引力；华罗庚受泡茶、烙饼等生活问题的启发进而研究提出了数学中的“优选法”理论，并在此基础上形成了数学中一门应用性很强的分支——运筹学；鲁班发明锯子；瓦特发明蒸汽机；等等。通俗科普读物《十万个为什么》中的绝大部分问题都来源于人们的日常生活和社会实践。人们日常吃穿住行等物质生活与精神生活催生了相关产品如交通工具、网络交流工具等的重大创新。

【训练】

（1）联系日常生活及社会实践，列举你觉得以前没有见过或人们没有关注的自然现象。

(2) 联系自己和周围人群的衣食住行，将你觉得需要改进或需要创造的新东西列举出来。

衣：材料、样式、颜色、制作、保存、工具……（向着方便、美观、别致、质量、经济等方向思考）

食：食材、佐料、制作、工具、保存……（向着营养、卫生、方便、美味、经济、环保等方向思考）

住：空间、形式、结构、材料、建造、维护……（向着实用、便捷、舒适、美观、安全、经济、环保等方向思考）

行：形态、结构、材料、制作、工具、维护……（向着方便、快捷、舒适、安全、质量、经济、环保等方向思考）

(3) 联系你的日常生活用具，将你觉得需要改进或需要创造的新东西列举出来，如某产品的材料、功能、质量、使用寿命等，以及最需要而市场买不到的物品。

(4) 联系幼儿园、中小学、大学及社会教育，将你觉得需要改进或需要创造的新东西列举出来，如学习用具、学习方法、学习效果评价……（向着方便、便捷、实效、提高学习效率等方向思考）

(5) 联系工作岗位或创业理想，将你觉得需要改进或需要创造的新东西列举出来，如用品、工具、工艺、方法、材料、成本、效率、环境……

(6) 联系你生活、工作的生态环境，将你觉得需要改变的东西列举出来，如空气、阳光、温度、声音、水、土、动植物、垃圾……

(7) 联系你的信息生活，将你觉得需要改变或需要创造的新东西列举出来，如手机、电脑、网络、数据库……

(8) 联系你和周围人群的社交及娱乐需要，将你觉得需要改变或需要创造的新东西列举出来，如设施、设备、场所、环境、工艺、技术、方式（电视、电影、游戏、音乐、舞蹈等）……

(9) 联系你及周围人群的身心健康需要，将你觉得需要改变或需要创造的新东西列举出来。

(10) 联系日常生活及社会实践，将你觉得可能预见的自然现象或其他需要改进和创造的东西列举出来。

三、训练要求

为了提高创新项目选择能力的培养效果，实现培养目标，在进行以上四种选题方法的训练时，还必须满足下列要求。

(1) 保持对新事物、新现象的高度敏感性。基于以上训练项目的引导，平时要细致观察，勤于思考，经常关注相关信息，收集资料，做个有心人。

（2）具有强烈的问题意识。在以上训练项目的引导下，养成遇事作前后、内外、现实和未来的对比思考并从中寻找矛盾和问题的习惯，培养在一定事实或理论依据基础上作各种预测和假说的兴趣。

（3）采取日积月累法，随时随地做好观察和思考笔记。以上四个方面训练所要求列举的问题不可能在一次或一节课中都列举出来，需要在平时的日常学习、生活和社会实践中随时随地列举并做好笔记，隔段时间（每周或每月）进行整理。

（4）突出重点。以上要求列举的问题不可能面面俱到，应从自己最关注、最感兴趣、最熟悉的问题入手，聚焦热点，突出重点。可独立列举，也可在小组讨论中列举。

（5）在广泛列举基础上，根据价值性、科学性、可行性原则，采取淘汰法筛选、优选和精选，在精选基础上确定创新项目。

（6）积极准备参与小组和班级竞赛。小组竞赛要求每个学生宣讲自己参赛的创新项目，参与者相互点评，并在此基础上推选优秀者参与班级竞赛。班级竞赛在参赛者宣讲后应有教师点评，与会学生和评委共同打分，在此基础上选出优胜者参与学院或学校相关竞赛。竞赛和点评可为学生提供展示和交流的平台，有利于检验其选择的创新项目，引导和促进他们相互学习，相互启发，是提高学生创新项目选择能力的重要措施。

第三节 经济与管理类创新项目的选择

经济与管理类创新项目十分广泛，主要包括经济理论创新、经济体制创新、管理制度创新、金融模式创新等。经济与管理类创新项目的选择往往与创业紧密联系。

一、案例引导

华为的制胜法宝

1987年，43岁的退役解放军团级干部任正非，与几个志同道合的中年人，以凑来的2万元人民币创立了华为公司。当时可能谁都没有想到，这家诞生在一间破旧厂房里的小公司，将改写中国乃至世界通信制造业的历史。2009年华为全球销售收入1491亿元人民币，进入世界500强，从2万元资金起步到世界500强，华为只用了22年。在2020年美国《财富》杂志发布的世界500强名单中，华为排名第49位。在2020年中国民营企业500强中排名第一。现在华为的产品和解决方案已经应用于全球170多个国家和地区，服务全球30多亿的人口。

在激烈的国际竞争中，华为的制胜法宝是不断创新，华为创新走的是一条从跟踪开发到领先开发之路。在华为发展的前期，其技术研发以跟踪开发为主，通过学习、借鉴别人已经成熟的技术，以节约产品成本，提高竞争力。随着华为的发展，在技术上拉近了与国际先进水平的差距，进而成为发达国家封锁和打压的对象。跟踪型的研发之路走不通了，华为要在国际竞争中取得优势，不能不走领先型研发之路。为了打破欧美跨国公司对高附加值的高科技产品的垄断，华为在技术研发中坚持高起点，始终瞄准业内尖端、前沿、最有市场的产品，努力与国际跨国公司站在同一起跑线上。比如，华为在3G上的倾尽全力曾经招致过“战略失误”的嘲笑，但他们始终认定：“传统产品的市场格局很难改变，我们只能在新增市场上争夺一席之地。”整整10个春秋，华为在3G研发上累计投入超过50亿元人民币，投入研发人员近6000人，在美国、瑞典、印度和俄罗斯等国设立了多个研发中心。他们的奋力追赶终于有了可观的回报，华为已拥有2700多项3G专利，其中94%为发明专利。由于掌握了核心技术，华为用了很短的时间，就在荷兰、美国、阿联酋、马来西亚等地部署了11个3G商用网络，并于2012年4月底入选英国电信公司未来5年优先供应商，第一次站到了由爱立信、思科、西门子等7家跨国巨头组成的顶级供应商行列。

企业创新的目的是要产生有市场竞争力的技术和产品。需求是技术创新之母，技术创新必须符合用户需要，创新产品必须具有市场价值。这就要求创新者必须有较强的市场洞察力，超前把握市场与用户的潜在需求，这是创新成功的关键。例如，华为的CDMA开发进程就是严格按照集成产品开发的计划进行的，这使得华为CDMA1X产品的开发、测试、生产和市场发布都有条不紊、不急不躁，确保了华为的CDMA1X系统一经推出就达到了商用化的水平。

华为在坚持以我为主、自主研发的前提下，通过合资、合作，和英特尔联合向中国运营商及其他国家运营商推出3G混合组网解决方案；华为和西门子共同组建一家合资公司，专注于3G技术及产品的开发、生产、销售和服务；华为推出的3G手机就是与英飞凌、高通等知名厂商合作研发的产物；华为公司还与高通公司形成了战略伙伴关系，双方在解决方案、业务、系统芯片、终端芯片方面开展了紧密合作。2018年2月，华为完成首次5G通话测试，已开始筹划6G技术的开发。

可以说，华为已是世界级的中国企业，也是最受尊敬的公司。而这一切，都来自华为每年都投入超过销售收入10%的资金做研发，其中47%以上的员工为研发人员。同时，华为不断进行管理创新、制度创新、营销创新等。创新是这个企业的灵魂，也是其成功的法宝。

二、方法训练

经济与管理类创新项目主要从市场需求中，从现有经济理论与经济社会发展的矛盾中，从现存经济体制、管理制度、金融模式、经营理念、经营模式、营销模式、产品服务等出现的问题及其与经济社会发展新需要的矛盾中去寻找和选择。具体方法主要有以下几种。

（一）从市场需求中寻找和选择创新项目

【提示】

经济与管理类创新项目往往与创业紧密相连，需要从市场需求中去寻找。人民群众日益增长的物质和文化需要是经济与管理类创新项目的不竭源泉，市场需求是人们寻找和选择经济与管理类创新项目的根本途径。从市场需求中去寻找和选择经济与管理类创新项目的途径和方法很多，主要应把握如下几点。

（1）关注国家和世界经济社会发展的大趋势或需要解决的重大问题。就当今中国经济来说，可关注以创新知识密集产业和绿色技术产业作为重点的科技创新和产业创新互动结合的趋势。就人类命运来说，可关注人口、贫困、环保、资源、癌症、自然灾害等人类可持续发展面临的重大挑战。

（2）善于洞察关注市场痛点，在其中选择创新、创业的热点，如新材料、新能源、新技术等为人们吃穿住行等方面带来的新变化、新需求，或制约某地方某行业发展的瓶颈。

（3）关注微观市场需求，善于在细分市场中寻找冷门，在多数人常规思维不注意或不敢为的地方寻找创新、创业契机。如在改革开放初期，武汉汉正街很多商人看准广大边远城镇和农村对小商品的需要而做起批发生意，成就一番事业。当今世界广大欠发达地区对某些产品和服务的需要同样为有志创新、创业的人提供了机遇。这样的例子举不胜举。

（4）关注国际国内形势，在一些重大事件中，寻找需要，寻找提供需要可能性的点，发现经济创新契机。如在“一带一路”倡议的背景下，国内外很多企业和商家抓住机遇，从市场需求中寻找和选择创新、创业项目，获得快速发展。

（5）在与高科技相结合的市场需求中关注和寻找创新项目。与高科技相结合的市场需求成为当今社会经济发展的常态，因而成为选择经济与管理类创新项目的热点。例如，中国5G技术和“互联网＋”医疗、电子商务、远程教育等。当今中国很多人拥有多于一部的移动设备，即使在边远地区，手机也有一定普及率。随着5G时代的到来，移动通信介入经济社会生活的形式将更加多样，发展会更加迅猛。

（6）善于在已有行业和项目的跨界中寻找创新项目拓展市场。跨界是未来发展的一个重要趋势，如共享单车跨界把自行车行业搞火了。有的城市开展了养老行业的跨界整合试点，取得了非常好的效果。有的养老院把院里多余的房间以超低价租给当地大学生，但要求大学生们每个月至少要花30个小时陪伴这里的老人，从而实现了双赢。有的将养老院和幼儿园开在了一起，组成“代际学习中心”，每个星期向孩子们开放5天，孩子们走进养老院后，给老人们的生活带来了翻天覆地的变化，同时也让小朋友从老人那里收获了真心付出的爱，受到教育。

【训练】

结合自己所学专业、课程或最关注、最感兴趣的领域，在广泛收集整理相关资料或社会调查基础上，将以下问题列举出来。

（1）当今中国及世界经济社会发展的大趋势有哪些？

（2）人类在经济社会可持续发展方面面临哪些挑战？

（3）你觉得制约你所在地区发展或你关注的行业发展的关键因素有哪些？

（4）互联网、人工智能等高科技对人们的吃穿住行及经济活动会带来哪些新变化、新需求？

（5）你觉得当今社会存在哪些多数人常规思维不注意或不敢为的商机？

（6）你自己或你的亲人有哪些现实需要？可预见的将来有哪些需要？

（7）你所在的地区以及国家当前和今后一段时期经济社会发展需要解决的重点和热点问题是什么？

（8）随着5G时代的到来，社会生产和人们的生活会产生什么新的市场需求？

（9）中国人的创新和创业足迹已遍布世界各地，这给了你哪些创新、创业的启发？

（10）你觉得经济全球化会带来哪些商机？

（二）从经济活动的问题中寻找和选择创新项目

【提示】

人们总是生活在一定的经济关系中，能够直接感受和体会一些经济活动的问题。比如，现行经济体制能否调动积极性，能否处理协调各种经济关系，有哪些方面需要改革？你所熟悉或与你关联的生产、交换、分配、消费等领域是否存在不合理的地方，其经营模式、管理制度、金融模式、营销模式、产品服务等存在什么问题，哪些方面需要改进和完善？这些问题与每个人及社会经济生活息息相关，只要用心观察和感受、体会和思考，就不难找到相关创新项目。国内外工商界的创业成功者所选择的创新项目，无不从社会经济生活和自身经营活动的问题中不断创新发展而来。华为创始人任正非1987年在深圳成立了华为公司，开始做交换机产品的贸易生意时，他发现此时国内在程控交换机技术上基本是空白，并敏感地意识到这个问题的重要性，将华为的所有资金投入研制中。后来任正非走访了美国IBM等一批著名高科技公司，所见所闻让他大为震撼，他清晰地看到了华为与这些国际巨头的差距，提出学习西方经验，反思自身，提升内部管理。他同时发现，欧洲企业普遍反应较慢，用户提出一个修改建议，他们往往要一年甚至一年半才能改进。于是华为以快制慢，只要用户有需求，必须高效完成任务。快速反应成为华为的竞争优势之一。纵观经济与管理领域的发展历程，企业管理领域从皮鞭式监督、利益式捆绑到形成企业共同价值观的文化自觉，营销领域从零售、批发、直销到期货、电商等，都是从发现和解决经济活动过程中的问题基础上不断创新发展而来的。

【训练】

根据以下问题列举：

(1) 在你的经济社会生活经历中，哪些地方容易挫伤你或他人的积极性？

(2) 你所熟悉或与你关联的相关管理制度中哪些地方不合理？

(3) 你熟悉或关注的某种商品，其营销模式存在什么问题？

(4) 结合你或你熟悉的人的创业实践，分析其经营方式存在什么问题。

(5) 如何改变某行业的收入分配，使之较现在更合理？

(6) 结合你或你熟悉的人们的生活，谈一谈什么商品使你最烦心，急需商家在哪些方面改善服务。

(7) 应该如何限制或阻止社会上的一些不理智、不适当消费（如吸烟、酗酒、超前极端高消费等）？

(8) 现代银行、股市等管理制度或运行方式存在什么问题？

(9) 从已读过的经济理论专著、教材、论文中发现问题：哪些已有经济理论与现实有矛盾？

(10) 在充分调查研究，了解相关跨国公司、大型企业集团的运行制度、机制基础上，谈一谈如何通过 WTO 等国际组织，建立和维护合理的国际经济和金融秩序。

（三）从政府资助项目或学术团体研究课题中寻找和选择创新项目

【提示】

这种方法主要适用于经济理论和应用研究方面的创新项目选择。我国政府十分重视包括经济类项目在内的人文社科领域的科研，国家相关部门及各省市在一定时期都会基于国家和地区经济社会发展的重要和热点问题设立很多经济类科研资助项目，如国家社科基金项目、各省市社科联发布的年度经济社会热点课题、各省市党委宣传部发布的资助基金课题、各省市科技厅或科技局发布的人文社科软课题、各省市教育部门发布的经济类教育教学改革课题等。同时，国内外一些大学、科研机构和经济类学术团体组织也会在一定时期发布一些研究项目（课题）。此外，一些地方政府或企事业单位为解决发展中出现的问题而设置了一些经济开发和研发的招标项目，研究者可根据自己的研究方向或具备的理论知识，选择感兴趣的项目，也可根据这些项目、课题的研究指南，从经济理论专著、教材、论文中发现问题，从已有经济理论与现实的矛盾中寻找创新项目，自拟研究课题申报。

【训练】

(1) 查阅你家乡或学习、工作所在市、区（县）政府网站，将有关经济开发和研发的招标项目列举出来，看看哪些是自己关注或熟悉的。

（2）查阅国家社科基金项目相关的网站，将其近两年经济类项目中自己所关注或熟悉的项目列举出来。

（3）查阅国家相关部委网站，将其近两年内发布的有关经济类研究招标项目中自己所关注或熟悉的课题列举出来。

（4）查阅相关省市社科联、宣传部门、发改委、教育行政部门等近两年经济类的基金资助课题，将自己关注或熟悉的课题列举出来。

（5）在专业教师指导下，了解国际国内经济类学术团体的动态，查阅其近两年设立的研究课题，将自己所关注或熟悉的课题列举出来。

（6）查阅所处城市高校网站，将经济类招标研究课题中自己所关注或熟悉的课题列举出来。

（7）在你了解的信息中，哪些地区或企事业单位有哪些你感兴趣的经济类招标项目（课题），将其列举出来。

三、训练要求

（1）养成问题思维习惯，在日常经济生活中随时发现问题和社会需要，及时记录并思考、分析、整理，不断积累。

（2）对以上三种训练中列举的问题不必面面俱到，可选择自己关注或熟悉的领域，在求真务实基础上创新思维，可独立列举，也可组织相关“头脑风暴”活动相互启发，找出10个左右问题或需要。

（3）基于问题和需要的引导，积极开展市场调查和市场分析，通过图书馆、互联网数据库等，尽可能收集相关资料，去粗取精、去伪存真，使提出的问题持之有据，有的放矢。

（4）从政府资助项目或学术团体研究课题中去找项目时，一是要有思想准备，长期积累、锲而不舍。一开始没有一定的研究基础和学术积淀，申报资助项目往往难以成功。要保持对经济热点、重点问题的敏感度，长期关注某一领域，根据自身专业特长和学术资源（导师）优势，确定一个大致的研究方向，平时朝着这个方向多研究、多积累资料，以夯实成功申报的基础。二是要注意及时获取课题申报信息，认真阅读课题申请文件，特别是课题指南，尽量从指南当中选题，也可根据指南提示的方向，从已有经济理论与现实的矛盾中寻找创新项目，自拟研究课题申报。选题应小而具体，新颖而有深度，要具有一定的学术研究价值或现实意义。要从相关课题部门了解以往做过的科研课题，从中国知网等数据库搜集相关已有的研究成果，尽可能了解研究现状。三是要严格按照相关申请文件以及课题申请表的格式和要求撰写课题申请表，内容尽量简洁有力，思路清晰，逻辑性强，语句通顺简明。内容应多角度思考，充分表达自己对本课题的认识和理解，做到问题清晰，观点明确，研究和解决问题的办法科学可行。四是要积极主动参与其他老师的各级别的课题研究，积累科研经验、创造科研条件，为自己成功申报积累资源，打下基础。

（5）在充分列举基础上，根据价值性、科学性、可行性原则，采取淘汰法筛选、优选和精选。在精选基础上确定拟创新项目，积极准备参与小组和班级竞赛。

第四节 艺术类创新项目的选择

艺术创新是指对文学艺术理论及特定对象的艺术创作内容、手段和方法进行改进和革新，从而形成新的理论观点，创作出新的作品，以至真至善至美地反映社会生活，表现作者的思想感情，满足社会不断增长的文化生活需要，引领和促进人类文化的发展进步。艺术创新涵盖造型艺术、语言艺术、表演艺术、综合艺术等大多数领域，既包括形式、内容、手段、方法、工具、材料等方面的创新，也包括艺术理论创新。

一、案例引导

【案例】

“敦煌重生”音乐会

2018 年 9 月，腾讯、QQ 音乐联合敦煌研究院和上海音乐学院，在莫高窟景区内共同策划举办了一场敦煌古乐重生音乐会，音乐会以描绘大唐盛景的 5 幅壁画及敦煌古乐谱《敦煌廿咏》为灵感源泉，将敦煌古乐与现代流行元素结合，凤首阮、箜篌和擔鼓等敦煌壁画中的乐器被复原，《倾杯乐》《又慢曲子》和《西江月》等敦煌古曲再度回响，让敦煌古乐以当下流行的姿态重现在大众眼前。现场 1100 多位观众和通过直播远程观看的 1000 多万外地用户共同享受了这场音乐盛宴。音乐会先后吸引了超过 1.4 亿人关注，引起上百万讨论，在网上频频收获好评，无数受众通过它感受到了千年前敦煌的繁华盛景，感受到了文化传统和创新的魅力。在此基础上，维也纳市政府、中国敦煌研究院、上海音乐学院和奥地利奥中文化交流协会联合主办了“2019 年维也纳中国新年音乐会”，以“千年敦煌古乐奏响音乐之都维也纳”为主题，精彩呈现千年敦煌石窟壁画中的古乐器、唐代古乐、敦煌服饰以及中国经典民乐，以一场浓郁中国敦煌风为新中国成立 70 周年献上一份贺礼。

支撑这场演出的，是敦煌研究院和上海音乐学院科研人员对古乐乐谱多年的翻译与研究，是很多音乐人对古乐的演绎和再创作，是普通大众的在场和在线参与，以及腾讯为此推出的众多文化保护和文化创新项目，包括数字供养人计划、古乐创作大赛和“王者荣耀”飞天皮肤制作等。上海民族乐器一厂从 2013 年开始，仿制了敦煌古乐器 60 余种，包括箜篌、羯鼓、筚篥、方响、花瓣二胡、凤首阮、瑟、雷公鼓、排箫等（这些乐器的制作技艺载入了《第三批国家级非物质文化遗产名录》)。自2017年年底腾讯与敦煌研究院签订战略合作协议，携手启动“数字供养人”计划以来，QQ音乐作为其中音乐版块的重要参与平台，致力于敦煌音乐文化的活化与创新，使其以全新面貌向全社会展现。

“敦煌重生”音乐会给予我们如下启示。

(1) 在对优秀传统文化的传承中，结合时代特征和社会不断增长的文化需要寻找创新项目。任何艺术创新都离不开对优秀传统文化艺术的传承，都或多或少地保存延续着某种传统文化艺术的“基因”。敦煌文化不仅仅是简单的“文化通道”和“丝路枢纽”，而且是中华文脉的体现。除了那些精美绝伦的雕塑和宗教题材的壁画外，敦煌还是国内其他地区难以比拟的一个大型的“非物质文化遗产基因库”，那里有记录于佛教洞窟壁画和经卷中的大量“非遗”资源，如民间传说、民俗、节日、游戏、音乐、舞蹈和手工制作等。仅敦煌壁画中就绘有古乐器6300余件，70余类，可见其“基因”之丰富。中华民族进入今天的盛世，迫切需要复活这些文化艺术基因，再现和发展昔日的辉煌。“敦煌重生”音乐会正是其策划者和创意者在传承中吸收其精华的产物，是切合社会不断增长的文化需要，将敦煌文化结合时代特征予以艺术再造的创新项目。

(2) 在艺术灵感中寻找创新项目。艺术创新离不开艺术灵感。“敦煌重生”音乐会的策划者和创意者无不多次或长期在敦煌体验生活，在博大精深的敦煌文化中感受思维、情感的震撼和激荡，从中寻找艺术灵感。如何使优秀传统艺术在新时代发扬光大？如何使敦煌壁画的平面艺术立体化、绘画形态音乐化、静态艺术动感化？如何进一步放大、传播敦煌艺术的辉煌和震撼，让全国乃至世界人民得到身临其境的感受？“敦煌重生”音乐会正是其策划者在这些灵感和思考中寻找的创意所造就的。

(3) 在艺术与数字化、互联网等现代高科技结合中寻找创新项目。“敦煌重生”音乐会的突出特征是艺术与数字化、互联网等现代高科技相结合，即依靠相关专业的研究人员，借助现代数字技术对壁画中丰富的“非遗”基因进行数字化采集、要素提取、文化解读及系统梳理，重开传承谱系，在此基础上通过研习所和培训班等形式在现代社会复原和再造，令其在现代社会“重生”并通过互联网得以广为传播，使其价值大大延伸和拓展。

(4) 在合作中寻找艺术创新项目。从案例中不难看出，“敦煌重生”音乐会及所有对敦煌文化的发掘、整理、再造和传播，都是在相关方面深入广泛合作的基础上产生的，凝聚了无数人的智慧，既是腾讯、QQ音乐与敦煌研究院和上海音乐学院的合作，也是相关科研人员对古乐乐谱多年的翻译、研究、演绎和再创作，以及早前上海民族乐器一厂对敦煌古乐器的研究和仿制。没有这些合作，就不可能实现“敦煌重生”。

二、方法训练

选择艺术类创新项目的途径和方法很多与前述的科技类、经济与管理类创新项目相同或相似，如从社会需要中找项目、从政府资助项目或学术团体研究课题中去找项目等，但目标方向不同，角度不一样。有志于艺术创新的学子在参考前述方法的同时，还应根据艺术创新的特点，加强从生活与需求中找项目、从灵感中找项目、从名作中找项目、从传承中找项目四种方法的训练。

（一）从生活与需求中寻找和选择创新项目

【提示】

艺术既是作者生活中思想感情的表现，也是对一定社会人们主流价值观的反映，凝聚了一定社会人们在日常生活中对真善美的不懈追求，同时对社会及人性中的虚伪、丑恶、黑暗的东西进行鞭挞。因而，艺术创新源于生活，又高于生活，不仅能够不断满足社会生活多样化的文化需要，而且对一定社会人们的精神文化生活及其发展方向具有重要的引领意义。经济社会的发展也必然带来人民群众的精神文化生活需要的不断增长，这些都要求艺术在内容和形式上不断创新。因而从生活与需求中找项目是艺术创新的主要途径和方法。

【训练】

根据你最熟悉或最感兴趣的艺术领域对创新项目的需要，将下列问题列举出来。

（1）在你的生活阅历和生活环境中，令你最震撼、最感动的人和事是什么？令你最愤怒、最厌恶的人和事是什么？

（2）你在生活中遇到的最新奇的事物或常见事物最新奇的形态有哪些？

（3）联系你的生活和社会需要，你觉得绘画、书法、雕塑、工艺美术、建筑、园林等造型艺术在内容和表现形式等方面有什么创新要求？

（4）联系你的生活和社会需要，你觉得文学作品等语言艺术在内容和表现形式等方面有什么创新要求？

（5）联系你的生活和社会需要，你觉得戏剧、影视等综合艺术在内容和表现形式等方面有什么创新要求？

（二）从灵感中寻找和选择创新项目

【提示】

艺术创新离不开灵感。灵感是一种瞬间产生的富有创造性的突发思维状态。灵感不是神灵的感应，而是来自人的全身心的投入、长期思虑和积累。画家列宾在涅瓦河畔路遇一群衣衫褴褛的纤夫，突发联想，进而产生创作《伏尔加河上的纤夫》的灵感；毕加索从民间制陶艺术的线条中获得创作灵感，进而创作出划时代的抽象画作艺术。“众里寻他千百度，蓦然回首，那人却在，灯火阑珊处。”善于捕捉灵感是艺术创作的一个重要特征，是开启艺术创新大门的金钥匙。艺术创作中的灵感，是艺术工作者在长期苦苦思索的前提下，对于突然出现在面前的新事物、新现象、新问题及其关系而产生的一种迅速感知、联想和想象，具有突发性、偶然性、短暂性、独特性等特点。从灵感中找项目，是选择艺术创新项目的重要方法。

【训练】

（1）很多艺术家喜欢在风景中散步，散步是他们在创作灵感与生活之间自然架起的一座桥梁，会使他们在平静的心态中感悟周围生活，在有意与无意之间获得灵感。有的艺术家认为灵感不是刻意求得的，也不是常在无意识状态下偶得，它是在有意中追求，在松弛的无意识状态下产生的。当对生活的感受多起来后灵感也就随之产生。

你有过这样的感受吗？请把平时这样的感受记录下来。

（2）儿童在墙上的随意涂鸦、随秋风飘落并无规律排列的树叶、大地的龟裂纹路、天空中形状各异的云朵、月色的意境、多样的雨、无痕的风……

联系生活中观察到的景物，将由此产生的联想和想象记录下来。

（3）俄国大文豪托尔斯泰在一次晚餐后，坐在公园的椅子上，看到一位忧郁的妇女，穿着舞会礼服，独自在林荫小道上慢慢散步。之后这神秘的女人影像，一直萦绕在他心头，以致产生幻觉。受此灵感的启发，他以这女士形象为角色，创作了著名小说《安娜·卡列尼娜》。

参照此例，将你平时生活中难以忘却的形象或场景及由此引发的想象列举出来。

（4）参考“敦煌重生”音乐会案例，谈一谈你是否有过平面艺术立体化、绘画形态音乐化、静态艺术动感化等灵感，将其中的点滴列举出来。

（三）从名作及政府和学术团体招标课题中寻找和选择创新项目

【提示】

站在巨人肩头就会看得更高更远。人类发展的历史长河中在艺术领域出现过文学、绘画、音乐、建筑等方面大量名作，这些名作代表了一定历史时期相关领域的最高水平，具有很高艺术价值和知名度，成为人类发展历程中追求至真至善至美的时代经典，是世界整个艺术宝库中的耀眼明珠，也是启迪后人创新发展的精神和智慧的火花。古今中外的艺术珍品无一不在吸收以往艺术经典的精髓基础上，结合时代的特点和未来发展需要加以艺术再造而来。

在中国，东晋时期的大书法家王羲之及其《兰亭序》，催生了一代又一代的著名书法家。四大名著之一的《红楼梦》深受《金瓶梅》的影响，有红学家认为，没有《金瓶梅》就不会有《红楼梦》。《洛神赋图》《清明上河图》《富春山居图》《汉宫春晓图》《百骏图》《步辇图》《唐宫仕女图》《五牛图》《韩熙载夜宴图》《千里江山图》等中国传世名画，承载着古老东方民族独特的艺术气质，用色彩记录了中华绵延五千年的悠久历史和横亘万里的锦绣河山，成为华夏文明的灿烂一笔，中国美术史的丰碑。中国近现代知名画家无不从这些经典中吸收营养。

在西方，早期小说，如菲尔丁的《弃儿汤姆·琼斯的历史》以及笛福的《鲁滨孙漂流记》等，成为后世经典小说的发源地。而诗歌方面著名的有《莎士比亚十四行诗》、但丁的《神曲》、拜伦的《唐璜》等，它们无不被打上荷马史诗《伊里亚特》的烙印。从托尔斯泰的巨著《战争与和平》中，不仅可以读到俄国从1805年到1820年间的重大历史事件，而且可以通过鲍尔康斯基、别祖霍夫、罗斯托夫和库拉金四大贵族的经历读到一部“战争”与“和平”百科全书式的壮阔史诗。这些名作无不以丰富的内涵和无与伦比的艺术形式启迪着后人。

可见，站在巨人肩头更容易成为巨人，从名作中吸取营养更容易寻找和选择具有重大价值的创新项目。

此外，各级政府为繁荣文化事业，一些文化单位及企业为弘扬某种文化精神，往往都设置了一些艺术类招标项目，国内外一些艺术类学术团体在一定时期也会发布一些艺术类研究项目（课题），这些都是艺术类创新项目的重要来源。

【训练】

（1）将你感兴趣或熟悉领域中的艺术名作列举出来，并简要写出启发和体会。

（2）毕加索是20世纪现代艺术的主要代表人物之一，毕生致力于绘画艺术革新，利用现代西方哲学、心理学、自然科学的成果，并吸收民族民间艺术的营养，创造出了与众不同的艺术语言。其极端变形和夸张的艺术手法具有独特表现力，很多作品，缺乏西方现代美术素养的人往往看不懂，如“立体主义”和“超现实主义”的代表作之一《哭泣的女人》，画面上是一张看上去杂乱无章的面孔，眼睛、鼻子、嘴唇完全错位摆放，面部轮廓结构被切割得支离破碎。

选出毕加索的十幅名画，试从历史、现实、哲学或其他角度解释，并写出其对艺术创新的启迪意义。

（3）《梁山伯与祝英台》是中国古代民间四大爱情故事之一（其余三个为《白蛇传》《孟姜女传说》《牛郎织女》），是中国最具魅力的口头传承艺术及国家级非物质文化遗产，在民间可谓家喻户晓，流传深远，被誉为爱情的千古绝唱。从古到今，有无数人被梁山伯与祝英台的凄美爱情所感染。我国作曲家何占豪、陈钢由此产生灵感，创作了小提琴协奏曲《梁祝》，1959年5月27日在上海首次公演，这支中国有史以来最著名的小提琴曲，成为交响音乐民族化的里程碑。

参照此例，将你平时所见并被其感动的名作及受到的启迪列举出来。

（4）在专业教师指导下，查询相关网站，将一定时期政府设置的艺术类招标项目中自己感兴趣的选出来并列举出来。

（5）在专业教师指导下，将国内外艺术类学术团体发布的研究项目（课题）中自己感兴趣的选出来并列举出来。

（四）从传承中寻找和选择创新项目

【提示】

艺术是有思想情感和文化品位的，其创新离不开对优秀传统技艺的传承，它传递着某种工匠精神。某种艺术的传承者们在时间沉淀、技艺积累过程中，总会发现这种传统艺术在形式、内容、技艺、风格等方面存在需要深化和完善的问题，或与时代文化的差异，继而产生创新的动机，发现创新的突破口。比如，在中国，京剧艺术与现代交响乐的结合，陶瓷艺术与现代科技和文化元素的结合，木偶艺术与现代动画艺术的结合，烹饪技术与现代审美情趣的结合，等等。一批“90后”艺术生将《琵琶行》改编成流行歌曲，引得网友纷纷点赞。可见，从传承中寻找创新项目，是艺术创新的一种比较普遍的现象。

【训练】

（1）结合你从艺或学习的经历，将某种传统艺术在形式、内容、技艺、风格等方面需要深化和完善的问题列举出来。

（2）选择你最熟悉或最感兴趣的艺术领域，将其在形式、内容、技艺、风格等方面与时代需求的差异列举出来。

（3）假如你对某种艺术理论研究感兴趣，可以通过互联网或到图书馆、资料室，有目的地翻阅寻找相关文献，将其中的前沿或对自己创新研究有启发的问题列举出来。

（4）在与同行的讨论或平时交际过程中，将自己受到启发和联想的艺术问题列举出来。

三、训练要求

为了提高艺术类创新项目选择能力的培养效果，实现培养目标，训练时还必须满足下列要求。

（1）认真学习习近平《在文艺工作座谈会上的讲话》，把握正确的方向。习近平《在文艺工作座谈会上的讲话》强调，文艺不能在市场经济大潮中迷失方向，不能在为什么人的问题上发生偏差，否则文艺就没有生命力。低俗不是通俗，欲望不代表希望，单纯感官娱乐不等于精神快乐。精品之所以“精”，就在于其思想精深、艺术精湛、制作精良。文艺工作者要志存高远，随着时代生活创新，以自己的艺术个性进行创新。

深入领会和把握这些要求可为选择艺术类创新项目引领正确方向。

（2）选择的艺术类创新项目应该符合社会主义核心价值观。社会主义核心价值观既是中国特色社会主义价值观的核心要求，也是中华民族优秀民族精神的高度凝聚，艺术作品具有认识、审美、教育等多种社会功能，归根结底是要善于歌颂真善美、鞭挞假恶丑，这是艺术生产的价值和意义所在。要实现这种价值和意义，必须在所选择的艺术创新项目中以社会主义核心价值观作为内核。

（3）将中华民族优秀文化传统与世界优秀艺术和先进文化相结合，坚持发扬本民族和地域文化特色。在社会信息化、经济全球化的今天，各种价值观审美观相互碰撞，相互交融，令人眼花缭乱。在选择艺术创新项目的过程中，既要以开放的态度放眼世界，吸收各国各民族的文化艺术精华，又要立足于中华民族优秀文化这个根本。越是民族的艺术，越是具有世界意义的艺术。习近平认为，推动文艺繁荣发展，最根本的是要创作生产出无愧于我们这个伟大民族、伟大时代的优秀作品。

（4）课堂训练和课外训练相结合，以课外训练为主，课堂训练为辅，积极参与社会实践，体验生活。艺术类创新项目归根结底来源于火热的社会实践和丰富多彩的社会生活。毛泽东的《在延安文艺座谈会上的讲话》就明确强调文艺工作者必须到群众中去、到火热的斗争中去，熟悉工农兵，转变立足点，为革命事业作出积极贡献。单靠课堂教学或闭门造车是难以寻找到有较大价值的艺术创新项目的。必须在社会生产和社会生活中去亲身体验，细心观察，用心琢磨，于细微之处体验至真至善至美的感受，于复杂琐碎中捕捉突出典型。

（5）学会重点关注重大历史事件，从历史、现实和未来的角度进行反思和批判，从中探索规律，进行人性的思考，进而通过选择相关创新项目，用艺术形象表现出来。很多艺术精品都用艺术形象来展示作者对重大历史事件的反思，如小说《三国演义》《战争与和平》，美术作品《井冈山会师》《伏尔加河上的纤夫》，音乐作品《黄河大合唱》《英雄交响曲》，等等。立足于重大历史题材，比较容易寻找到具有较大意义的艺术创新项目。

（6）善于复合多个典型原型，塑造新的艺术形象。艺术的一个重要特征是源于生活又高于生活。艺术精品中的艺术形象，大多是题材中多个典型原型的复合，以此来集中表现真善美，寄托作者的情怀。创作、创新的关键是“创”，即创造出来的艺术作品既根植于社会，又相对于现实来说是全新的，对现实有着向真善美的引领作用。而复合型的艺术形象正是艺术这一特点的反映。

（7）前述“方法训练”中列举的问题不可能面面俱到，要根据自己最熟悉或最感兴趣的艺术领域及所学的艺术专业，确定艺术创新方向。要保持对平时生活及从艺生涯中涉及相关艺术创新的热点问题的敏感度，有充分思想准备，长期关注，及时捕捉相关信息，特别是要及时做好记录。只有及时记录，才能有效积累。

（8）在平时记录和充分列举基础上，根据价值性、科学性、可行性原则，采取淘汰法筛选、优选和精选，并在精选基础上确定拟创新项目，积极准备参与小组和班级竞赛。

以上三类创新项目的选择方法或有交叉甚至存在少量重复，但各有其特点和侧重。分开阐述，有利于对不同领域创新的读者有针对性地培养训练。这三类创新项目的选择方法涵盖了大多数创新项目的选择方法，大多数项目的选择可参照这三大类的方法。

第六章　实验能力的培育

【名人名言】

“劳心者治人，劳力者治于人”的重理论、轻实验的落后思想，对发展中国家的科学青年有很大的害处。

——丁肇中

（罗吉尔·培根）并不是从圣经、神父、阿拉伯人或亚里士多德那里把自然知识的事实与推论拿过来就算完事，而是谆谆地告诉世人：证明前人说法的唯一方法只有观察与实验。

——丹皮尔

物体的属性只能由实验而知晓，所以在实验上普遍一致的必被看作是普遍的属性，而决不能背弃实验而从事于空想。

——牛顿

实验是开展科学研究必不可少的手段，实验能力是创新必须具备的一种能力。任何一种新产品、新工艺、新材料、新品种的产生，任何一项科学创新成果的获得，都需要进行反复实验，并通过对实验数据的分析、处理与总结，来获取尽可能多的有用的信息，以达到解决实际问题的目的。本章主要介绍实验的基本类型、实验能力以及实验能力训练方法等。

第一节　认识实验

为了培养和提升实验能力，首先应对实验的构成要素和特点、实验的基本类型、实验的一般程序、实验在创新中的作用有所了解。

一、实验的构成要素和特点

实验是人们根据一定的研究目的，利用一定的研究方法和相关仪器、设备等，主动地干预或控制研究对象，以便在典型的或特定条件下观察、研究、探索事物的本质及其规律并获得对科学事实的正确认识的一种研究活动。

实验作为科研的基本实践形式，由实验者、实验对象和实验手段三个基本要素构成。实验者是实验中最积极、能动的因素，是从事实验设计、操作和控制整个实验过程的主体；实验对象是实验过程中的客体，可因实验目的、方法等因素的差异而做不同的选择；实验手段是指实验过程中通过仪器、设备和工具等实验装置对实验对象作用的方式、方法，其作用在于通过控制和干预研究对象，使研究对象产生或显露出来，或使实验结果被准确及时地记录下来。实验者对实验对象的作用，是通过实验手段来实现的，因而实验手段可看作认识客观事物的中介。实验的过程是实验者、实验对象和实验手段三者结合在一起并发生作用的过程。

随着社会和科学的发展，实验产生了巨大变化，呈现出许多特点。一是实验规模日益庞大。随着社会的发展，人类对科学的重视不断加强，实验机构与基地的规模逐年扩大，人类的实验合作也逐渐走向国际合作。二是实验手段日益完善和精密化。[①] 现代科学探索活动早已进入微观领域。随着科技发展，各种各样的精密实验仪器和特殊功能的实验设备为实验的精确化创造了条件，人类可以创造出一系列特殊的实验环境和条件，来实施更加完善和精密的实验，大大提高了实验的现代化水平。三是实验水平越来越高。各种先进仪器设备的应用，特别是电子计算机的广泛运用，从根本上改变了实验的面貌。人类不仅可以对多种因素做精确的计算，在短时间内处理复杂的计算，而且可以通过现代化手段大大缩短实验周期，提高实验效果。

二、实验的基本类型

实验按照不同的标准，可以分为不同的类型。按照实验中研究对象的质与量的关系分，有定性实验、定量实验、定性定量实验；按照实验的认识作用分，有析因实验、对照实验、结构分析实验、功能分析实验；按照实验目的分，有验证性实验、探索性实验和判决性实验；按照实验的对象和手段分，有直接实验、间接实验、模拟实验；按照实验对象的专业类别分，有物理实验、化学实验、机械实验、生物实验、心理实验等；按照实验的环境条件分，有空间实验、地面实验、地下及水下实验等。以上种种分类，并不能穷尽所有的实验类型。下面重点介绍验证性实验、探索性实验和判决性实验。

（一）验证性实验

所谓验证性实验，是以对本人或他人已取得的认识成果（如理论、假说等）

---

① 王树恩、陈士俊：《科学技术论与科学技术创新方法论》，240～242 页，天津，南开大学出版社，2001。

进行检验、修订和完善为目的而进行的一种实验。这类实验需要验证的结论可以来自实际，也可以来自文献。验证性实验强调的是所验证的结论的可靠性和价值，在丰富的事实基础上得到有关实验现象的规律。在实验的过程中，研究者往往会有新的发现，因此验证性实验也有探索和创新的成分。验证性实验又可分为两类：一类是直接验证即对某种理论本身的验证，如赫兹通过实验直接证实了电磁波的存在和传播；另一类是间接验证，即不去验证理论本身而是验证其推论，如对广义相对论的验证就是通过验证其推论“光线偏折”“引力红移”的正确性而得出的。

【案例】

德国细菌学家莱夫勒在研究白喉的早期，证明了实验动物因注射白喉杆菌而死亡时，细菌仍留在注射点附近，他提出动物死亡是由细菌的毒素所致。后来这一假说被法国细菌学家鲁的豚鼠实验所证实，并由此产生了预防白喉的免疫法。①

（二）探索性实验

探索性实验，是指为了发现自然规律，创造发明新事物，探索事物可能具备的新属性及与其他因素可能存在的关联时所需要实施的一类实验。这种实验往往是以发现规律为目标的，具有较强的原创性。由于是探索新事物、新规律，实验的实施具有开创性，这就要求实验操作者具有较为坚实的理论基础，设置较合理的条件控制和比较规范的实验程序，能够对资料数据进行科学统计与处理（包括对定量资料和定性资料的处理）。

【案例】

法拉第电磁感应定律的发现、富兰克林“捕捉雷电”的实验等都属于探索性实验。中学物理教材中对电磁感应现象、平抛运动规律、互成角度两个共点力的合成的研究实验等都属于探索性实验。②

（三）判决性实验

判决性实验是人们为了验证科学假说、理论或者设计方案的正确与否而设计的予以最后判决的实验。

【案例】

迈克尔逊-莫雷实验就判决了“以太”是不存在的。1944年，艾弗里为了判明遗传物质是蛋白质还是核酸而对肺炎球菌实施了判决性实验。

① ［英］贝弗里奇：《科学研究的艺术》，陈捷译，45页，北京，科学出版社，1979。

② 张宪魁：《物理科学方法教育》，37页，青岛，中国海洋大学出版社，2015。

三、实验的一般程序

实验都有着如下的一般程序：①根据创新项目的总体目标选定创新课题的实验方向；②选择有利于完成实验目的的实验方式、实验途径和实验手段；③进行实验方案设计，对实验如何进行做出科学、具体的安排，即将仪器、设备、材料、人员等进行有机融合，形成新的实验研究系统，以便进行实验操作和科学研究；④实验实施，包括实验仪器的操作、实验条件的设置、实验现象的观察、实验数据的记录等；⑤对实验结果和数据进行处理，往往要借助数学工具把数据用科学语言、曲线、图表等形式显示出来；⑥对实验中所获得的资料等进行科学抽象，即对实验结果进行理论分析和评价。

在这些程序中，构思和设计是决定实验成败的关键。科学史表明："最有成就的实验家常常是这样的人：他们事先对课题加以周密思考，并将课题分为若干关键的问题，然后，精心设计为这些问题提供答案的实验。"① 理论思维对实验结果的科学解释起着关键作用，只有借助理论思维，才能对曲线、图表显示的实验结果作出科学合理的取舍和修正，并通过理论分析揭示实验对象的本质及规律。

四、实验在创新中的作用

实验在创新中的作用集中体现在两个方面。

一是通过实验探索发现新的现象和规律。实验是科学认识活动的基础。客观世界的不稳定性和演化过程的复杂性致使自然界的特点和运动规律难以把握。实验借助一定的物质技术手段，排除各种次要的、偶然性的干扰，简化和纯化研究对象，对研究对象和自然过程进行有效的操作和人为控制，使事物的某些特点或演化过程以纯粹、典型的形式表现出来，从而在有利的条件下实现新的认识和对特定研究对象的把握，探索和发现新的现象与规律。在客观世界中，有的现象或过程来去匆匆、转瞬即逝，给科学研究带来很大不便。借助实验手段延缓实验的变化过程，有利于对研究对象进行充分研究，使一些难以认识的事物得以认识。弗兰西斯·培根在他的代表作《新工具》中说：在现实的艺术和科学中，人们的所有发明，也只是依靠实验。爱迪生为了寻找合适的白炽灯丝，曾先后用 1600 种矿物和金属材料进行实验。1911 年，卢瑟福通过实验发现，大部分 α 粒子都能通过金箔，但是少数 α 粒子以大于 90°的角度向入射方向散射，于是他提出了原子的核式结构模型。② 可以说人类文明发展到今天，实验已经成为探索发现新事物与规律的必不可少的手段。

二是通过实验对创新成果的正确性与科学性进行检验。罗吉尔·培根认为：

---

① ［英］贝弗里奇：《科学研究的艺术》，陈捷译，12 页，北京，科学出版社，1979。

② ［日］广田襄：《现代化学史》，丁明玉译，138 页，北京，化学工业出版社，2018。

"检验前人说法的唯一方法只有观察与实验。"① 实验是检验假说或理论正确与否的重要手段，也是修正和发展假说或理论、开拓新的研究领域的突破点。从实验和理论的关系上说，实验最重要的作用是验证假说和提出新理论。1956 年，杨振宁、李政道提出了"弱相互作用下宇称不守恒"的假说。1957 年，该假说被吴健雄领导的科研小组证实，随后杨振宁、李政道二人获诺贝尔物理学奖。正如达·芬奇所说："科学如果不是从实验中产生并以一种清晰的实验结束，便是毫无用处的，充满谬误的，因为实验乃是确定性之母。"② 实验已成人类的一种重要的创新活动。

第二节 认识实验能力

创新是一个国家和一个民族发展的要求，也是其具有勃勃生机，始终保有强大活力的体现。随着科学技术的迅速发展，现代社会要求高等学校培养的专业技术人才，不仅要有一定的专业知识和动手能力，更应该具有明显的创新意识和创新能力，实验能力是提高专业技术人才创新素质不可或缺的一种能力。

一、实验能力

实验能力包含理论思维、科学观察和实验操作三个密切相关的因素，这三个因素与创新能力有机结合成为实验能力，在实验对象选择、实验手段设计过程中始终具有创新思维和创新精神，这也是从事科学研究工作的重要基础。

二、实验能力与创新

由前述可知，实验包含实验者、实验对象和实验手段三个基本要素，实验者是实验中最活跃、最具有能动性的因素，可以根据实验的目的选择实验对象和实验手段。实验者在实验过程中发挥实验能力，可以从实验原理、实验设计以及实验仪器三个方面进行创新，对实验原理、实验设计和实验仪器任何一个方面具有创新的实验对于科学发展都是具有重要意义的。

（一）实验原理创新

实验原理创新，包括实验原理的迁移和原始创新。实验原理的迁移是借用已有的创新成果进行再创造，即把一个实验对象的概念、原理运用于另一个实验对象的研究，并取得创新成果。实验原理的原始创新是一种根本性的创新，是指实验者及其团队在具有良好的知识基础和学术积累下，善于发现已有理论与实际的

---

① 《世界名人传记》编委会：《世界名人传记》第二册，688 页，北京，大众文艺出版社，2010。
② 戴镏龄：《世界名言大辞典》，1257 页，南宁，广西人民出版社，1996。

矛盾，勇于挑战传统理论和学术权威，或利用独具创意的实验和对实验事实敏锐的观察，取得前所未有的原始性的创新成果。实验原理创新是最根本的创新，是通过实验研究产生新理论、新技术等重大科学进步的重要手段，是人类文明进步的重要体现。

【案例】

中国医学家吴孟超最先提出了中国人肝脏分段分叶的临床解剖学理论，发明了肝脏手术及止血的一系列新方法，如常温下间歇肝门阻断法及无血切肝法等，率先打破肝中叶手术禁区。在肝癌的早诊早治、晚期肝癌治疗、肝脏移植、肝癌的免疫，以及生物、导向和基因治疗等方面也取得了一批高水平的成果，并在肝癌生物治疗上取得重要进展。形成了一整套科学、系统、规范和成熟的肝癌外科诊治体系。该体系的广泛推广应用，使中国的肝脏外科长期保持世界领先地位。①

（二）实验设计创新

实验设计有广义和狭义之分。广义的实验设计指科学研究的一般程序的知识，它包括从问题的提出、假说的形成、变量的选择等一直到结果的分析、论文的写作这一系列内容，它给研究者展示了科学研究的概貌，试图覆盖研究的全过程。狭义的实验设计指向从建立统计假说到作出结论这段过程，特指实施实验处理的计划方案及与计划方案有关的统计分析。本书所说的实验设计创新指狭义的实验设计创新。

实验设计创新在实验中至关重要，是指根据科学性、可行性、生动性、简便性、安全性等原则，改进实验方案和实验流程，使实验现象和实验数据更加直观和易得，从而达到验证假说、获得科学结论、促进科技进步的目的。

【案例】

中国植物生理学家沈允钢等人在研究光合磷酸化量子产率的最适测定条件时，观察到特异的“光强”效应，即光强较弱时，光合磷酸化效率降低，而与之耦联的电子传递效率保持不变。此后，他们用两阶段光合磷酸化方法发现了光合磷酸化中间产物的存在，这不仅解释了“光强”效应产生的原因，也为探讨光合磷酸化与电子传递的耦联机理开辟了道路。②

（三）实验仪器创新

实验仪器创新是指在实验过程中，通过开发研制新的实验仪器、设备、工具

① 卢嘉锡等：《院士思维》，553页，合肥，安徽教育出版社，2003。

② 卢嘉锡等：《院士思维》，620～621页，合肥，安徽教育出版社，2003。

和新的实验装置，或是对现有的仪器设备进行改造升级，从而改变实验对象作用的方式、方法，使实验现象产生或显露出来，或使实验结果准确及时地被观测和记录下来。

【案例】

天文仪器专家朱能鸿主持设计的1.56米口径的天体测量望远镜，性能达到国际同类仪器的先进水平，获得了国家科技进步奖一等奖。朱能鸿设计和研制的多个天文仪器均为我国天文仪器发展作出了重大贡献。①

第三节　实验能力训练

如何通过训练培养实验能力是本章的重点内容。本节主要从实验观察、实验设计、实验操作、实验总结四个方面介绍实验能力培养的途径和方法。

一、在实验观察中感悟

实验观察是有效提升实验能力的首要途径。科学周密的实验观察不是走马观花的随意观看，而是具有明确的观察目的和周密实施计划的，需要按照预先设计的程序做认真细致的精确观测。

在实验观察开始前要预先有一定的理论准备和较系统的观察计划，并能按预先计划进行系统、连续、细致的观察。观察的目标越明确，计划性越强，定向的观察越集中，则感知的现象越深刻，思维活动也就越积极。因而在实验观察前必须明确所要观察的内容和范围，明确通过观察要获得哪些资料，解决哪些问题。拟订好观察计划，制定观察程序，以便于在系统观察中进行层次清晰的观测，而不至于主次不分，顾此失彼。

实验观察开始后要明确观察的对象。首先应密切注意操作者的演示实验步骤、仪器使用及规范化操作的技能。还应分清主次、对实验装置进行局部观察和整体观察，要能够在观察中抓住实验的本质和特点，要能够既敏锐地觉察稍纵即逝的变化现象，又注意观察微弱、缓慢的变化现象。

【训练】

实验中往往会出现各种各样的现象，有的是反映事物本质规律的现象，有的则是非本质的、偶然的现象。透过现象抓住本质，是实验观察的主要目的。如果不注意培养观察能力，那么观察者就往往只注意引人注目的现象，而忽略其他可能更为本质的现象。下面提供一则大家都能看得懂的中学化学实验“铁丝在氧气里燃烧”观察案例，请你阅读后在所学学科专业背景中选取一则专业实验作为拟观察实验，仿写一篇观察案例。

---

① 卢嘉锡等：《院士思维》，1393页，合肥，安徽教育出版社，2003。

实验操作：将细铁丝绕成螺旋状，一端系在一根铁丝上，另一端系上一根火柴，点燃火柴后，立即连火柴带细铁丝迅速伸进盛有氧气的集气瓶里，瓶底事先铺上一层细沙。

实验现象：①铁在氧气里剧烈地燃烧，火星四射——这是最引人注目的现象；②放出大量的热——这是无法直接观察到的现象；③瓶底会有黑褐色的固体，反应中生成的这种黑褐色固体，叫作四氧化三铁（Fe_3O_4）——这是容易被忽略的反映新物质生成的主要现象。

观察核心：在实验观察中如果不注意认真观察演示者的实验操作，就容易忽略此反应的条件，导致在书写化学方程式时不注明反应条件。而如果忽略了对上述②③的观察，就不了解燃烧必然伴随着放热，及它作为化学反应的主要特征现象，这样将直接影响对此反应本质的理解。

实验观察中要做到观察与分析相结合，一边观察一边思考。观察者还要尝试运用一定的理论对观察到的现象进行逻辑分析，发现各种现象之间的联系；能够根据实验现象或数据的变化，初步分析观察对象的变化条件。当观察结果与自己已有认知有差异时要进行自我反思，反思自己的思维方式，反省自己对研究问题的认识程度；同时更要大胆质疑，及时发问。

实验观察中还应尽可能详尽地做出系统的观察测量记录。尽可能详细记录客观事实，对所观察对象的一切具体状况准确地加以把握，对诸如时间、场景、反应状况及次数等及时做详细的观察记录，避免主观性记录。在记录时，可根据不同的需要选择不同的记录方式，记录要尽量做到客观、准确。为了保证观察的实效性，应重视观察结果的记录与分析。可用观察日记的形式记录观察结果，也可以提交详尽的观察报告。

【训练】

（1）阅读薄膜生长实验研究，谈谈实验观察对你的启发。

1959年，中国电子物理学家吴全德在观察一种薄膜材料的结构时发现，其中的银胶粒可以聚成“野花”，花心部分银胶粒较少，并观察到每朵“野花”的形状和尺寸都相似。他对这种现象进行深入思考并注意收集这类有特殊形状的薄膜材料的照片，将求真和寻美相融合。通过长期实验观察，他又发现一些薄膜材料可出现“奇花”“鲜果”“鱼虾”“海马”和“龙与凤”等美丽图形。①

（2）以一项拟观摩的学科实验为例，写一份实验观察计划书，并在观摩过程中对观摩情况做出详细记录，最终提交一份观察日志。

二、在实验设计中启迪

“学起于思，思源于疑”，在进行观察训练后还应积极思考实验设计的原理，

① 卢嘉锡等：《院士思维》，508～513页，合肥，安徽教育出版社，2003。

感悟实验设计思想之精妙。谈起实验设计，也许你会想到科学圣殿里的七大神兽——芝诺的乌龟、拉普拉斯的兽、巴甫洛夫的狗、麦克斯韦的妖、莎士比亚的猴子、薛定谔的猫、洛伦兹的蝴蝶，它们分别对应着微积分、经典力学、生物学、热力学第二定律、概率论、量子力学和混沌学。而人类科学史上更不乏巧妙而富有创造性的实验掠影：伽利略在测量地心引力时，用歌声的旋律标记时间；牛顿小心翼翼地将针插到自己的眼睛和眉骨之间，以了解光如何在视网膜上产生感应；威廉·哈维在胳膊上系上绷带，通过观察绷带上方动脉的搏动和绷带下方静脉的肿胀从而证明血液在循环；路易基·加尔瓦尼给切开的蛙腿施加电流，想要知道肌纤维抽搐反应的生理机制；而巴甫洛夫完成了他那些著名的实验，使狗在音阶上升的旋律中分泌唾液。这些科学家精妙的实验设计，使得真理在刹那间闪耀，困惑一扫而空，对自然的全新认识跃入人们眼帘。

【训练】

(1) 阅读红壤改良实验研究，谈谈实验设计对你的启发。

红壤的利用和改良是我国从事土壤分析化学研究的李庆逵院士长期从事的研究课题。大部分红壤在改良前，由于“酸”和“瘦”，农作物产量很低。“瘦”就是土壤中缺乏氮、磷、钾，尤其是严重缺乏磷肥，但当时我国氮肥和磷肥的产量远远不能满足生产需要。在此条件下，他在红壤上将磷矿粉作为磷肥直接施到豆科绿肥上，获得良好的效果。这是因为酸性红壤能缓慢分解出磷矿粉中的磷素供植物吸收利用；豆科作物通过根瘤菌的固氮作用，能利用空气中的氮素。所以，在新垦红壤上施用磷矿粉后种植豆科绿肥能使其较好地生长，再将豆科绿肥翻压到土壤中，就使其成为很好的有机肥料，其腐解后可供后季作物吸收利用。这一措施推广到强酸性土壤多年生经济林木橡胶树的种植并取得了成功，也为广泛采用的“以磷增氮”的增产措施奠定了理论基础，并突破了国外的封锁，解决了当时我国磷肥紧缺的困难。①

(2) 结合自己的专业列出本学科领域中的2～3个经典实验，分别写出其实验原理、主要方法、操作步骤、操作要领和注意事项，分析这些实验设计的精妙之处，并谈谈你的感想。

三、在实验操作中熟练

实验操作是切实提升实验能力的中心环节，是从理论到实践提升实验操作能力的必经阶段。实验操作能力主要是指一系列实验动作的合理、完善、协调的活动能力，在实验能力中居于基础性地位。实验操作能力具体包括掌握各种实验仪器及实验材料、药品等的用途、性能和使用，掌握仪器、材料、药品的选用规范，如物理和化学实验中仪器的使用、洗涤和装配，生物实验中标本的采集、保存等；

---

① 卢嘉锡：《院士思维》，457～461页，合肥，安徽教育出版社，2003。

能够对实验步骤和操作流程进行合理的安排；对一些定量实验，做到会控制、会测量、会读数、会记录、会分析；对一些定性实验，做到会取、会用、会放、会接、会装、会控；对实验操作中出现异常现象或实验故障，能够迅速、准确地查找原因，并及时排除；能够客观地进行实验，实事求是地记录观察到的现象和数据，并做到科学化和规范化。

【训练】

(1) 阅读下列实验室事故相关材料，谈谈你的感想。

案例一：实验室微生物感染

国内外曾先后发生过多起实验员感染SARS冠状病毒的事故，都是实验员未能严格执行生物安全管理与病原微生物标准操作所导致的。

案例二：仪器安全检查不到位

①某化验室的原子吸收仪，在实验员使用过程中发生爆炸。事故原因是，仪器内部用聚乙烯管连接易燃气体乙炔，接头处漏气，实验员在使用前安全检查不到位。

②某化验室正准备开启的气相色谱仪柱箱忽然爆炸。事故原因是，2个月前一名维修人员把色谱柱自行卸下，而另一名化验员在不知情的情况下，开启氢气，通电后发生了这起事故。幸亏这名化验员站在仪器旁边，未受伤。化验员在每次开机前都应该检查气路，仪器维修人员对仪器进行改动后，应通知相关使用人员，并挂牌，而两人都没按规程操作。

案例三：实验室电器电线短路或电压不稳

①某科技大厦实验室冰箱起火。现场有明火并伴随黑烟，冰箱内存有有机化学试剂。事故原因是，冰箱电线短路引发自燃。

②某教学楼发生爆炸事故。事故原因是，在调试新购进的厌氧培养箱时，压力不稳。所幸五人均无生命危险。

案例四：实验人员违规操作或操作失误

①某实验人员将含有乙醇的物料放入鼓风烘干箱烘干，引起烘干箱爆炸着火。事故原因是，乙醇等易燃易爆有机溶剂，遇到高温引起爆炸。

②某实验员在进行样品前处理高速离心时，忘了把离心机的内盖盖上，就开始离心了。放入的离心管在高速旋转下飞出了离心机内的转子，幸好有个外盖，离心管没有飞出来。但盖子内壁严重磨损，离心机也烧坏了。事故原因是，实验人员未按照仪器使用方法进行操作。

(2) 搜集并对比几个不同的学科专业背景下的实验操作规章制度，找找这些规章制度的共同点有哪些。你是否了解一些由于不遵守实验规章制度而造成事故的事例？可以谈谈你的感想。

做好实验记录是实验操作中的一项基本功。实验记录就是实验中得出的原始数据，是得出实验结论的基础，原始数据记录必须严肃对待。在观察测量时，要做到正确读数，实事求是地记录客观现象和数据，记录时要注意单位、有效数字及环境条件，同时记下实验所用的仪器装置的名称、型号、规格、编号和性能等，以便以后在需要时可以用来重复测量和利用仪器的准确度校核实验结果的误差。

【训练】

判断某同学在实验操作过程中的下列做法是否正确，并说说你的判断依据。

①将实验数据随意记录在草稿纸上，或是不按顺序和规律记录数据，因而经常在实验结束后“追忆”数据。②在某项实验中，为了使实验数据更加接近自己预设的模型而小幅度篡改了某个实验数据。③为了方便可以随意先在一些纸张上草记数据，再誊写到实验数据表格中。④“错误”的数据也要保留。比如，在记录数据时如果记错了，可以在错误的记录上画一条线，或打一个叉，在旁边写上正确值，而不直接将错误记录涂掉。⑤如果对测量数据有疑问，可以重新实验测量，并对原来的数据标上特殊符号以备查考。

四、在实验总结中提升

提升实验能力还需要具备良好的实验总结表述能力。实验总结表述能力是对实验事实的表达和描述的能力，是对观察实验的过程和结果以口头或文字的形式(如观察记录、实验报告等)，运用科学的语言进行传递的能力，具体包括能够科学、准确、真实地记录实验现象产生的数据，能够用恰当科学的语言准确描述实验过程，能够用规范的文字将观察记录、实验报告规范地写出来。

总结表述实验事实有两个基本要求，即真实和准确。真实是表述实验事实的首要要求，也是实验结果真实可靠的具体体现，任何虚假或歪曲的表述都不是实验事实。准确是表述实验事实的又一基本要求，具体体现在对实验条件关系及质和量方面的如实表达与记录。

【训练】

实验表述中常有不真实和不准确的情况。例如，“酸和碱都能发生中和反应生成盐和水”便是一个歪曲的表述，因为难溶性的碱（氢氧化铝）和挥发性的弱酸（氢硫酸）就几乎不能发生中和反应。再如，“1 摩尔任何气体的体积都是 22.4 升”就是一个不准确的表述，因为只有在标准状况下这个结论才真实。正确的表述必须把这一条件加上，表述为“在标准状况下，1 摩尔任何理想气体的体积都约为 22.4 升”。

根据你所学专业列出 3～5 个在学科实验中表述不真实或不准确的例子。

实验报告是实验语言表述能力的集中体现，同时也是对实验完整过程的全面总结，是交流实验经验、推广实验成果的媒介。实验报告要求实验者要按照一定的步骤和程序来展开，用简明扼要的语言描述实验目的、实验原理、实验内容及步骤，记录在实验过程中观测到的现象和数据，并按约定的方法对数据进行处理，根据误差理论或实验精度要求对实验结果进行分析讨论，并总结实验中的得失及需要改进之处。实验报告应遵循简洁、准确、实事求是的原则，要求文理通顺，字迹清楚，图表正确规范，数据齐全，结论明确，分析讨论认真。一份合格的实验报告，不仅能让实验者较好地汇报自己的实验情况，还应能够让批阅报告的教师或同行明白实验者的思路和见解。

【训练】

(1) 从自己所学学科专业内选择一则完整的科学实验报告范例，对其进行分析思考，并按照下列顺序列出具体内容。

①实验名称。

②实验目的。明确说明为什么要做这个实验，以及在实验中要解决的中心问题。

③实验仪器和材料。列出实际使用的仪器设备的名称、型号、量程和厂家等；列出主要实验材料、试剂和药品的名称、规格、含量、生产日期和厂家等信息。

④实验原理。描述实验依据，即测量和计算所依据的主要原理、公式及其推导过程，公式或者原理成立应满足的实验条件等。

⑤实验内容和步骤。条理清晰地写出实验的主要内容和关键步骤。

⑥实验数据表格与数据处理。真实记录原始数据，列出数据处理的主要过程，并对实验误差进行统计分析和说明。

⑦实验注意事项。强调说明在实验或数据处理过程中对实验结果影响较大的因素或事项，以保证实验结果和实验数据可靠，主要包括：应注意的实验条件（如药物合成实验中的无水无醇控制、温度控制、pH 值控制范围等）、大型仪器设备使用的关键步骤（如高效液相色谱仪或气相色谱仪的开机、关机顺序，色谱柱的清洗步骤，旋转蒸发仪的正确使用等）、实验过程中的特殊操作（如强酸、强碱或强氧化剂的少量多次加入，结晶过程中的搅拌方法，抽滤的规范操作）及实验数据处理的方法和误差分析的方法等内容。

⑧实验结果和讨论。实验结果应表述完整、清晰，应包括对实验误差的分析或对不确定度的评定、对实验方案的改进及对实验中观察到现象的分析与解释等。

⑨实验结论。根据对实验现象的观察和对实验数据的统计分析，通过归纳总结，得出明确、科学、合理的结论，与实验目的相呼应。

(2) 根据一个实验项目，写一份完整的实验报告，并交给任课教师审阅，以便了解自己的不足与改进之处。

实验能力的最终提升归根结底在于以上各种能力的综合运用，因此只有在具体的实验过程中不断践行，才能最终提升实验能力。

第七章 社会调查能力的培育

【名人名言】

如果我们用比较方法把中国农村的各种类型一个一个地描述出来，那就不需要把千千万万个农村一一地加以观察而接近于了解中国所有的农村了。

——费孝通

研究现在的事实，最好的方法有社会调查和个案研究两种。社会调查是从数量方面下手，个案研究是从质量方面下手。

——杨开道

以试用假设始，以实地证验终；理论符合事实，事实启发理论；必须理论和事实糅合在一起，获得一种新综合，而后现实的社会学才能植根于中国土壤之上。

——吴文藻

人文社会科学类的创新研究以社会现象为研究对象，创新者往往需要到社会生活中去搜集资料并进行分析研究，进行社会调查，正如毛泽东同志所说，“没有调查就没有发言权”。作为搜集、处理社会信息，认识社会状况的有效手段，社会调查在人文社科类创新活动中具有重要作用。培育社会调查能力是培育创新素质的一项重要内容。

第一节 认识社会调查

在人们的认知中，社会调查是一种重要的方法，甚至可以说，没有调查就难以了解社会与体验人生。提高社会调查能力，首先要掌握社会调查的相关知识与方法。

一、社会调查及其基本类型

所谓社会调查，是指人们运用特定的方法和手段，从社会现实中收集有关社会事实的信息资料，并对其进行描述和解释的一种社会认识活动。

根据调查研究的具体目的、调查范围和调查对象及所用的具体调查方法的不同，社会调查包括以下几种常用的基本类型。

1. 普查

普查是指为了掌握被研究对象的总体状况，对全体被研究对象逐个进行访问的一种调查方式。普查一般是范围较广、规模较大的全面调查，如在全国、全省、全市（县）范围内，或在一个全国性行业范围内进行的调查。例如，全国人口普查、土地资源普查等。普查是一项庞大的调查工程，一般只能由政府牵头才可顺利进行。

2. 抽样调查

抽样调查是指从全体被研究对象中，按照一定的方法抽取一部分对象作为代表进行调查分析，以此推论全体被研究对象状况的一种调查方式。从总体所包含的全部单位中，抽取出来进行调查的部分单位的集合叫样本。抽样调查的特点主要是：按随机原则抽取调查单位，以足够数量的调查单位组成的“样本”来代表和说明总体，以样本推断总体的误差可以事先计算并加以控制。这样能够大量节省人力、物力和时间，快速提供资料，得出具有时效性的结论。抽样调查的局限性在于只能提供说明总体情况的统计资料，而不能提供说明各级情况的资料。

3. 典型调查

典型调查是指在对调查对象进行初步分析的基础上，选取若干具有代表性的对象作典型，对其进行周密、系统的调查，以认识调查对象的完整情况。这种方法，也就是毛泽东所说的“解剖麻雀”的方法。典型调查通过对有代表性的个别典型单位的了解，推及对同类事物和现象的认识，这符合我们认识客观事物的规律——从个别到一般。典型调查必须选择有代表性的典型，通过与典型面对面，深入实际地进行直接调查。典型调查的结论往往有一定的适用范围，不可先入为主，盲目夸大，以偏概全。

4. 个案调查

个案调查是指为了了解和认识个案本身的问题，对某个特定的社会单位作深入细致的调查研究的一种调查方法。任何一种社会现象，如一个人、一个家庭、一个团体、一个事件、一个社区，都可以当作个案来进行详尽的研究。个案调查往往比典型调查更为具体、深入、细致、公正。个案研究一般不存在是否要考虑它有没有代表性的问题，所得出的结论一般也不能用来推论有关总体。只有通过对个案的综合研究，才能从中推导出总体性结论。个案调查在调查时间、活动安排上有一定弹性，研究者可选用观察、访问、查阅文献等多种方法。

二、社会调查对创新的作用

社会调查在创新中的作用主要是通过描述状况、解释原因和预测趋势，为创新项目的研究提供依据和支撑。

(1) 社会调查通过对社会现状的精准描述，为创新提供事实依据。人文社科领域的创新首先必须建立在对社会现象的深刻认识上，如果创新脱离了社会现实，就只能沦为空谈。要深刻认识社会现实，就必须通过社会调查对社会现状进行深入了解和科学描述，这也是社会领域创新的第一步。比如，要深入认识我国社会中的离婚现象，首先必须对目前社会中的离婚现象，如离婚率、离婚者有哪些背景特征、离婚现象在总体上具有一些什么样的特点等状况有一个客观的、整体的了解。通过社会调查，我们就可以较为准确地描述出离婚现象在不同时期的差异程度，在城乡之间的差别，掌握离婚者的年龄分布、文化程度分布、职业分布及结婚时间长短等基本情况。这种客观的、精确的并且是多方面综合的描述，能较好地帮助我们认识离婚这种社会现象的真实现状。

(2) 社会调查还可以通过统计分析对纷繁复杂的社会现象进行解释，从而为创新提供科学依据。要进行社会科学领域的创新活动，就必须对纷繁复杂的社会现象进行科学统计，对社会现象产生的背后原因进行深入调查研究，才能产生有科学依据的创新成果。如果说社会调查所具有的描述状况的作用，是用来回答社会现象“是什么”或“怎么样”这类问题的话，那么，社会调查的第二个作用则是解释某种社会现象发生的原因，即可以用来回答社会现象“为什么是这样”或“为什么会如此”的问题。通过运用社会调查能够广泛地探讨不同社会现象之间的关系，探讨某一现象发生的原因。比如，在上述的离婚现象调查的例子中，我们可以通过社会调查来深入探讨夫妻双方的年龄差与离婚行为间的关系，探讨夫妻双方在收入上的差别、在文化程度方面的差异与离婚行为之间的关系等，从而达到在更深入的层次上认识和理解离婚现象产生的多种原因。

(3) 社会调查通过社会趋势预测为社会科学创新提供方向。科学预测是社会科学领域创新的一项重要功能，也是创新本身产生的重要契机，而这种科学预测必须通过扎实的社会调查才能实现。除了对过去的和现在的社会现象进行描述和解释外，在创新研究中通过社会调查还可以对未来某种社会现象，或者说对社会现象的发展趋势作出一定的预测。在互联网时代，由于大数据成果的广泛运用，对未来的预测更为精准与快捷。当然，这种预测同样要以对这一现象的准确描述和正确解释为基础。通过上述离婚现象的调查，当研究者对离婚现象的现状、特征及当事人作出离婚决定的各种原因有了比较清楚明确的认识后，研究者就能依据社会环境中各种因素或条件发展变化的趋势，对未来社会中的离婚现象作出科学的预测，从而提出切实可行的对策。

第二节　社会调查能力训练

本节从社会调查前期准备，社会调查实施，调查资料的甄别、分析与研究和社会调查总结这四个阶段开展社会调查能力训练。

一、社会调查前期准备

在社会调查开始之前必须认真做好准备工作。前期准备主要包括确定调查选题和设计调查方案两个方面。

（一）确定调查选题

选题作为社会调查研究的开端，决定着调查研究的内容和方向，也体现着社会调查的层次和水平，是社会调查成败的关键。确定调查选题往往要经历初步确定选题、选题明确化、通过文献调研甄选并最终确定选题三个步骤。

1. 初步确定选题

初步确定选题通常有三个途径：从现实社会生活中选题、从个人研究兴趣或者特定的生活经历中选题、从文献研究中发掘选题。首先，社会生活是丰富多彩且复杂多变的，其中蕴含着很多亟待解决的问题与矛盾，例如性别、阶层、年龄、文化、家庭、教育、环境、政策、健康、科技等方面的现实议题都可以产生社会调查的选题。其次，每个人由于先天因素和后天经历不一样，价值观和兴趣爱好也不一样，看待世界的方式和关注的问题也是不同的。美国社会学家贝利在《现代社会研究方法》中说："社会研究人员往往选择他们感到同自己生活特别有关的研究课题。"① 在社会生活中培养自己的观察能力和思考能力，多提几个为什么，也会产生许多有意义的选题。最后，各种各样的文献资料也可以启发我们的研究灵感。在面对各种各样的文献资料时，我们往往可以根据他人的思考方向对现有选题进行挖掘，看看别人当初的研究理由是否还存在，研究的问题是否已经解决，如果没有解决，还可以从哪些方面入手，是否有新的相关问题产生，还能从哪个角度进行研究，等等，这样也就产生了新的研究选题。

【训练】

（1）阅读下列三则选题案例，谈一谈这些选题的来源。

案例 1 随着互联网络等基础设施的不断拓展和完善，中国的网络游戏产业迅速蓬勃发展起来，网络游戏玩家数量持续高速增长，尤其是中小学低年龄的新玩家的持续加入，使得网络游戏市场不断地扩大。但是同时也出现了大量的青少年网游玩家沉迷于网络游戏中甚至产生心理依赖的成瘾症状。因此，社会各界的注意力已经集中于网络游戏的过度使用上。目前对网络成瘾的概念、界定标准和测量工具都存在较大争议，研究内容及技术路线都存在很多分歧和问题，更缺乏整合的理论模型。

这份调查报告在以往多种量表的基础上，对具有相同含义仅文字表述不一致

---

① ［美］肯尼思·D. 贝利：《现代社会研究方法》，许真译，26 页，上海，上海人民出版社，1986。

的症状进行归类，对一个问项中同时描述多个症状的，拆分为不同的问项（一个问项只描述一个症状），并使用统一的术语，由此产生了由13个问项组成的初始网络游戏成瘾量表。为了矫正初始量表，我们用这个量表来测量已经有明确分类的一群被试，进而依据测量结果与这群被试的分类的一致程度，来修正量表。这里的一个关键问题是，这群被试的分类应当是被科学地验证了的。本调查研究采用事件相关脑电位法，采用成瘾记忆 Stroop 实验范式，找到了可以区分网络游戏成瘾者和正常网络使用者的客观电生理指标，验证了这个分类。通过对这群已经被验证了的两组被试的问卷测量，删除了不能正确反映分类的问项，形成了“网络游戏成瘾量表”，并对此进行了信度和效度的测量，验证了“网络游戏成瘾量表”的稳定性、可靠性和有效性，并依据测量结果，给出了推断被试成瘾倾向程度的总分分界值。①

案例2 近年来，随着中俄经贸关系日益密切，国内农村劳动力大规模向俄罗斯转移，留守儿童群体出现并呈现出不断扩大的趋势。这种现象在黑龙江省边境地区尤为显著。在边境地区，由于留守儿童的父母双方或单方在俄罗斯务工，长期不能与这些儿童共同生活，势必给这些儿童的知识学习、身体健康发育、心理情感的培养、品德行为的塑造等方面带来种种不利的影响。如果留守儿童问题解决不好，不仅会影响到边境地区留守儿童自身的健康成长，还会影响到边境地区社会的稳定和经济可持续发展，影响到精准扶贫与乡村振兴。因此，对这一地区留守儿童社会化问题的研究，具有重要而迫切的现实意义。②

案例3 习近平早在2013年11月就首次提出了“精准扶贫”的思想，但具体如何精准识别、精准帮扶农村贫困户却仍是当前实践的难题。本文基于作者在山区贫困村的一次真实扶贫经历，并结合相关经济学理论，来深入分析当前农村的精准扶贫问题。结果发现，造成当前农村精准扶贫实践困境的表层原因是，缺乏客观手段和规则将扶贫资源的产权精准界定给贫困户，以及存在激励不相容问题导致驻村干部和村干部对扶贫资源的使用并不会完全朝着最大限度增加贫困户收入的方向决策。深层原因则是，在重劳动力型“民工荒”的背景下，当前真正的农村贫困户早已演变为那些老弱病残的家庭，即没有健康劳动力的家庭，或者就算有健康劳动力却被部分病残的家庭成员的医药费拖垮的家庭，这些贫困家庭有客观的识别依据，能实施有针对性的扶贫措施，而当前各地区的精准识别与精准帮扶政策却仍没有与此相适应地作调整，导致在识别和帮扶贫困户方面无法做到

---

① 戴珅懿：《青少年网络游戏成瘾诊断标准的修订、成瘾模型的构建与防治研究》，博士学位论文，浙江大学，2012。

② 翟继辉：《黑龙江省边境地区农村留守儿童社会化状况实证研究》，硕士学位论文，黑龙江省社会科学院，2010。

精准。①

（2）根据前面章节谈到的选题的三个标准，试着从上面三种选题途径出发，结合自己的学科专业背景，为自己选择2～3个备用调查选题，并一一列举出来。

2. 选题明确化

在实际选择一项调查课题时，初学者或缺乏经验的研究者常犯的一个错误是：往往只选择某一个比较宽泛的或者是比较笼统的问题领域，甚至是某类社会现象或社会问题，而不是一个明确的、具体的调查课题。此时，就需要从这些含糊的、笼统的、宽泛的、粗略的研究范围或者研究领域里进一步明确研究问题，对调查课题进行某种界定，给予明确的陈述，从而使其转变成特定领域中的焦点集中的、切实可行的调查课题，即必须使调查课题明确化与细分化。

对于初学者来说，要清楚地陈述所要调查的课题，即对选题进行明确化时，可以先将宽泛的问题转化为狭窄的问题、将一般性问题转化为特定的问题，也就是限制和缩小选题的范围；同时，在对调查课题进行界定、陈述和明确化的过程中，最好能用变量的语言来对调查课题进行陈述。通过上述办法，同一宽泛的选题领域往往可以明确化为多个选题备用。

【训练】

阅读下列案例材料，进一步认识什么是选题明确化，并依照案例给出的分析办法对下文列出的选题进行仔细分析并修改，使修改后的选题更加清晰。

某班学生在上一节内容学习后按教师的要求做了一次选择调查课题的练习。从他们所选择的调查课题中，挑出以下几个作为例子。

甲：我国社会中的青少年犯罪问题调查研究

乙：农村青年的价值观研究

丙：当前我国社会中的家庭问题调查研究

不难发现，这几个课题都很有意义，但是它们的共同缺点都是过于宽泛。应该对这三个课题进一步细分。

课题甲　“青少年犯罪问题”可以缩小内容范围，将其转化为诸如“青少年犯罪的原因研究”或“青少年犯罪的特点研究”等类似课题；还可以进一步缩小问题的范围，改变为诸如“家庭关系与青少年犯罪”“青少年初次犯罪的原因研究”等课题。

课题乙　“农村青年的价值观研究”可以缩小内容范围，将其转化为诸如“某省青年农民的消费观研究”或“家庭结构与农村青年的生育意愿研究”等具体、确切的课题。

---

① 李超、张超：《农村精准扶贫的实践困境及其深层原因探析——基于山区贫困村的扶贫调研》，载《社会科学家》，2018（9）。

课题丙　“当前我国社会中的家庭问题调查研究”可以缩小内容范围后转化为诸如“城市家庭中的代际关系研究”“家庭结构对家庭关系的影响研究”“当前城乡家庭生活方式比较研究”等课题。

按照上述案例对如下课题进行明确化：

（1）民工潮现象研究；

（2）农民工大众媒介使用与社会化进程；

（3）大学生考证研究；

（4）医护人员职业倦怠问题研究；

（5）流动人口身心素质调查研究；

（6）中国人流行病防范意识研究。

3. 进行文献调研甄选并最终确定选题

在选定几个调查选题并对这些选题明确化之后，你可能发现在同一个领域会产生几个相关的选题。那么，如何对相关的选题进行进一步甄选从而确定最终选题？这就要围绕着选题，通过文献调研弄清他人对此选题已经做过哪些调查研究，收集了哪些资料，解决了哪些问题，全面、系统、准确地掌握该领域选题的相关信息，从而让自己的最终选题变得精确，正确选择自己的调查研究的起点和重点，形成自己的研究假设。

任何领域的创新研究，都需要以前人已经进行过的相关研究为基础，都需要进行文献资料的搜集和整理。只有这样，才能了解相关研究的历史、现状、存在的问题与不足，才能了解前人已取得的研究成果及今后发展的趋势等，才能科学、有效地开展新的研究工作，避免走弯路和重复研究。具体来说，文献调研的作用主要体现在三个方面。

（1）避免重复劳动。任何学科领域发展到一定阶段，几乎鲜有无人涉足的“处女地”存在。当我们有一个感兴趣的选题时，首先要看看别人是不是也研究过这个选题，采用了什么研究方法，得出了什么研究结论，这些研究结论是否已足够科学且完美地完成了这一选题。如果前人的研究已无懈可击，就需要放弃你的选题以免浪费人力、物力。若你在前人的研究中找出了漏洞或者与前人的研究有不同的设计、方法等，那就可以继续进行同一个选题方面的有创新性的研究了。

（2）精确和细化调查研究的方向。有了一个研究领域的选题范围后，可以通过文献调研了解现有的研究基础、存在的问题和不足之处、研究的发展趋势及在现有研究基础上进一步深入的可能性。系统全面地了解研究现状，可以帮助我们找到调查研究的空白点，找到有价值的调查研究的问题，最终确定调查研究的方向和选题。

（3）借鉴他人经验。在查阅相关文献时，还可以从别人发表的研究成果及其完成的调查工作经历中，借鉴他们的经验和教训，从而进一步理清自己的思路，完善自己的调查选题方案，对已有选题进行合并、补充和甄选。

【训练】

（1）阅读下列两则案例，谈谈它们分别体现了文献调研的哪种作用。

案例1　美国阿波罗宇宙飞船登月计划中，有一项钛合金空舱压力实验，科研人员用了20个钛合金空舱充甲醇做实验，结果因出现穿孔而报废，经济损失高达150万美元。事后才知道只要事先查一查美国的《化学文摘》就可以完全避免这次损失。因为早在10年前的文献中，就已经发现了解决这个问题的办法，只要在甲醇中加2%的水就行了，检索这篇文献的时间只需10多分钟。无独有偶，我国某研究所用了大约10年的时间研制成功"以镁代银"新工艺，满怀信心地去申请专利，可是美国某公司早在20世纪20年代末就已经获得了这个专利。这项专利的说明书就收藏在该研究所。①

案例2　第二次世界大战后，日本迅速崛起，显示出科技进步的作用。日本仅用了15年的时间就走完了西方先进工业国家半个世纪的历程，使其迅速跻身世界经济强国之列。在市场经济条件下，科技、信息情报对经济发展起着至关重要的作用。任何个人、企业乃至国家，要想在竞争中站住脚，都必须掌握先进的科学技术和足够可靠的情报，并运用其进行科学决策。例如，日本的丰田汽车曾经差点挤垮美国的第二大汽车公司，并不是日本的技术比美国高，日本人也承认他们的技术并不比美国强，而是情报工作做得好。日本人发现美国造的汽车虽然宽大、舒适、富丽堂皇，但是费油。他们通过收集情报，分析10年内必然出现石油的短缺，因此，查找收集了世界各国有关汽车省油的资料，集中生产了小而经济省油的汽车。果然，到了20世纪70年代末，日本的丰田汽车风靡世界，显示出优势。"以情报求生存，以情报求发展"已经成为我国当今众多有远见卓识的企业家的共识。②

（2）找出在前文训练中通过选题明确化操作后得出的所有选题，对其中有意向的几个选题进行如下操作：①分别确定选题的关键词和近义词，在图书馆电子数据库里搜索相关文献，每个选题包括30篇中文文献和10篇英文文献，阅读并做笔记。②根据文献调研对上述选题进行取舍，并根据文献对所得选题进行修正，还可不断重复上述过程，直至确定最终选题。

最终调查选题确定以后，还要依据调查选题及文献调研的结果写出一份可行性报告。

可行性报告的最终目的是说明调查选题是具备研究意义和研究价值的。可行

---

①　王学东、魏敬收、刘绪平等：《现代信息检索技术》，11页，哈尔滨，哈尔滨工程大学出版社，2008。

②　王学东、魏敬收、刘绪平等：《现代信息检索技术》，10页，哈尔滨，哈尔滨工程大学出版社，2008。

性报告主要内容一般包括调查研究的背景和意义、国内外研究现状与发展趋势、研究假设和主要调查内容、调查研究的创新之处等。

调查研究的背景和意义就是说明为什么要对这个选题开展调查研究、这个选题有什么样的调查研究价值，是对调查者选择这一课题的动机、意图、方向、价值等是否明确的一种检验。这既包括对调查课题本身含义的理解，即该调查研究要探讨和回答什么问题，也包括对调查课题在人们认识社会、改造社会中所具有的作用的理解。一般可以从现实需要、理论需要、未来需要等方面进行阐述，论证要有说服力和针对性，切忌漫无边际和空洞无物地喊口号。

国内外研究现状与发展趋势部分通常被称为文献综述，主要是对迄今为止别人已做过的相关研究进行展示、归纳和述评。通常必须关注的几个问题是相关领域对这个问题开展研究的程度、取得了哪些成就、以往的建议与对策是否成功、存在哪些不足和问题、你的调查研究是否对这些问题进行完善和补充、存在哪些创新的地方。

研究假设和主要调查内容部分是为了说明调查研究课题将具体做什么和怎么做的问题。为加强调查的目的性，调查者可根据对问题的了解和理解事先提出某种假设，即先给出调查的观点，然后通过调查进行说明。主要调查内容则是指用什么调查方法来完成调研目的。实际的社会调查中常常多种方法并用，这一部分如果需要的话，可以画一些流程图来示意调研方案，这样可能更加直观一些。

调查研究的创新之处部分主要介绍你的研究与他人的研究有何主要区别，有什么创新之处。创新可以体现在理论上（对某方面理论进行发展或者补充）、研究内容上（别人未研究的相关问题）、研究方法上（用了别人未使用过的研究方法）、研究对象上（同样的研究问题别人还没有研究过该研究分支）等等。

【训练】

（1）阅读下列材料，体会可行性报告撰写的具体方法。

材料1

陕西省是中华文化的发祥地之一，省会西安是世界历史文化名城和国际著名的旅游城市，在其周边地区分布着数量众多的历史小城镇。近年来由于城市化进程的不断加快，这些小城镇在现代化建设的冲击下无法摆脱被破坏的命运，特别是其中的省级历史文化名城及尚未纳入保护体系的历史小城镇。虽然这些城镇的地位不够突出，没有受到特别的关注和保护，但它们却因此保存了城镇原真的历史发展过程，反映了本原的生命历程，印刻了城镇发展的历史记忆。它们的价值就在于唤起了人们对历史城镇原真的发展过程的关注。因此，对这类历史小城镇的保护问题进行分析，探索适合其历史保护的正确理论和方法，提出契合实际的对策，具有紧迫的现实意义。

这篇调查报告在历史保护相关理论的指导下，以三原县城为研究对象，在深入调查的基础上，从城市规划学和建筑学的专业角度，同时运用社会学、经济学等多学科知识，对三原的历史文化特征及当前保护面临的主要问题进行分析，同时基于这些分析结论运用专业理论和设计方法，对三原县城的保护观念、原则和方法进行了探讨，并将其研究结论作为西安周边地区其他历史城镇（如蒲城县、乾县、周至县等）保护的参照与借鉴。①

材料 2

随着我国金融、电信和互联网的迅速发展，借助高科技手段的电信诈骗迅速产生和蔓延。电信诈骗是传统诈骗与现代通信技术相结合而产生的一种新的诈骗犯罪形式，利用现代通信技术手段发送欺诈信息，骗取数额较大的公私财物。当前对电信诈骗的现象主要从法学的角度进行研究，如胡向阳、屈学武、王大为和温道军等对电信诈骗的特点、原因和防控对策进行了分析；除此之外，许福生、王松丽等还对打击电信诈骗存在的问题进行了探讨。已有研究对电信诈骗基本都从“客位观点”的角度进行讨论，而且大多从宏观方面分析。对结构性的东西探讨较多，而对电信诈骗的研究缺乏动态过程的分析。且单纯以犯罪群体作为研究对象，忽略犯罪群体内部具有年龄、文化程度等差异性。

为弥补当前研究的不足，我们试图从“主位观点”的角度进行分析，即把研究对象聚焦到实施诈骗的农村青年，通过与之建立“我群关系”进行资料收集，同时对其诈骗行为的动态过程进行分析，其目的是探讨农村青年如何陷入诈骗行业，其在诈骗过程中的心理状态如何，以及诈骗行为何以延续和断裂。这里的“延续”指的是诈骗行为的再生产，即诈骗者出事被抓，放出来后继续行骗。断裂指的是诈骗行为的终结，即诈骗者最终选择退出诈骗团伙而不再行骗。“我群关系”指日常生活中的行动者在自然态度状态下，与他人面对面的关系。②

（2）阅读下列文字，回答费孝通做江村调查，撰写《江村经济》的主要目的和出发点是什么，他选择开弦弓村作为调查地点出于何种考虑，并进一步回顾社会调查课题选择的标准、途径和意义。

这是一本描述中国③农民的消费、生产、分配和交易等体系的书，是根据对中国东部，太湖东南岸开弦弓村的实地考察写成的。它旨在说明这一经济体系与特定地理环境的关系，以及与这个社区的社会结构的关系。同大多数中国农村一样，这个村庄正经历着一个巨大的变迁过程。因此，本书将说明这个正在变化着的乡村经济的动力和问题。

这种小范围的深入实地的调查，对当前中国经济问题宏观的研究是一种必要的补充。在分析这些问题时，它将说明地区因素的重要性并提供事实的例子。

---

① 张晓荣：《西安周边地区小城镇的历史保护规划研究——以三原历史文化名城保护规划为例》，硕士学位论文，西安建筑科技大学，2007。

② 吴鲁平、简臻锐：《农村青年电信诈骗行为的产生、延续与断裂——基于东南沿海某村 6 名诈骗者的质的研究》，载《青年研究》，2014（1）。

③ 这段文字中的“中国”指的均是 20 世纪 20～30 年代的中国。

这种研究也将促使我们进一步了解传统经济背景的重要性及新的动力对人民日常生活的作用。

中国越来越迫切地需要这种知识，因为这个国家再也承担不起因失误而损耗任何财富和能量。我们的根本目的是明确的，这就是满足每个中国人共同的基本需要。大家都应该承认这一点。一个站在饥饿边缘上的村庄对谁都没有好处。对人民实际情况的系统反映将有助于使这个国家相信，为了恢复广大群众的正常生活，现在迫切地需要一些政策。这不是一个哲学问题，更不应该是各学派思想争论的问题。真正需要的是一种以可靠的情况为依据的常识性的判断。

目前的研究，仅仅是一群懂得了这一任务的重要性的中国青年学生们的初步尝试。在福建、山东、山西、河北和广西都开展了同样的研究。将来还会有更广泛、组织得更好的力量，继续进行研究。①

(3) 运用以上关于选题的知识来确定你即将进行的社会调查的最终选题，并撰写可行性报告。

（二）调查方案设计

调查课题的确立实际上是对整个调查研究工作提出了所要达到的目标，是社会调查的第一步。如何去达到这一目标，则是调查方案设计所要完成的任务。调查方案设计就是对调查工作的各个方面进行通盘考虑和安排，提出相应的实施方案，制订出合理的工作程序。调查方案设计一般包括的内容有：确定调查目标、设计调查指标、确定调查对象和调查方法、确定抽样方案、明确数据整理和分析的基本要求、制订调查工作组织计划等。

1. 确定调查目标

明确调查目标是设计调查方案的第一步，包括明确为什么要进行此项调查（调查的目的），通过调查要了解哪些问题（应具有概括性），调查结果的用途是什么（用于研究什么问题）等。调查目标明确，一方面可以使参加调查的人员统一认识、协同工作，另一方面可使被调查者能够自觉主动地与调查者密切配合。

【案例】

某商场准备开展一次顾客调查，调查的目的是要制订有效的营销策略，提升销售业绩。为此需要了解的信息包括顾客的基本情况、主要的购物心理行为、对商场的评价和建议等。调查结果的用途是为了找到该商场的不足之处，研究提升销量的有效措施。调查目标的确定要事先做充分的准备。调查者首先明确企业最需要解决的问题和需要了解的信息，然后了解分析与决策问题有关的背景资料，如企业销售记录、消费者关注点、市场动态、顾客流量等。在此基础上明确本次

---

① 费孝通：《江村经济：中国农民的生活》，21页，北京，商务印书馆，2005。

调查需要重点收集的资料，最后写出调查目标的说明。要探询造成该商场销售下滑的主要原因是什么，可先提出调查假设：根据现有资料的分析，认为不是竞争对手的原因，主要是目标顾客对商场的商品价格、种类、服务不满意造成了销售业绩下滑。然后可以就这些方面进行重点调查。①

2. 设计调查指标

调查目标确定只是规定了信息收集的大致范围，内容还不够具体，还不能用以设计问卷和具体问题，因此还需要进一步设计调查指标。调查指标主要是根据调查课题分解出来的反映调查对象的类别、规模、水平、速度等特性的项目构成的调查指标体系，为调查提纲、调查表和问卷表的制定奠定基础。调查设计者需根据调查指标规定的每类问题需要收集的具体材料，具体到能进行直接调查的可操作变量为止。

【训练】

体会下列案例中调查指标的选取情况。

案例1　某商场需要了解广告对顾客的影响，而顾客的信息接收途径是调查中需要了解的问题之一，这就需要把顾客的信息来源做详细划分，如细分为电视、报纸杂志、网络、街头广告、单位同事、亲朋好友等，而广告作为信息来源之一就构成了“广告对顾客的影响”这一问题的一个调查指标。

案例2　在一项有关某城市就业问题的社会调查中，该城市每一个合格的劳动力（假设为年龄在18～60岁的健康居民）就是我们的调查对象。在调查中需要用在业、待业、失业等来描述他们中每一个人的状况，用年龄、性别、文化程度等来描述他们每个人的特征。那么“就业状况”“年龄”“性别”“文化程度”就可以设定为我们的调查指标，将这些对单个劳动力就业状况的描述聚合成“就业率”或“待业率”“失业率”，就可以描述该市劳动力总体的就业状况；而待业者的平均年龄、男女比例、文化程度分布等，就可以分析和解释与这种就业状况相关的各种原因和结果。

3. 确定调查对象和调查方法

社会调查的对象要明确，该对象应具备什么条件，调查的区域范围有多大，这些区域应具备什么要求等。调查方法是向被调查者收集资料的方法，常用的方法有访谈法、问卷法、观察法、实验法等，同一调查课题往往采用不同的方法，同一方法也适用于不同课题的研究。

【案例】

对某商场顾客的调查，调查地点通常选择在商场门口，如需深度访谈则要入

① 聂平平、冯小林、汤舒俊：《社会调查理论与实践》，57页，南昌，江西人民出版社，2016。

户调查；调查对象可根据年龄分类，即按老、中、青年客流比例确定；调查时间可选择客流高峰期；调查方式可采用问卷拦访的形式，每小时发放若干份问卷，由顾客填写后收回。

4. 确定抽样方案

抽样方案主要为了说明调查对象对研究对象是否具有代表性。在具体抽样方案的设计中需明确以下几个方面问题：界定调查对象的范围（总体）和抽样单元（总体中的个体）；采用什么样的抽样方法和程序进行抽样，也就是说，是以某一种抽样方法单独进行抽样，还是采用几种方法结合进行。还要考虑抽样的具体步骤如何、样本规模的大小及样本准确性程度的要求。常用的抽样方法主要有随机抽样、系统抽样、分层抽样、整体抽样 4 种，每一种抽样方法都有它的优缺点与适用条件。

【训练】

（1）自学抽样调查相关知识，并列出 4 种常用的抽样方法和相应案例，并谈谈每种抽样方法的优缺点。

（2）阅读下面这则抽样案例，判断这是哪种类型的抽样，谈谈这种抽样方法的适用条件。

某系共有学生 360 人，系学生会打算采用抽样的办法，从中抽取出 60 人进行调查。为了保证抽样的科学性，他们先从系办公室那里得到一份全系学生的名单，然后给名单中的所有学生都编上一个号（从 001 到 360）。抽样框编好后，他们又用 360 张小纸条分别写上 001、002……360 的号码。他们把这 360 张写好不同号码的小纸条放在一个盒子里，搅乱掺混后，随意地摸出 60 张写有不同号码的小纸条。然后，他们按这 60 张小纸条上的号码找到总体名单上所对应的 60 位同学。这 60 位同学就构成了他们本次调查的样本。

虽然不同的抽样方法具有不同的操作要求，但从大的程序看，确定抽样方法通常都要经历以下几个步骤。

（1）界定总体。界定总体就是指在具体抽样前，必须根据研究目的对拟从中抽取样本的总体范围与界限作明确的界定，事先了解和掌握总体样本的结构。这首先是因为抽样调查虽然只对总体中的一部分个体实施调查，但其目的却是描述和认识总体的状况与特征，是发现总体中存在的规律，所以必须事先明确总体的范围。同时，界定总体也是获得良好抽样效果的前提条件。如果不能清楚明确地界定总体的范围与界限，无论采用哪种抽样方法都有可能抽出缺乏代表性的样本，从而不能反映整体。

（2）制定抽样框。抽样框又称“抽样框架”“抽样结构”，是指对可以选择作为样本的总体单位列出名册或排序编号，以确定总体的抽样范围和结构。制定抽样框的任务就是依据已经明确界定的总体范围，收集总体中全部抽样个体的名单，并通过对名单进行统一编号，从而建立起供下一步抽样使用的抽样框。

【案例】

如果要在某大学进行该校大学生职业观的抽样调查，第一步就要先对总体进行界定。本次调查的总体可以界定为：该大学所有在读的全日制本科生和研究生。这样，该校的专科生、自考生及其他一些不符合上述界定的学生就被排除在总体之外。而制定抽样框这一步的工作，就是要收集全校各系所有在读本科生及研究生的花名册，并按一定的顺序将全部花名册上的名单统一编号，形成一份完整的、既无重复又无遗漏的总体成员名单，即抽样框，从而为下一步抽取样本打下基础。

(3) 决定抽样方案。抽样的方法很多，不同的抽样方法都有自身的特点和适用范围。因此，对于具有不同研究目的、不同调查范围、不同调查对象和不同客观条件的社会调查来说，所适用的抽样方法也不一样。这就需要我们在具体实施抽样之前，依据研究的目的和要求，依据各种抽样方法的特点及其他有关因素，来决定具体采用哪种抽样方法。

(4) 实际抽取样本。实际抽取样本的工作就是在上述几个步骤的基础上，严格按照所选定的抽样法，从抽样框中抽取一个个的抽样单位，构成调查样本。

(5) 样本评估。完整的抽样过程还应包括样本抽出后对样本进行的评估工作，即对样本的质量、代表性进行初步的检验和衡量，其目的是防止由于样本的偏差过大而导致调查的失误。样本评估的基本方法是，将可得到的反映总体中某些重要特征及其分布的资料，与样本中的同类指标的资料进行对比。若两者之间的差别很小，则可认为样本的质量较高，代表性较好；反之，若两者之间的差别十分明显，那么样本的质量和代表性就一定不会很高。

【案例】

从一所有4000名学生的大学中抽取200名学生作为样本，该校男生占学生总数的78%，女生占22%；本省学生占64%，外省学生占36%。对抽出的200名学生进行这两方面分布情况的统计。假定样本得到的结果为：男生占76%，女生占24%；本省学生占67%，外省学生占33%。两相对比，不难发现两者之间的差距很小。这在一定程度上说明，样本的质量和代表性比较高，从这样的样本中得到的结果能较好地反映和体现总体的情况。当然，用来进行对比的指标越多越好，各种指标对比的结果越接近越好。

【训练】

阅读下面一则案例，谈谈案例中的抽样存在的问题。

1936年美国总统大选投票前，《文摘》杂志寄出1000万张询问投票倾向的明信片，然后依据收回的200万份调查结果就极其自信地预测共和党候选人兰登将以领先15%的得票率战胜民主党候选人罗斯福而当选总统。然而，选举结果使预测者们大失所望：获胜者不是兰登，而是罗斯福，并且其得票率反超过兰登20%，《文摘》杂志因此而声誉扫地，不久就关了门。是什么原因导致《文摘》杂志的预测失败了呢？除了抽样方法及邮寄方式上的原因外，对抽取样本的总体缺乏清楚的认识和明确的界定也是极为重要的原因。因为当时编制抽样范围所依据的并不是美国全体已登记的选民名单，而是电话号码簿和汽车登记簿，再从这些号码上进行抽取。这样一来，那些没有家庭电话和私人汽车的选民就被排除在抽样的总体之外了。而在当时，由于1929年开始的美国经济大萧条的影响，一方面，大量美国人滑落到下等阶层；另一方面，此时的劳动阶层选民希望选个民主党人当总统，因而很多人出来投票。结果，这些未被抽到的民意测验样本中的较穷的选民绝大部分投了罗斯福的票，使《文摘》杂志的预测遭到惨败。

5. 明确数据整理和分析的基本要求

数据整理的要求主要是指对后续调查中所获得的数据资料的有效性的判断标准和处理要求、数据存储的要求和格式等方面做出明确规定，为调查结束后的数据分析奠定基础。现代数据分析一般都需要借助计算机软件进行，可以事先选好统计软件并提出使用要求。

6. 制订调查工作组织计划

调查工作组织计划是为确保调查的顺利实施而拟定的具体工作安排。主要包括：对调查人员的选择标准和培训计划、分工、监督管理制度等；调查所需工具的准备，如器具性的摄像机、照相机、录音笔等，再如文书性的访谈提纲、问卷表、统计表等；根据调查要求合理统筹确定各环节所需费用；合理安排整个调查流程各环节的时间进度。

【训练】

(1) 下面提供一则完整的调查设计方案案例，仔细阅读后列出这则调查设计方案的调查目的、调查指标、调查对象、调查方法、抽样方案、数据分析方法等。

案例：重庆市孤残儿童社会接纳程度调查研究方案

①调查背景与调查目的

孤残儿童是指由于种种原因失去家庭或被父母遗弃的孩子，传统的孤残儿童的照顾模式通常是以儿童福利院为核心的院舍照顾模式，实践证明，这种照顾模式存在着不利于儿童的心理发展和社会化、容易对儿童产生“标签化”作用、忽视孩子的个别化特征等一系列问题。因此，转变儿童福利机构的职能，建立以家庭寄养、家庭收养为核心的孤残儿童社区照顾模式将是大势所趋。

为适应儿童福利工作发展的新趋势，为我市开展孤残儿童寄养工作提供第一手资料和工作参考，我们组织这次题为“重庆市孤残儿童社会接纳程度”的调查研究。希望通过此次调查研究，了解重庆市民对孤残儿童的基本看法，了解哪些市民愿意为孤残儿童提供帮助，哪些市民愿意参与寄养工作，其帮助及参与的动机是什么，他们愿意帮助及接收什么样的儿童，哪些因素会影响他们做决定。由于影响市民对孤残儿童接纳程度的因素很多，而在一次具体的社会调查中，我们不可能面面俱到。在参考以往的同类研究及相关研究的基础上，我们选择从教育状况、家庭经济因素、儿童状况、市民对孤残儿童及寄养家庭的社会态度等方面来进行研究。

②研究假设

第一，家庭经济因素影响市民对孤残儿童的接纳程度；第二，市民对孤残儿童的社会态度影响市民对孤残儿童的接纳程度；第三，市民对家庭寄养的社会态度影响市民对孤残儿童的接纳程度；第四，孤残儿童状况影响市民对孤残儿童的接纳程度和家庭寄养。

③调查内容：个人及家庭基本情况、对孤儿及残疾儿童的看法、对家庭寄养的看法、是否愿意参与家庭寄养工作、在做出是否参与寄养工作时考虑的因素五个方面。

④调查方式与数据分析方法：本次调查采用抽样调查的方式进行，通过问卷法来收集资料，利用 SPSS 分析软件对调查资料进行单变量描述统计和双变量交互分类统计分析。

采用多级抽样的方法来抽取调查对象。首先在重庆市渝中区、江北区、沙坪坝区、九龙坡区、大渡口区、南岸区、巴南区、渝北区 8 个主城区的所有街道中随机抽取 16 个街道；然后在每个抽中的街道中随机抽取 2 个居委会；再在被抽中的居委会中随机抽取 2%的家庭户，调查对象为户主。

⑤调查员的选择与培训

调查员应具备的条件如下。

第一，仪表端正、大方。

第二，举止谈吐得体，态度亲切、热情。

第三，认真负责、积极的工作精神及职业热情。

第四，把握谈话气氛的能力。

第五，经过专门的市场调查培训，专业素质好。

对调查员的培训必须以实效为导向，人员的培训决定采用举办培训班、集中讲授的方法，针对本次活动聘请有丰富经验的调查员面授调查技巧、经验，并对他们进行思想道德方面的教育，使他们充分认识到调查的重要意义，培养他们强烈的事业心和责任感，端正他们的工作态度、作风，激发他们对调查工作的积极性。

⑥人员安排

根据调研方案，本次调研需要的人员有三种：调研督导、调查员、复核员。具体配置如下：

调研督导：1 名

调查员：15名

复核员：1～2名，可由督导兼职，也可另外招聘

如有必要还将配备辅助督导1名，协助进行访谈、收发，检查问卷与礼品。问卷的复核比例为全部问卷数量的30%，全部采用电话复核方式，复核时间为问卷回收的24小时内。

⑦调查程序及时间安排

在调研项目确认后，有计划地安排调研工作的各项日程，用以规范和保证调研工作的顺利实施。按调研的实施程序，可分5个小项来对时间进行具体安排。

调研方案、问卷的设计：5个工作日

调研方案、问卷的修改、确认：2个工作日

项目准备阶段（人员培训、安排）：1个工作日

数据预处理阶段：3个工作日

数据统计分析阶段：5个工作日

⑧经费预算

项目	策划费	交通费	调查人员培训费	公关费	访谈费	问卷调查费	统计费	报告费	总计
金额	1500元	500元	500元	2000元	2000元	2000元	1000元	500元	10000元

（2）仿照上面所提供的调查设计方案案例设计出你自己的调查设计方案，完成后提交相关专业教师，依据教师的反馈意见对你设计的调查方案进行进一步完善。

（3）自学调查问卷、访谈提纲编制的相关知识，根据你的调查设计方案中所确定的调查指标和选用的调查方法编制出你的调查问卷、访谈提纲等调查工具。

二、社会调查的实施

社会调查实施阶段就是进入社会调查现场对已定的社会调查方案切实执行的阶段。这一阶段的主要任务是根据调查设计的具体要求，运用确定好的社会调查方法进入调查现场搜集研究所需的第一手资料。这一阶段重点训练两个方面：一是掌握各种调查方法的要领与技巧，并在实践中切实运用；二是加强调查工作的组织管理，统筹好各方面关系。

（一）掌握各种调查方法要领与技巧

无论采取哪一种调查方法，都要做好记录，做到勤问、勤看、勤记，利用一切机会发现问题产生和发展的脉络；既要做好口头资料的收集，还要做好文字资料的收集；同时要及时集中、整理调查资料，做到边收集资料边进行资料审核工作，以便随时发现问题，及时进行资料的补充调查和修正工作。但是具体到每一

类不同的调查方法，又有一些不同的要领和技巧需要掌握。下面重点谈谈问卷调查法、访谈法和实地研究考察法的训练。

1. 问卷调查法的要领与技巧训练

问卷调查是一种以问卷作为书面调查工具和手段来进行资料搜集的调查方法，它要求被调查者具有一定的书面理解能力和文字表达能力。在实践过程中，问卷调查法主要从如下几个方面来把握。

（1）把握问卷设计的总体思想

问卷设计是否科学合理是问卷调查成败的关键。问卷设计并非简单列出一组问题，而要考虑到多方面因素的制约，必须经过精心准备与反复推敲才可完成。其一，要围绕调查目的来选取调查指标并设计问卷。问卷设计要紧紧围绕所研究的问题和所要测试的关键变量来进行，问卷中必须问什么、不必问什么都应严格受到研究目的的制约。也就是说，任何一个调查指标的选取都必须能够反映调查目的的某个方面，多种调查指标集合起来共同服务于调查目的。其二，调查的内容要从被调查者角度出发来考虑。必须认识到被调查者才是问卷调查的核心，调查内容的设计要充分考虑到被调查者的认知情况、答题兴趣、意愿、心理和精力等，这样才能使获得的调查结果真实准确地反映研究对象的情况。其三，问卷设计还要充分考虑到问卷的使用方式和资料的分析方式，因为不同的使用和分析方式对问卷有着不同的要求。若对资料主要进行定性分析，那么就应以开放式问题为主；反之，若进行定量分析，则应以封闭式问题为主。除上述方面外，还要考虑调查经费多少、调查人员多少、调查时间长短等对问卷设计的限制。

【训练】

①找一份你接触到的调查问卷，分析其设计上是否存在问题，并进行修改。

②找几篇发表在《社会学研究》或相关社会科学学术刊物上采用问卷调查的社会调查文章进行阅读与分析，看看其问卷设计是如何反映调查目的的。

（2）重视调查问卷的结构

一份问卷一般由封面信、指导语、问题、答案、编码和其他资料组成。封面信是一封致被调查者的短信，其作用在于向被调查者介绍和说明调查者的身份、调查目的等内容。封面信直接影响被调查者是否愿意参与到调查中来，能否如实地填写问卷，能否把填写好的问卷寄回来等。指导语是用来告知被调查者如何正确填答问卷从而正确完成问卷调查工作的一组陈述。问题和答案是问卷的主要部分，从内容上分为有关事实的、有关态度的和有关个人背景资料的三大类。编码就是把问卷中询问的问题和受调查者回答的答项，转变为英文字母和数字，以便录入电子计算机并对有关数据进行处理。除了上述内容之外，问卷还包括一些相关资料，如问卷名称、编号线、问卷发放及回收日期、调查员、审核员姓名、被调查者地址及联系方式等，也都需要搜集完整。

【训练】

①阅读下列文字，判断 a、b、c 三个方面内容分别组成调查问卷的什么结构？发挥什么作用？

a. 尊敬的家长

您好！

我们是××××大学社会调查中心调查员，为了了解进城务工人员及其子女的生活状况和基本需求，探索进城务工人员子女教育和成长的有效途径，我们开展了这项“进城务工人员子女教育公平问题”的调查。

您的意见和建议对我们十分重要，本次调查不用填写姓名，答案也没有对错之分。希望您能抽出宝贵时间，根据自己的实际情况填写这份问卷。

谢谢！

××××大学社会调查中心

××××年××月××日

b. 如果没有特别注明，则问卷中题目一般都是单项选择题，只有一个答案。多个答案的地方，我们会在题目后面注出。每页右边的一行数字和短横线上的数字是我们编码录入计算机用的，您不必填写。

c. 您的职业：(请在合适答案后的横线上打√)

工人____；农民____；军人____；教师____；医务人员____；公务员____；科学研究人员____；企业管理人员____；私营企业主____；个体经营者____；其他____。

②若你选择的调查课题中有问卷调查的需要，请根据以上调查问卷结构的相关知识，初步列出你的调查问卷框架。

(3) 遵循调查问卷设计的原则与步骤

调查不是研究人员单方面努力就能完成任务的，要想从被调查对象那里获得资料，需要对方的支持。填写问卷对被调查对象来说是一种额外事务，他们既可能采取合作的态度，也可能采取直接拒接或消极抵触的行为。因此，问卷设计最基本的原则就是要为被调查者着想：一是问卷设置要考虑被调查者的能力，如阅读能力、理解能力、表达能力、记忆能力等；二是问题设计要关照被调查者的答题意愿，避免出现无关紧要的问题；三是要注意保护被调查者的隐私，规避敏感问题，必要时可采取一些迂回方式侧面设问。

调查问卷的设计一般应该遵循下述步骤：一是设计问卷前先做一定的摸底工作，熟悉和了解调查对象的基本情况，避免在设计问卷时，出现许多含糊的问题；二是设计问卷初稿；三是对问卷初稿进行试用和修改，确保其科学性；四是根据试用情况找出问卷初稿中所存在的问题后，逐一对问卷初稿中的毛病进行认真分析和修改，并对校样进行反复检查后，问卷才能印刷并正式使用。

【训练】

①阅读下列问卷设计中的调查问题，判断其设置是否科学合理。

a. 你认为中国社会当前面临最大的问题是什么？

b. 你在工作中收受过他人贿赂吗？

c. 10 年前你家每个月用于人情的花费大概需要多少（包括过节走亲戚、平时街坊邻里红白喜事等所花的钱）？

d. 你在重大考试中有过作弊行为吗？

②根据调查问卷设计的原则和步骤，进一步设计出你的完整的调查问卷，并将最终版本交给专业课教师帮助你修改。

（4）注意问卷的发放与回收

调查问卷的发放按照途径不同主要有四种方式：一是个别发放，问卷印制好以后，调查员根据样本名单将调查问卷逐个递送到调查对象手中，请他们帮助填答，约定收取问卷的时间、地点和方式，并按照约定回收问卷；二是集中填答，把调查对象集中到一个地方，由主持人解说调查的目的、意义和填写方法，然后由调查对象填写问卷并统一回收；三是邮寄填答，研究人员把调查问卷寄给调查对象；四是电话调查，调查人员根据事先设计的问卷，通过电话访问调查对象，并且把答案记录下来；五是网络调查，利用互联网发布调查问卷。

问卷回收需要注意问卷回收率指标。问卷的回收率是指回收的问卷数量占发放的问卷数量的百分比；问卷的有效回收率则是剔除误填、漏填之类的无效问卷后的有效问卷数量占发放的问卷数量的百分比。回收率是用来判断样本代表性的一个指标，当回收率过低时，可能是因为一些调查对象无法看懂问卷，或者是因为调查对象的流动性较大而无法回收问卷等，因此调查结果的总体代表性就会受到破坏和影响。回收率固然越高越好，但现实中的社会调查总会遇到填答困难、调查对象联系不上等困难和挑战，如果一味追求高回收率，就可能通过人为操作实际上降低了调查资料的代表性和质量，扭曲了真实性。

（5）实施对问卷调查的质量监控

为了保证问卷完成的质量，调查者通常需要事先召开调查员会议培训基本知识，介绍研究的目的、意义、调查方法、注意事项及负责人的联系方式等；定期召集调查员汇报任务完成情况和遇到的问题；每天完成的问卷要及时审核，并使用问卷编号随机抽查以保证问卷的完成质量；如果有效样本数量不足，要在调查结束之前及时补充调查。

【训练】

①阅读以下材料后回答问题。

《2020—2026 年中国广东省博物馆行业发展全面调研与未来趋势报告》主要依据国家统计局、国家发展和改革委员会、国务院发展研究中心、国家信息中心、广东省博物馆协会的基础信息及广东省相关科研单位提供的大量资料，对广东省博物馆行业发展环境、广东省博物馆产业链、广东省博物馆市场供需、广东省博物馆重点企业的现状进行深入研究，并对广东省博物馆行业市场前景及发展趋势进行预测。

《2020—2026年中国广东省博物馆行业发展全面调研与未来趋势报告》揭示了广东省博物馆市场的潜在需求与机会，为战略投资者选择恰当的投资时机和公司领导层进行战略规划提供市场情报信息与科学的决策依据，同时对银行信贷部门也具有较大的参考价值。

阅读上述材料后回答：

你认为这次调查需要特别注意哪些事项？

如果作为正式的调查报告，应该如何介绍抽样过程？

②在问卷调查结束后，将问卷发放与回收中遇到的问题记录下来，并谈谈这些问题产生的原因及下一次应对此类问题的改进措施。

2. 访谈法的要领与技巧训练

访谈法是访问者通过口头交谈等方式直接向受访者了解社会情况或探讨社会问题，是社会调查最基本的方法之一。要成功地实施访谈调查，应该注意以下几个问题。

（1）做好访谈提纲

访谈之前，最紧要的事情是准备好访谈提纲。访谈提纲必须有充足的信息支持，需要在访谈前尽可能多地搜集资料，其中包括背景材料与知识资料，被访谈者感兴趣及最反感的问题；尽可能多地了解访谈对象，如对受访者的性别、年龄、职业、文化程度、经历、特长、兴趣、爱好，特别是当前思想动向等情况进行了解，这样可以使访谈问题更有针对性。越重要的访谈问题，书面提纲越应该细致。提纲未必全面或准确，访谈过程中应根据实际情况加以修改；访谈提纲要在项目组内充分讨论；访谈前要熟悉提纲内容；提纲要注意存档。总之，访谈提纲一定要反复斟酌提问的内容和方式，思考访谈的内容是否适量，反复推敲与打磨，才能最终取得访谈的成功。

【训练】

阅读下面一项针对某民营医院的管理人员和医生的访谈提纲，谈谈这个访谈提纲存在的问题。

①请您介绍一下贵院的基本情况和经营现状好吗？包括：营利性/非营利性、注册资本与总投资、建筑面积、是否有分院（连锁经营）、是否进入医保定点医院的行列、科室分布情况、总收入、总支出、职工总人数、医生总数、护士总数、床位、病床使用率、年门诊量、年出院人次数等方面的情况。

②您是何时、基于什么考虑来这家医院工作的？

③（在方便谈薪酬的情况下问）您来这家医院前后的薪酬收入分别是怎样的？

④与同类民营和公立医院相比，贵院各个层次的医生、护士的薪酬待遇在什么水平？

⑤贵院董事会对您的管理有何具体要求？上级卫生行政部门又有何要求？

⑥您觉得董事会与卫生部门两方对您的要求在您开展工作时有冲突吗？您是怎样处理二者关系的？您有何改进意见？

（2）访谈中要把握提问的方式和倾听的技巧

访谈中的提问有开门见山、投石问路、顺藤摸瓜、层层深入、耐心开导等多种多样的方式。采取何种方式提出问题，应该综合考虑问题本身的性质和特点、受访者的具体情况、问者与受访者之间的关系等方面因素，具体问题具体分析。提问的语言应做到“一短三化”。“一短”，就是提问话语要简短，应该用简短的提问换取充分的回答，而不应该用冗长的提问换取简短的回答；“三化”，就是提问语言应该通俗化、口语化和尽可能地方化，要尽量避免使用过于专业的学术术语、书面语言。

访谈中有效倾听也是必备的技巧。有效倾听即主动地、专心地听，不仅以耳听言、以眼观色，而且应该积极开动脑筋，理解受访者的观点，推测其言外之意，并反复记忆和考虑如何做出反应。访谈一般有三个步骤：一是捕捉和接收信息，即认真听取受访者的回答，主动捕捉一切有用信息，包括各种语言信息和非语言信息；二是理解和处理信息，即正确理解捕捉、接收到的信息，及时做出评价或判断，舍弃无用信息，保留有用信息和存疑信息；三是记忆或做出反应，即记忆有用信息，并考虑如何对受访者的回答，特别是受访者的疑虑做出反应。有效倾听过程，就是这三个步骤交替出现、循环往复的过程。

（3）善于控制访谈情景

访谈中会遇到一些诸如访谈障碍、访谈离题等情况，不利于访谈效果的达成，因此访谈者必须要对访谈情境进行控制。控制的一般技巧就是引导和转变。

一般来说，当访谈遇到障碍不能顺利进行下去或偏离原定计划的时候，就应该及时引导。与提问不同，引导不是提出新问题，而是帮助受访者正确理解和回答已提出的问题。引导是提问的延伸或补充，是访谈过程中不可缺少的手段或环节。当受访者对所提问题理解不正确、答非所问的时候，当受访者顾虑重重、欲言又止的时候，当受访者一时语塞，对所提问题想不出应如何回答的时候，当受访者滔滔不绝而又漫无边际、离题太远的时候，都需要及时引导。

当某个问题已经被问到山穷水尽的时候，访谈者就需要转换到另一个话题，这样的转变可能会引起受访者的心理不适或者说是情境“转不了弯”，这个时候就需要提问的控制性转变。例如，在访谈一位乡村小学的校长时，在问完小学的基本情况之后，访谈者想问一下这位校长的个人情况。如何从一个整体的情境思考转换到个人身上？这个时候就需要一种过渡性提问的控制，你可以这样问："您对这里的乡村教育情况这么熟悉，一定是在这里工作了很多年吧？"这是一种比较顺利的过渡，可以马上引发受访者对自身的思考，其还会承接这个话题，说出自己的一些个人经历。然后，访谈者就可以深入挖掘受访者的个人情况了。

（4）把握好必不可少的细节

除了访谈技术和技巧之外，访谈工作中还要注意把握细节，这对访谈任务的完成也有重要影响，这些细节主要有：与受访者建立良好的人际关系；重视访谈过程中的非语言交流，如伴随语言发生的副语言，单独发生的功能性发声，音乐、音响等声音形象，人的表情、动作、姿势、场景、服饰、版面、照片、绘画等有形现象。做好访问记录，在访谈结束后，应该尽快整理访谈记录，根据记忆及时发现和解决错记、漏记等问题，也可以请受访者复核、更正或补充等。

【训练】

①谈谈下列访谈情景的做法是否正确，并说明你的理由。

a. 访谈中当发现受访者特别健谈时，应不露声色地巧妙拉回主题。

b. 访谈中发现受访者在交谈过程中言辞激烈，应及时严肃制止，给予提示和纠正。

c. 访谈过程中要注意问题间的衔接，做到所提问题的逐渐深入。

d. 作为访谈人员到某单位实施管理问题访谈时，为与受访者拉近距离，一见面就与受访者称兄道弟。

e. 小李在对一位著名室内设计师进行访谈时，特别注意到受访者家里的陈设与众不同，在征得同意后拍照记录。

②你的调查选题是否也用到了访谈这种调查方法？请根据你的社会调查题目设置一份访谈提纲，并提交专业课教师审查。将最终定稿版的访谈提纲投入使用，并在访谈结束后谈谈你在访谈调查过程中遇到过哪些问题，产生问题的原因是什么，应该如何解决。

3. 实地研究考察法训练

实地研究考察法是一种深入研究对象的生活背景中，以参与体验并观察和访谈的方式收集资料，并通过对这些资料的定性分析来理解和解释社会现象的一种社会调查方式。这种调查方式又具体分为参与观察和个案研究。"参与"是指研究者必须深入其中，深入研究对象所处的真实社会生活中体验、感受和理解等；"观察"也并非只是狭义的"用眼睛看"，还包括听、问、想等。"个案研究"强调的则是"个案"，即分别对一个个调查对象进行研究。在这种社会调查方式中搜集资料的途径变得非正式而多样，如随意的交谈、各种观察和旁听、座谈会、参观等，都能够搜集到需要的研究素材和资料。

实地研究考察法适合在自然条件下观察和研究人们的行为，研究者能够设身处地地感受和理解，因此研究的可信度很高；同时研究的方式比较灵活，弹性较大。这种研究方法也存在着缺点，比如搜集资料比较零散，需要很强的概括总结与分析能力，研究所持续的时间也会比较长，因而对一些效率要求高的选题就不太适合。

【训练】

怀特的街角社会研究

1936年，美国著名社会学家威廉·富特·怀特获得了哈佛大学的一笔奖学金，他可以用这笔钱在三年的时间里进行一项他所感兴趣的研究。由于他当时对社会改革很感兴趣，所以，他决定用这笔钱去研究波士顿的一个贫民区。他选择了一个叫作“科纳威里”的意大利贫民区，因为这个地区与他头脑中的贫民区的印象最为接近。

为了进入这个地区开展研究，他曾经有过几次失败的尝试。最后，他终于得到诺顿大街福利委员会一位社会工作者的帮助。这位社会工作者安排他与当地青年帮伙中一个叫多克的头头会面。经过坦率的交谈，多克同意为怀特在这个意大利社区中做保证人——让怀特作为“多克的朋友”去参与和观察社区中的各种活动和人们之间的各种关系。

怀特经常同帮伙的青年人聚在一起，玩滚木球的游戏，打棒球，玩纸牌，也经常同他们一起谈论赌博、赛马、性及其他的事情。他在科纳威里生活了三年半，其中有一年半的时间是同一个意大利家庭住在一起，并学会了说意大利语。在长期的观察中，怀特收集了丰富生动的资料，写成了《街角社会》一书，得出了有关群体结构与个体表现之间关系的一系列结论。①

从上述材料中可以清晰地看出怀特对科纳威里展开研究的过程。请你阅读完毕后思考以下几个问题：

（1）怀特采用了什么样的调查研究方法？

（2）试谈谈这种研究方式和问卷调查相比有什么优缺点。

（二）调查组织统筹

社会调查实施阶段还必须对整个社会调查具体工作进行组织统筹。为了组织众多的调查人员按照统一的要求顺利完成收集材料的任务，必须加强调查阶段的组织管理。一是要加强调查队伍的内部指导工作，使调查人员尽快打开调查工作的局面，尤其是要加强调查人员搜集资料的实践训练。二是要注意总结和交流调查工作的经验，及时发现和解决调查工作中出现的新情况、新问题，促进调查工

① ［美］威廉·富特·怀特：《街角社会：一个意大利人贫民区的社会结构》，黄育馥译，364～471页，北京，商务印书馆，1994。

作的平衡发展。三是要搞好外部的协调工作，即努力争取被调查单位的支持与帮助，合理地安排调查工作的任务和进程。同时，也要认真做好与被调查者的密切联系，争取他们的充分理解与合作。实践证明，做好内外部的协调工作，是保证调查阶段工作顺利进行的必要条件。

【训练】

你的调查团队在实施社会调查过程中遇到过哪些组织统筹方面的问题？问题产生的原因是什么？为预防这些问题的再次发生你应该如何做？

三、调查资料的甄别、分析与研究

实地调查结束之后，需要对新收集的资料进行整理和分析。

（一）调查资料的鉴别整理训练

对调查资料的鉴别整理是调查资料分析、甄别与研究阶段的首要任务。首先是资料的鉴别，即将调查阶段搜集到的资料进行全面审核，分清真伪，消除假、错、缺、冗，以保持资料的真实、准确和完整。其次是资料的系统化整理，即将鉴别后的资料进行汇总和加工，使之系统化和条理化，并以集中、简明的方式反映调查对象的总体情况。资料鉴别和整理的一般步骤如下。①资料的审核。为保证资料的质量，对原始资料的真实性、准确性和完整性进行严格审核，发现问题及时解决。②资料的编码。对要输入计算机处理的原始资料必须进行编码，并将编码值登记到资料登记卡片上，以备输入计算机。③资料的分类。根据社会调查的目的和任务，按照分析研究的需要，对收集的原始资料进行分类整理和统计，以备分析研究之用。④资料的汇总。对搜集到的数据资料进行汇总，从而将分散的资料以集中的形式反映出来。资料汇总的结果，可以通过编制统计表和统计图等形式来表现。

【训练】

查阅并学习问卷资料统计编码的相关知识，制作下列问卷的编码表。

上海市民生活方式问题调查表

1. 您的性别：____

（1）男（　　）；（2）女（　　）

2. 您的年龄：____

（1）18～25 周岁（　　）；（2）26～35 周岁（　　）；（3）36～45 周岁（　　）；（4）46～60 周岁（　　）；（5）60 周岁以上（　　）

3. 您的文化程度：____

（1）小学以下（　　）；（2）小学（　　）；（3）初中（　　）；（4）高中（　　）；（5）中专（　　）；（6）职高或技校（　　）；（7）大专（　　）；（8）大学本科（　　）；（9）研究生（　　）

4. 您的职业：____

(1) 教师（　　）；(2) 工程师（　　）；(3) 机关干部（　　）；(4) 研究人员（　　）；(5) 军人（　　）；(6) 企业管理人员（　　）；(7) 工人（　　）；(8) 个体经营者（　　）；　(9) 私营企业主（　　）；　(10) 其他（请注明）________

5. 您是否经常吃西餐：____

(1) 经常（　　）；(2) 偶尔（　　）；(3) 没吃过（　　）

6. 您是否经常喝咖啡：____

(1) 经常（　　）；(2) 偶尔（　　）；(3) 没喝过（　　）

（二）调查资料的统计分析训练

统计分析主要是运用统计学的原理和方法，对所获得的调查资料进行数量关系的系统分析，从中揭示调查对象的发展规模、水平及其与其他事物之间的内在联系。通过统计分析，为理论研究提供切实可行的数据资料，以说明调查对象的发展趋势。一般情况下常用的统计分析有如下几种。

1. 频数与频率统计分析

频数（frequency），也称次数，它是指一组数据中取不同值的个案分布数量。频数统计的主要作用在于简化统计资料，使统计资料变得直观。频率分布则是一组数据中不同取值的频数相对于总数的分布情况，通常用百分比来表达。频率分布不同于频数之处在于，它可以用于不同类别个案之间的比较。

例：表 7-1 为频数表，通过此表可以了解学生家长的职业类别，以及各类职业的绝对人数；表 7-2 为频率分布表，通过此表可以了解每类职业在家长总数中的分布情况，并且可以互相作对比。

表 7-1　某班学生家长职业分布

职业类别	人数
工人	4
农民	6
工程师	3
商人	5
教师	2
合计	20

表 7-2　某班学生家长职业分布

职业类别	占比
工人	20%
农民	30%
工程师	15%
商人	25%
教师	10%
合计	100%（N=20）

【训练】

某舞蹈队有15名队员，年龄分别为13岁、15岁、15岁、12岁、13岁、19岁、16岁、19岁、16岁、13岁、13岁、12岁、16岁、16岁、13岁。请列出舞蹈队员年龄的频数和频率分布表。

2. 众数、中位数和平均数

集中趋势分析指的是用一个典型值或代表值来反映一组数据的一般水平，或者说反映这组数据向这个典型值集中的情况。常见的集中趋势分析包括以下几种：①众数，一组数据中出现次数最多的变量值；②中位数，指把一组数据按值的大小顺序排列起来，处于中央位置的变量值；③平均数，总体各单位数值之和除以总体单位数目所得之商。

【训练】

以上文中舞蹈队队员年龄的数据为例，计算出这组数据的众数、中位数和平均数。

3. 相关关系

两个变量之间的相关，是指当一个变量的值发生变化（或取值不同）时，另一个变量的值也会发生变化（取值也不同）。

【案例】

教师的教育方式是一个变量，学生的学习风格也是一个变量，如果教师的教育方式不同（民主型、专制型、放任型等），学生的风格也随之呈现出不同的情况（积极主动型、消极被动型、放任型等），那么，我们就可以说“教师的教育方式”这一变量与“学生的学习风格”这一变量之间存在着某种相关关系。

相关关系一般分为两种：正相关，是指一个变量的值增加时，另一个变量的值也增加；反之亦然。负相关，是指一个变量的值增加时，另一个变量的值却减少，或者说，两个变量取值的变化是反方向的。

【案例】

调查发现，人们的学历越高，他们的收入水平也越高；人们的学历较低，他们的收入水平也越低。因此可以推论，那些收入水平较低的人，他们的学历可能也较低。这就是说人们的学历和收入水平之间存在着正相关关系。

调查发现，学历越高的被调查者，在回答问卷时花费时间越少；而学历较低的被调查者，回答问卷时花费的时间往往较长。此时可以说学历和问卷填答时间之间存在着负相关关系。

4. 因果关系

两变量之间的因果关系是指，当其中一个变量发生变化时会引起另外一个变量发生变化，但反过来，后一变量变化却不会引起前一变量变化。这时我们称前一个变量为自变量（用 X 表示），后一个变量为因变量（用 Y 表示）。自变量 X 与因变量 Y 的关系可以表示为：$X \rightarrow Y$。因果关系往往是社会调查的主要目的，但事实上，并非所有存在相关关系的变量之间都一定存在因果关系。相关关系和因果关系有一定的联系，但是如果两个变量之间存在相关关系，它们之间未必存在因果关系。因果关系必须同时满足三个条件。第一，当变量 X 发生变化时变量 Y 也必定随之变化，但是当变量 Y 发生变化时变量 X 并不随之变化。第二，变量 X 与变量 Y，在发生变化的顺序上有先后之别，即先有原因（X）的变化，后有结果（Y）的变化。如果两个变量的变化同时发生，分不出先后，则不能称为因果关系。第三，变量 X 与变量 Y 不受第三个变量的影响，也就是说，两个变量之间的变化关系要排除其他变量的影响。

【训练】

一项调查的结果显示，学历与收入成正比，那么请问：学历和收入这两个变量之间是否为因果关系？为什么？

5. 利用统计软件进行复杂分析

为了提高统计分析的精度和效度，要尽可能利用电子计算机来处理各种数据。例如，在统计分析中最常用的计算机软件为 SPSS 软件，它的基本功能包括数据管理、统计分析、图表分析、输出管理等，能进行的统计包括描述统计、列联分析、总体的均值比较、相关分析、回归模型分析、聚类分析、主成分分析、时间序列分析、非参数检验等多个大类，每个大类中还有多个专项统计方法。具体利用 SPSS 软件进行统计分析的相关知识需要调查者提前进行系统而深入的学习，这里不详细阐述。

【训练】

下面是一则对社会调查资料的统计分析案例，请你根据作者的统计结果绘制一幅统计图（统计图种类不限，可以是柱状图、饼状图等）。

病人满意度是指病人在医院接受医疗服务的满意程度，也是病人对医疗服务的亲身感受。及时了解病人满意度情况，是医院不断提高护理服务质量，改善服务态度，搞好医德医风建设的重要手段。为此，调查小组采用了问卷形式，在某医院住院病人中对护理服务进行了一次满意度抽样调查。满意度问卷调查实际是向病人征求意见，请他们对每位医护人员的服务态度和服务质量及职业道德等多方面进行评价。调查结论是：特别满意12%，比较满意63%，一般满意21%，不满意4%。①

（三）对调查资料进行理论研究的训练

对资料进行理论研究，就是运用逻辑思维方法，以及与社会调查相关的各学科的科学理论与方法，对经过鉴别整理后的事实材料和统计分析后的数据，进行科学思维加工，揭示调查对象的内在本质，说明调查对象的因果关系，预测调查对象的发展趋势，得出调查者自身对调查对象的理论结论，并在此基础上有针对性地提出实际工作的对策建议。在社会调查过程中，对资料的收集、整理乃至统计分析，都还只是对事物的表面认识。要认识事物的内在联系、本质和规律，必须运用与借助理论思维，对调查中所获得的各种现象与资料进行理论思维的加工处理，透过事物的表面和外部联系来揭示事物的本质和规律，也就是要对社会调查过程中所获得的经验材料进行加工制作，“去粗取精、去伪存真、由此及彼、由表及里”，完成从感性认识到理性认识的飞跃。

对社会调查资料的理论研究一般进行比较分析、因果分析、结构功能分析。这些分析均涉及大数据应用。大数据价值创造的关键在于大数据的应用。随着大数据技术的飞速发展，大数据应用已经融入各行各业，融入社会调查中。大数据产业正快速发展成新一代信息技术和服务业态，即对数量巨大、来源分散、格式多样的数据进行采集、存储和关联分析，并从中发现新知识、创造新价值、提升新能力。我国大数据应用技术的发展将涉及机器学习、多学科融合、大规模应用开源技术等领域，值得每个专业大学生去探索与钻研。

比较分析是指通过对材料描述的现象进行对比，发现事物的相同或者不同点，揭示事物间的区别和联系，从而发现事物的本质特征。进行比较研究，要特别注意事物的可比性。要使两个事物或两种现象具有可比性，关键是选择恰当的比较角度，建立起对双方都适用的比较标准。否则，就无法进行比较，也无法获得具有创新性的调研成果。

因果分析就是揭示各种现象之间的因果关系。认识各种现象发展变化的因果规律。社会现象是错综复杂的，现象之间的因果联系也是多种多样的，因此在对

---

① 郑艳、高彩宏、冯艳：《病人满意度调查及分析》，第六届全国烧伤救治专题研讨会，西安，2009。

调查资料进行因果分析时应当坚持“具体问题具体分析”和“理论与实践相结合”的原则，既要详细分析具体现象在具体的时间、场合、条件下的各种表现和特点，也要注意抓住事物的本质和普遍联系，这样，调查结论才具有更大的理论意义和现实意义，才能具有一定的可操作性。

结构功能分析是指对事物的功能，以及功能与结构间内在联系进行分析，以探寻该事物的存在原因及系统中各事物之间的相互关系与作用机制。对事物进行结构功能分析，其目的主要是解释现象为什么会出现或为什么会发生变化，它对其他事物有什么影响和作用，即探究事物的功能是什么。功能解释与因果解释不同，后者是要说明导致这一事物出现的主要原因，而前者是通过说明这一事物所发挥的功能来解释它存在的缘由。

【训练】

在上一个训练中，统计资料的作者针对统计结果给出了如下分析。

医疗水平的高低，医疗质量的好坏，服务态度的优劣等成为病人选择医疗单位时所要考虑的因素。因此，医院护理管理者必须经常将调查反馈的信息进行逐条逐项分析，及时解决护理服务工作中存在的问题，为病人提供高质、高效的服务。①

阅读上面这段针对社会调查资料统计结果列出的理论分析，谈谈这是哪种分析法的运用。针对如何对社会调查资料进行分析谈谈你的想法。

总之，调查资料的分析、甄别与研究是社会调查的深化、提高阶段，是从感性认识向理性认识飞跃的阶段，整个社会调查是否最终获得创新成果，在很大程度上取决于该阶段。而如何分析、甄别与研究，还需要在面对具体问题时学习更多的相关知识，并综合运用。

【训练】

找一本社会统计学方面的相关教材阅读和学习，不懂的地方寻求相关专业课教师的帮助。在系统学习后，对你搜集到的社会调查资料进行统计分析，并运用计算机画出各种统计分析图表。

四、社会调查总结

社会调查的总结阶段也是社会调查工作最终显示成效的阶段。这一阶段的主要任务是撰写与完善调查报告，并根据反馈意见，对整个调查工作进行总结与评估。

（一）撰写调查报告训练

调查报告是整个社会调查研究成果的集中体现，也是对调查工作最重要的总

① 郑艳、高彩宏、冯艳：《病人满意度调查及分析》，第六届全国烧伤救治专题研讨会，西安，2009。

结。调查报告要侧重说明调查结果或研究结论，并对调查过程、调查方法、调查成果等进行系统的阐明，同时提出政策性的建议和解决存在问题的方式方法。

1. 社会调查报告的结构

调查报告的结构是根据研究目的和研究内容的需要而在格式上作出的安排。一般说来，调查报告的基本结构有标题、前言、主体、结尾四个部分，有的调查报告还有附录等。

（1）标题

标题是文章的眼睛，因此撰写调查报告应该十分重视标题的设计。标题的要求一般有四：标题要与报告主题相吻合；标题要文字简洁，一目了然；标题要有吸引力和感染力；标题应该具有一定的创新性。标题通常有两种写法：用调查对象及其主要问题作标题；用提问作标题，常运用于揭露问题和总结经验方面的调查报告，简洁明快、尖锐泼辣，对读者具有较强的吸引力。撰写标题时，可采用主标题与副标题相结合的复式标题法，主标题部分是一种判断或评价，而副标题部分则是对主标题所作的必要补充和说明。

【训练】

谈谈下列调查报告标题设计采用的是哪种方法？

《湖南农民运动考察报告》《父母离异的学龄少儿的调查》《农村雇工经营定量考察报告》

《十名婴儿死亡的原因在哪里？》《“高考改革”如何深化？》

《辛口村调查——关于中国农村人口城市化道路的探讨》《非经济因素对经济发展的影响——一个欠发达地区的考察报告》《发展外向型经济的社会环境——石狮市三镇一乡的社会调查》

（2）前言

前言也叫引言，对整篇调查报告起着总领和引导作用。前言部分的主要功能在于：简要说明调查研究的目的和意义，以及这次调查所要解决的主要问题；简要说明开展调查研究的基本情况，如调查的主持者、承办单位、参加人员，调查的对象、时间、地点、步骤、方法等，抽样调查和典型调查的根据、方法和步骤，样本的代表性及测量手段的信度和效度；简要说明调查对象和有关概念的界定；开门见山地简要介绍调查的成果和结论。

（3）主体

调查报告的主体即正文部分，也是容纳大量材料和结果的部分。一般来说，普通调查报告主体部分有下列三种常见的形式。①纵向分析式，按照时间的先后来组织和安排，以突出某一现象或问题的发展过程，或者反映不同时期的变化与差别，如在城镇化的过程中，由于农村土地征用，一部分农民失去赖以生存和养老的土地，调查他们在失地前后的生产生活方式、经济状况等。②横向分析式，即围绕调查内容多方面分析，以突出某一社会现象或主题多方面的内容，如调查失地农民现在的经济状况、精神生活状况、心理健康状况、社会保障状况等。③纵横结合式。纵横结合式是前两种方法的结合，以其中一种为主，常用于大规模的社会调查，用以描述复杂的社会现象。

（4）结尾

结尾主要是总结调查的过程和主要结果，陈述调查研究的结论。也可以在结尾部分阐明所调查的现象产生或形成的原因、所具有的影响，并提出解决的方案或建议等。结尾部分在写作上要求语言精练，陈述明确，观点鲜明，简明扼要地表明调查研究的主要结果和研究者的看法与观点。

【训练】

阅读下面一段社会调查报告的结尾部分，谈谈其优缺点。

随着城镇化发展和工业水平的不断提高，农民主动或被动离开土地，进城务工人员成为城镇劳动力的重要补充和城乡企业职工队伍的重要组成部分。因此，用人单位招用进城务工人员必须签订劳动合同，并严格履行合同规定条款，建立和谐稳定的劳资关系，应健全适应进城务工人员流动就业的社会保险制度，完善现行养老保险关系转移办法，使进城务工人员也能与城镇职工一样实现“不论你在哪里干，养老保险接着算”。用人单位必须按规定给进城务工人员办理社会保险，按时缴纳社会保险费，不得降低缴费门槛，损害进城务工人员的合法利益。用人单位必须按时支付进城务工人员的工资。对无故拖欠和克扣进城务工人员工资的行为，有关部门必须严厉处罚，确保进城务工人员的工资按时足额支付。有关部门应加大对非法职业介绍机构的打击力度，对从事坑蒙拐骗的非法职业介绍机构要坚决取缔和严厉打击，规范劳动力市场秩序。

2. 调查报告写作的基本步骤

调查报告的撰写成功，主要在于把握好四个重要的环节，即确定主题、选择材料、拟定提纲、撰写报告。

（1）确定主题

调查报告的主题，主要根据调查研究的最初目的、实际调查所获得的材料、调查任务三个方面的因素来考虑。调查的最初目的决定了调查报告的初步主题，同时又需要依据调查所获得的实际材料对最初的主题进行修正、补充或深化。而最终调查主题还要紧密联系现实生活中迫切需要回答的问题，这是由调查研究的任务决定的，同时也是调查报告的意义和作用之所在。

（2）选择材料

确定了调查报告的主题之后，还要全面分析和研究调查所得的全部材料，并且精心选择那些能够表现主题、论证主题的调查材料，作为撰写调查报告之用。选择材料时，要注意对材料去粗取精，去伪存真，确保材料的有效性和真实可靠性；要做到区分典型材料和一般材料，只有把两者有机地结合起来，才能充分说明现象的总体情况。要重视统计材料的作用，统计数字具有很强的科学性、准确性和说服力，有些问题或观点难以用文字叙述表达清楚，而统计数字则可以使事物一目了然。因此，在写作调查报告之前，应该参考统计局等单位搜集的统计数据，并重视运用统计材料，以增强调查报告的科学性与说服力。

（3）拟定提纲

提纲的任务在于设计出调查报告的总体结构。调查报告的主题是否突出，表现主题的层次是否清晰，材料的安排是否妥当，内在的逻辑联系是否紧密等，都应该在拟定提纲时加以解决。

（4）撰写报告

调查报告是一种以叙事为主，叙议结合的说明性文体。在写作过程中，要根据调查报告主题，依照拟好的提纲，合理使用调查得到的材料，去伪存真，去粗取精。同时，在语言的运用方面，还要力求做到准确、简洁、朴实、生动。

【训练】

（1）这里提供一份简洁的社会调查报告提纲，根据提纲谈谈社会调查报告应该包括哪些主要内容。

标题：《××县民营企业调查》

一、我们为什么要做民营企业调研

1. 什么是民营企业

2. ××县民营企业的特色

3. 本次调查经过简介

二、××县民营企业的发展过程

1. 由个体户到民营企业

2. 出现了“千万富翁”

三、××县民营企业的现状

1. 民营企业的规模（注：这节主要讲统计数字）

2. 介绍几位老板（注：这节剖析几个典型企业）

3. 老板们念的“苦经”

四、几点看法和建议

1. 积极引导与加强管理

2. 行业调整势在必行

3. 急需解决几个实际问题

五、小荷才露尖尖角——对××县民营企业的未来展望

（2）搜索3～5篇已发表或已出版的社会调查报告阅读学习，将这3～5篇社会调查报告的提纲列出来，并找出它们的共同点，谈谈它们对你的启发。

（3）当你的社会调查实践训练完成后，写出你自己的社会调查报告文本，并

寻求相关教师的评判和指导。

（二）撰写调查报告的注意事项

1. 行文要则

社会调查报告行文的基本要求是准确、客观、谦逊。准确是指在行文时，对事实的陈述要真实可靠，数据要准确无误，议论要客观科学，避免出现“可能”“估计”“差不多”“大概”之类的不确定的词语。客观主要指应该用科学、客观、简洁的语言清楚明确地表达调查的结果，避免运用夸张的手法、奇特的比喻和过多使用华丽的辞藻等。谦逊是指在行文时，应以一种向读者报告的口气撰写，而不要表现出力图说服读者同意某种观点或看法的倾向，更不能把自己的观点强加于人。因此，要力求避免使用主观色彩或感情色彩较浓的语句，叙述中最好使用第三人称或非人称代词，尽量不用第一人称。

2. 引用与注释要规范

在撰写调查报告时，凡是需要引用别人的论述、结果、资料或数据来支持、佐证或说明自己的某种观点或结论时，一定要注明来源。引用的具体方式主要有脚注和尾注两种。脚注即在所引的资料处只注明一个注释号，比如，在该资料后的右上角用①②③等来标明，然后在该页的最下端，用小一些的字分别说明引文的出处、时间等情况，或作出有关的解释。尾注则是在所有引用的资料处按顺序注明注释号，最后在文尾用小一些的字体全部按注释顺序排出，分别说明引用资料的出处、时间等情况，或作出有关解释，并冠以“注释”的标题。目前在学术刊物上所发表的研究报告中，两种注释形式都在使用，不同的刊物要求不同。

【训练】

（1）阅读以下运用计算机制作的大型调研报告，掌握大型专业调研报告的整体框架。①

电影院线简称“院线”，英文全称 theater chain，是指以影院为依托，以资本和供片为纽带，由一个电影发行主体和若干电影院组合形成的一种电影发行放映经营机制。院线对旗下影院实行统一品牌、统一排片、统一经营、统一管理。

2019 年上半年中国电影票房同比负增长，国产优质影片供给不足。2019 年上半年，全国电影市场综合票房为 311.67 亿元，同比下降 2.7%；观影人次 8.07 亿人次，同比下降 10.4%。内容端，虽然上半年诞生了《流浪地球》(2 月 5 日上映，累计票房 45.5 亿元)和《复仇者联盟 4》(4 月 24 日上映，累计票房 42.4 亿元)两部超级爆款，但总体而言优质影片供给不足，尤其国产电影票房上半年同比下滑幅

① 中国产业研究报告网：《2021—2027 年中国电影院线行业研究与市场前景预测报告》，http://www.chinairr.org/report/R09/R0904/202101/19—382024.html,2021-02-01。

度达到17.0%。2019年上半年单月票房表现方面，在《哥斯拉2：怪兽之王》《蜘蛛侠：英雄远征》《X战警》好莱坞系列IP电影密集上映的带动下，6月同比票房收入增速为16.3%，并成为唯一同比观影人次增速为正(+13.3%)的月份。

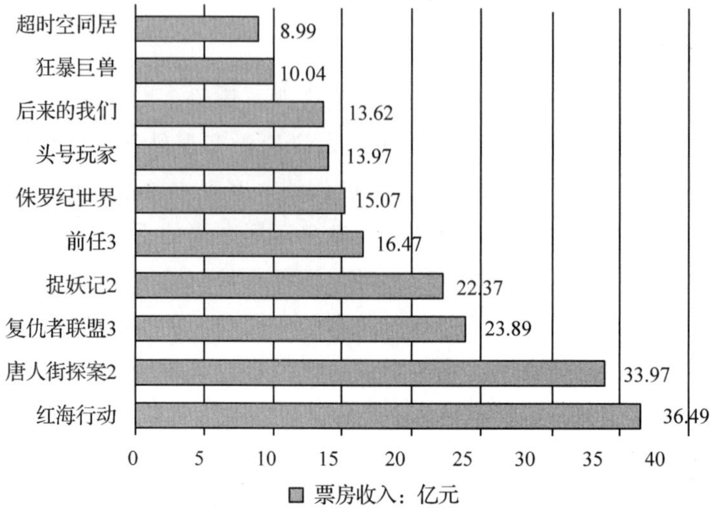

图 7-1　2018年H1票房收入TOP10电影

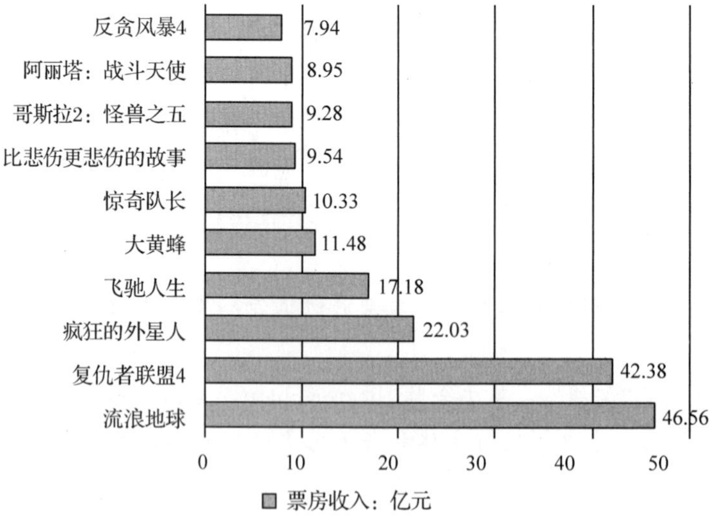

图 7-2　2019年H1票房收入TOP10电影

中国产业研究报告网发布的《2021—2027年中国电影院线行业研究与市场前景预测报告》共十三章。首先介绍了中国电影院线行业市场发展环境、电影院线整体运行态势等，接着分析了中国电影院线行业市场运行的现状，然后介绍了电影院线市场竞争格局。随后，报告对电影院线做了重点企业经营状况分析，最后提出了中国电影院线行业发展趋势与投资预测。

(2)阅读以下参考文献标准格式范例，体会文献的标准写法。①

参考文献的著录，按论文中引用顺序排列。

文献类型标识参考国家标准 GB/T 7714—2015，如下表：

文献类型	普通图书	会议录	汇编	报纸	期刊	学位论文	报告	标准	专利	数据库	计算机程序	电子公告	档案	舆图	数据集	其他
标识代码	M	C	G	N	J	D	R	S	P	DB	CP	EB	A	CM	DS	Z

按照引用的文献类型不同使用不同的方法，示例如下：

①专著著录格式　主要责任者、题名；其他题名信息[文献类型标识/文献载体标识]、其他责任者、版本项、出版地；出版者，出版年；引文页码[引用日期]、获取和访问路径、数字对象唯一标识符。

[1] PEEBLES P Z Jr. Probability，random variable，and random signal principles[M]. 4th ed. New York：McGraw Hill，2001.

②专著中析出的文献著录格式　析出文献主要责任者、析出文献题名[文献类型标识/文献载体标识]、析出文献其他责任者//专著主要责任者，专著题名；其他题名信息、版本项、出版地；出版者，出版年；析出文献的页码[引用日期]. 获取和访问路径，数字对象唯一标识符.

[2]程根伟. 1998 年长江洪水的成因与减灾对策[M]//许厚泽，赵其国. 长江流域洪涝灾害与科技对策，北京：科学出版社，1999：32—36，

[3]贾东琴，柯平. 面向数字素养的高校图书馆数字服务体系研究[C]//中国图书馆学会，中国图书馆学会年会论文集：2011 年卷. 北京：国家图书馆出版社，2011：45—52.

③连续出版物中的析出文献著录格式　析出文献主要责任者. 析出文献题名[文献类型标识/文献载体标识]. 连续出版物题名：其他题名信息，年，卷(期)：页码[引用日期]. 获取和访问路径. 数字对象唯一标识符.

[4]于潇，刘义. 柴跃廷，等. 互联网药品可信交易环境中主体资质审核备案模式[J]. 清华大学学报(自然科学版)，2012，52(11)：1518.

④专利文献著录格式　专利申请者或所有者、专利题名：专利号[文献类型标识/文献载体标识]. 公告日期或公开日期[引用日期]. 获取和访问路径. 数字对象唯一标识符.

[5]河北绿洲生态环境科技有限公司. 一种荒漠化地区生态植被综合培育种植方法：01129210.5[P/OL]. 2001-10-24[2002-05-28]. http：//211.152.9.47/

① 《中华人民共和国国家标准 GB/T 7714－2015：文后参考文献著录规则(摘编)》，载《郑州轻工业学院学报(社会科学版)》，2020(1)。

sjpoasp/zlijs/hyjs-yx-new. asp? recid=01129210. 5&leixin=0.

⑤学位论文著录格式

[6]CALMS R B. Infrared spectroscopic studies on solid oxygen[D]. Berkeley: Univ. of California, 1965.

⑥报告著录格式

[7]中国互联网络信息中心. 第 29 次中国互联网络发展现状统计报告[R/OL]. (2012-01-16)[2013-03-26]. http://www. cnnic. net. cn/hlwfzyj/hlwxzbg/201201/P020120709345264469680. pdf.

⑦报纸中析出文献著录格式

[8]丁文祥. 数字革命与竞争国际化[N]. 中国青年报, 2000-11-20(15).

⑧电子资源著录格式　主要责任者，题名：其他题名信息[文献类型标识/文献载体标识]. 出版地：出版者，出版年：引文页码(更新或修改日期)[引用日期]. 获取和访问路径. 数字对象唯一标识符.

[9]HOPKINSON A. Unimarc and metadata: dublin core[EB/OL]. (2009-04-22)[2013-03-27]. http://archive. ifla. org/IV/ifla64/138-161e. htm.

⑨标准的著录格式

[10]中国国家标准化管理委员会. 卷烟感官技术要求：GB 5606. 4—2005[S]. 北京：中国标准出版社，2005.

五、总结和评估训练

对整个社会调查工作的总结和评估是社会调查的终点。总结是对整个社会调查研究过程的回顾与总结，包括整个社会调查工作的总结和每个参与者的个人总结。总结的目的是既要积累成功的经验，又要吸取失败的教训，为今后进行类似的社会调查研究提供必要的经验教训。评估主要包括学术成果评估和社会调查成果评估。学术成果评估主要是对社会调查所提供的事实、数据资料、理论观点、说明，以及所使用的调查研究方法，做出客观的评价。从社会调查成果评估来看，主要是对社会调查结论的采用率、转引率和对实际工作的指导作用，做出实事求是的估计。大学生对社会调查成果的评估，必须以实践为基础，以反馈为依据，在社会实践中应用调查成果和检验调查结论。

【训练】

请回顾你的社会调查实践的所有程序，对整个调查实践过程中遇到的问题和收获的成果分别进行一次全面的总结。

第八章　创新成果形成能力的培育

【名人名言】

作者写出创作来，对于其中的事情，虽然不必亲历过，最好是经历过。

——鲁迅

发明千千万，起点是一问。人力胜天工，只在每事问。

——陶行知

独立思考能力是科学研究和创造发明的一项必备才能。在历史上任何一个较重要的科学上的创造和发明，都是和创造发明者的独立地深入地看问题的方法分不开的。

——华罗庚

艺术的三个死敌：平庸、千篇一律、粗制滥造。

——罗伯特·舒曼

艺术应当促进人的意识的发展和社会制度的改善。

——普列汉诺夫

创新成果是指创新者在他所从事的创新项目范围内，通过实验观察、调查研究、综合分析等所取得的，并经过评审或鉴定，确认具有创新意义和实用价值的创造性结果。它的一般表现形式为研究论文、专著、专利及艺术作品等。创新成果一方面具备创造性和先进性，另一方面具备一定的社会价值和学术价值，是创新者辛勤劳动的结晶，更是人类共同的精神财富和物质财富。本章从论文、专著、专利及艺术作品这四个方面介绍培育创新成果形成能力的途径与方法。

第一节 撰写和发表研究论文

论文是创新成果呈现的最常用的一种形式。本节主要介绍论文的种类、论文撰写与发表训练的基本途径与方法。

一、认识研究论文

研究论文也称科学论文、学术论文，是指在某一领域或某些领域中就一些问题做系统、深入的研讨，表述其研究成果的理论性文章。国家标准 GB7713-87《科学技术报告、学位论文和学术论文的编写格式》对学术论文所作的定义是：学术论文是某一学术课题在实验性、理论性或观测性上具有新的科学研究成果或创新见解和知识的科学记录；或是某种已知原理应用于实际取得新进展的科学总结，用以在学术会议上宣读、交流或讨论；或在学术刊物上发表；或作其他用途的书面文件。研究论文可以分为人文社科类论文和科技类论文两大类。

(一)人文社科类论文

人文社科类论文是以人类精神世界及其沉淀的精神文化(人文)，以及社会现象及其发展规律(社科)为研究对象的论文，涉及学科非常广泛，如文学、历史学、哲学、艺术学、教育学、经济学、法学、政治学、社会学、考古学、管理学等。一篇成熟的人文社科类论文具备以下四个特点。

第一，特定的研究对象。明确研究对象，是进行研究的前提。假如研究初期，研究对象不明确，会导致概念解释不清楚、研究环境不适当、研究方法不科学、研究过程混乱等一系列问题。

第二，特殊的写作范式。人文社科类论文与科技类论文相比，最大的区别就是写作范式不同。具体表现如下，首先，人文社科类论文以一定理论作为基础，以特定社会现象作为研究对象，目的是创立新的理论和学说，提出新的观点和思想，或者提出新的策略、对策和措施。其次，在写作结构上，人文社科类论文大多都是以提出问题、分析问题、解决问题的逻辑结构来行文，解决问题是研究论述的重点。最后，在具体行文过程中，语言文字和逻辑思维要具有一定的学术性，即是在符合学科本身要求的范围内，以该学科特定的概念或范畴来解说问题，以阐述自己的思想，主要是以学科语言、学科逻辑、学科结构和学科理论来进行凸显。

第三，恰当的研究方法。对于人文社科类论文来说，有几种特定的研究方法，如文献研究法、问卷调查法、访谈法等。文献研究法主要指搜集、鉴别、整理文献，并通过对文献的研究形成对理论和事实的认识的方法。问卷调查法就是研究者用这种控制式的测量对所研究的问题进行度量，从而搜集到可靠资料的方法。

第四，明确的研究结论。人文社科类论文的价值在于，通过整篇论文的论述可以阐释清楚某事物，或得出某种有意义的结论，或创立新的理论学说，提出新的观点和思想，或提出新的策略与措施等。假如通过各种研究方法研究某事物，耗费大量篇幅来对其进行论述，得出的只是一些模棱两可的结论，甚至是错误的结论，那么这种研究是没有意义的，这种论文也是没有价值的。

(二)科技类论文

科技类论文是以自然科学、工程技术领域的现象(或问题)及其发展规律为研究对象的论文。按照研究方法来划分，科技类论文可分理论型、实验型、描述型三类。理论型论文是运用理论证明、理论分析、数学推理获得科研成果。实验型论文是运用实验方法，进行实验研究获得科研成果。描述型论文是运用描述、比较、说明的方法，对新发现的事物或现象进行研究而获得的科研成果。一篇成熟的科技类论文具备以下三个特点。

第一，规范严谨的实验说明。科技类论文写作的前提是科学实验。从科学实验中获得有价值的信息和有意义的数据，在此基础上进行客观的分析、推理，才可以创作出高质量的论文。由此可知，科学实验对科技类论文来说，既发挥基础作用，又具备保障作用。科学实验的质量，很大程度上直接决定着科技类论文的质量。因此，在实验过程中，实验人员必须进行严谨、规范的操作，同时在论文写作过程中，需要对整个实验过程包括实验对象、实验方法、实验设计、实验分析和实验结论等进行详细、严谨、规范的说明和阐释。实验说明存在错误或者不清晰，会影响实验结果与论文结论的可信度，直接影响科技类论文价值的大小。

第二，科学合理的信息处理方式与逻辑推理。科学实验只能得到一些客观的数据信息，如何分析处理这些信息数据才是进行研究与论文写作的关键。获得相关实验数据后，再通过一些软件对信息进行处理，例如 SPSS 等，处理过的数据要再进行逻辑分析，分析后得到的结论才是论文的核心。通过实验获得的数据，只是初始数据，还需要经过各种软件测试可靠性，并进行环境评估和逻辑分析，这个过程中选择合适的软件进行处理非常重要。选择信息处理方式的过程，是软件与需求相互选择的过程，不同软件有自身独特的优势，不同数据有自己的分布特点，根据需求选择最优方式才可以彻底挖掘数据，获得深层次意义。因此，科技类论文必须具备科学合理的信息处理方式和逻辑推理过程，这样得出的结论才是经得起考验的，才是真正有价值的。

第三，科学的写作范式。科技类论文与人文社科类论文相比而言，在写作范式上有很大的不同，具体表现如下。首先，客观性是科技类论文最明显、最基础性特点。科技类论文必须基于特定的实验数据、实验结果来进行研究写作，不能以主观想象来代替客观事实，任何的猜测和预判都应基于长期的、客观的、大量的数据分析。因此，科技类论文的所有文字、数据、图片和分析都必须是有理有据的。其次，在写作结构上，科技类论文基本是依照前言、实验说明、实验数据、实验结果、研究结论的逻辑结构行文，这是与人文社科类论文最大的区别。最后，在写作语言上，科技类论文主张简洁明了，用专业术语阐释问题，甚至在数据表达、图表设计上都有明确的要求。

二、研究论文撰写和发表训练

(一)研究论文撰写训练

虽然人文社科类论文和科技类论文写作过程有区别，但一篇研究论文基本上都由标题、摘要、关键词、前言、正文、结束语、参考文献7部分构成。

1. 标题

标题是研究论文的第一部分，也是研究内容非常重要的构成之一。假如标题无法准确、完整地说明研究对象和成果，无法引起读者的兴趣，那么该篇论文就非常容易被忽视而无法得到他人认可。好的标题需要做到以下几点。一要符合选题要求，突出和反映论文的中心思想，要能够揭示论题范围或论点，使人看了标题便知晓文章的大体轮廓、所论述的主要内容及作者的写作意图，而不能似是而非，藏头露尾，与读者捉迷藏。二要简练，论文的标题不宜过长，过长了容易使人产生烦琐的感觉，得不到鲜明的印象，从而影响对文章的总体评价。标题也不能过于抽象、空洞，标题中不能采用生僻的词汇，以免使读者一见标题就如堕烟海，百思不得其解，待看完全文后才知标题的哗众取宠之意。三要新颖，标题和文章的内容、形式一样，应有自己的独特之处，做到既不标新立异，又不落窠臼，引人入胜，赏心悦目，从而激起读者的阅读兴趣。

撰写标题的五个步骤：①列出下列内容：研究中最重要的关键词或概念、研究方法、研究样本或区域、最重要的发现；②先拟定标题，尽量把你列出的所有内容都放进去，如果可以，把它们写成一句完整的句子；③删除不必要的信息；④用通用术语概括过于具体的信息；⑤参考期刊关于标题总结的要求，或所在学科的习惯。

【案例】

通过以下实例详细介绍标题如何设定。

标题：某信号通路在糖尿病××细胞及××发生中的作用及某中药汤剂对其逆转机制研究

问题：①题目细节太多，涉及多个重点。②主要研究对象不明确，不够简练。项目核心对象是信号通路还是中药汤剂？另外，详细的机制流程不用在题目中展现。③中药的加入属于创新点，但提出明确的逆转机制，使研究变得狭隘，且易被质疑。

解析：该标题是想研究中药汤剂治疗糖尿病的作用机制，将中西医结合，那么应突出的关键点就是汤剂。而且，鉴于中药成分复杂的特性，应谨慎提出具体的机制，否则易被质疑，所以具体的逆转机制探索放在正文中去层层提出。

调整：某中药汤剂通过某信号通路逆转糖尿病××细胞及××发生的作用机制研究

【训练】

(1)认真阅读下面材料，给每一份材料拟一个合适的标题。

材料 1

快递包装标准滞后、循环难度大、环保意识不足，是阻碍快递包装绿色化的三大瓶颈。要打破这些瓶颈，还有大量的工作要做。比如，要解决现行标准多为推荐性指标、约束力不强、执行有难度等问题，必须出台国家级的强制性标准。要解决对快递的“五花大绑”、过度包装等问题，必须克服野蛮装卸、分拣等困难。要提高包装物料的循环利用率，很重要的一环是对消费者而言，要有效处理可再利用的包装物垃圾，如纸箱、塑料等。

材料 2

中国的 FAST(500 米口径球面射电望远镜)主体的落成为何引起国内外的热烈关注？原因有三。一是看得远。作为当时口径最大的射电望远镜，FAST 在理论上可以接收到距地球 137 亿光年的电磁信号。二是很灵活。FAST 的索网结构可以随着天体移动变化，极大提升观测效率。三是高精度。FAST 射电望远镜的结构，处处都是毫米级精度要求；用来编织索网的手臂般粗细的钢缆，加工精度都被控制在 1 毫米以内；最终的天线精度是 3 毫米，小面板的制造精度是 1.5 毫米。这一切意味着我们将能倾听来自宇宙更深处的声音，观测宇宙更隐蔽的奥秘。

(2)阅读下面论文标题，从命题角度谈谈是否合适。

《C 语言程序设计“互联网+”教材建设实践》

《刍议网络出版时代语言文字规范问题》

《新时代大学英语语言能力的建构》

《当代德国汉学关于中国认知的元方法论之争》

《双语言学生在测绘工程专业学习中的现状分析及对策》

《露点蒸发冷却器的模拟及应用研究》

《社交媒体对大学生政治社会化的影响及对策研究》

《大学生领导力教育的困境与未来发展》

《课程思政融入“新药研究与开发”课程教学的探索与实践》

《教育精准扶贫政策下提升高职中药类贫困学生双创能力的培养路径与方案》

2. 摘要和关键词

摘要是一篇研究论文的门面和精华。它将论文最核心的、最有意义的内容表现出来，以引导受众阅读正文。人文社科类论文的摘要强调的是研究目的、研究对象、研究过程、研究观点和研究意义，科技类论文的摘要强调的是研究目的、研究对象、实验过程与方法、实验结果和研究结论。摘要在介绍论文内容的同时，需要注意语言简洁、清晰，字数不可过长，4～5 行最为合适。摘要要充分体现逻辑性，没有大背景的科学问题，就失去了研究的意义；没有前期证据和过程阐释，就失去了可行性；没有科学假说或观点，就失去了研究的目标；没有研究结论，就失去了论文的价值。关键词即论文的最为核心的词，也称主题词，数量应尽量控制在 3～4 个。

撰写完整且有条理摘要的步骤：①阅读期刊指南，了解其对格式的要求；②罗列正文中所有关键词；③以期刊指定的小标题结构作为你的框架，对应相关要求写摘要大纲；④如果期刊对小标题不作要求，可以参考期刊给出的摘要样本，分析需要的内容，撰写大纲；⑤最后，在大纲的基础上填充内容，确保所有关键点都没有遗漏。

【案例】

原摘要：军队战略规划是军队组织结构、武器装备、军费投入发展到一定程度后军队建设的必然要求。美军战略规划体制、机制始建于第二次世界大战中，几十年来不断调整、完善，目前已形成较完备的体系和做法。本文着重阐释了美军战略规划的体制、机制及主要做法。

问题：上述摘要第一句应属常识性内容，未明确研究目的；第二句属背景知识介绍，简单提出了战略规划体制；最后一句阐释了美军战略规划的体制、机制及主要做法，但没有研究结论，只是笼统介绍，读者看不出论文的创新点。

修改后摘要：(目的)为了研究和借鉴美军战略规划的经验及其对推进我军战略规划创新具有的重要意义，结合目前军队战略规划现状，分析了美军战略规划体制和机制情况(对象)，从五个方面(方法)概括总结了美军战略规划的特点。(结果和结论)研究结果表明：美军规划理念深受企业战略规划影响；美军高层管理的重心是规划计划；美军拥有一支专家型战略规划队伍，智力、技术支持和监督反馈系统是其重要保障。

【训练】

(1)阅读下面摘要，找出存在的问题。

《基于工程项目 EPC 总承包模式下对建筑经济管理的发展研究》

摘要：EPC 项目总承包模式起源于 20 世纪 60 年代，具有高效率、高效益、成本可控等应用优势，后逐渐被广泛应用于国外大型基础设施工程建设中，现阶段已经成为国内外主要的工程承包模式。在我国当下的建设工程行业中，EPC 项目总承包模式受到各地方政府、建设单位的推广，并由我国建筑法提供了市场推广的法律依据，在我国建设行业中具有广阔的发展空间与良好的发展前景。本文通过分析 EPC 总承包工程的实际案例，提出目前工程项目 EPC 总承包模式经济管理中存在的问题，并总结问题成因，对工程项目 EPC 总承包模式下建筑经济管理的发展提出相关建议。

《教学、科研、工程实践——工科教师三大核心能力的相互关系》

摘要：工科教师的核心能力是关乎其发展最重要的能力。本文基于 1683 份工科教师问卷，以教师自我评估和将教学、科研、工程实践三大能力分解为不同活动指标的方式，根据编码分组分析了三大能力之间及不同能力与活动指标之间的相互作用，据此绘制了教学、科研、工程实践三者之间的关系图。据此，本文从最大限度促进三大核心能力协同发展的角度构建了基于精力分配—能力发展—全职业周期的工科教师职业发展模型，并针对教学活动与科研能力、工程实践活动与教学能力、科研活动与工程实践能力之间的矛盾分别从客观、主体间、主观三个维度提出了对策。

《人工智能在石油勘探开发领域的应用现状与发展趋势》

摘要：本文针对石油勘探开发的实际需求，阐述了人工智能技术在石油勘探开发领域的研究进展与应用情况，探讨并展望未来人工智能技术的应用关键与发展方向。就应用领域来看，机器学习技术在岩性识别、曲线重构、储集层参数预测等测井处理解释方面有初步应用，并显现出巨大潜力；数据挖掘等技术在钻井领域的应用形成了智能化装备、一体化软件。未来人工智能技术在石油勘探开发领域潜在的发展方向包括智能生产装备、自动处理解释和专业软件平台。

(2)阅读下面材料并依据每份材料的内容提炼摘要。

材料 1

城市水系是城市美好的公共空间，是人工建筑之中反映自然景观、田园风貌的主要场所。我们在扬州可以看到，中国古代造园艺术中对水景观的处理，讲究师法自然，虽为人工，宛如天成。城市的特色离不开城市的水系，城市的水系就像城市的指纹。城市水系有多种美学功能。城市的意境美对人的心态有调节的作用。城市水系有动态美，因为城市的水是流动的，它具有柔性、运动性，有利于消化污染及水生物的生成和养育；城市水系有人文美，因为它是文化的载体，历代的名人雅士常在水边留下他们的痕迹；城市水系当然还有和谐美，因为它是一个整体复合的系统。从一个城市水系可以看到一个城市管理者的抱负。“山水者，情怀也；情怀者，心中之山水也。”就是说，要在城市里面造就人工环境和保护自然景观，采用什么样的水环境治理思路是由决策者的美学修养和情操来决定的。什么样的情怀，就会造就什么样的城市山水景观。如果胸中只有单纯的调水排洪的“竹子”，那么城市的水景观肯定是十分单调枯燥的，对历史文化遗存的水生态的“建设性”破坏就难以避免了；如果将美学功能凝聚在治理方案之中，造就出的城市就是美丽的。丽江古城最诱人的就是三条弯曲流动的溪水，这就是拨动心弦的城市水系之美。城市水系又是很好的备用水源。如果城市发生火灾，城市水系的储存用水就可以用于灭火救灾。如果出现自来水供应安全事故，就可以用地表水作为水源。城市水系是城市生活生产用水的备用系统、防灾系统和城市安全的保障系统。

材料2

进入汽车社会前，中国人经历了长期的自行车阶段，习惯了任意穿行、灵活多变的交通形态。进入汽车时代后，依然存在随意停车、随意乱穿、不各行其道等交通乱象。我们通常看到的是这番景象：在十字路口，汽车、行人无视交通信号灯，我行我素，红绿灯的警示作用成了“仅供参考”；在交通要道，各种车辆胡乱横行，无提示地随意并线串道，导致事故频发；在环路出入口，众多车辆竞相“加塞儿”，挤作一团，未按顺序进出；在胡同小路，车辆沿街随意停放，道路上停满车辆，四车道变成双车道，双向车道变成了单行道。一系列的不文明交通行为反映出驾驶者的不良驾驶习惯，折射出当前社会汽车文明的缺乏。汽车文明是指人类社会进入汽车时代后，所建立起来的一系列文明体系，包括道路设施的完善、民众安全意识的提升、政府公共管理水平的提高等方面。汽车文明的构建需要经历一段时间，美国、德国等都是先完成了城市化过程，而后才是机动化过程，这个过程经历了较长的时间。而我国在城市化进程还没有完成的时候，机动化就已来临。城市化与机动化的矛盾，突出体现在道路规划上。一些城市缺乏科学规划，道路建设滞后，公交分担率低，道路、停车供需矛盾突出。

(3)从中国知网下载相应的论文，并阅读这些论文的关键词，谈谈关键词是否合适并说明理由。

《成功素质教育——大学教育理念与模式的新突破》一文的关键词是：成功素质教育、理论体系、实践体系。

《慕课与项目式教学相结合的工科类课程教学模式探索》一文的关键词是：慕课、项目式教学、工科课程、实践能力、教学模式。

《战略差异度、会计信息可比性与企业风险承担》一文的关键词是：战略差异度、会计信息可比性、风险承担。

《从生态翻译学的多维视角解读 Beloved 诗歌的翻译》一文的关键词是：生态翻译学、Beloved、诗歌翻译、生态环境。

3. 前言

前言是对研究论文由来的说明，主要起着交代论文研究背景、引出话题、提出问题等作用。这部分内容不宜占过多篇幅，有的研究论文没有前言，而是将这部分内容直接并入正文中论述。由于前言主要是起引起下文的作用，因此在前言写作过程中，要客观描述，不可带有主观色彩，平铺直叙地将事物的现象、问题和发展趋势说明清楚即可。在写前言以前，要尽可能多地了解相关的内容，收集前人已有工作的主要资料，说明本研究设想的合理性。论文的研究对象、内容、思路和结论，切不可在前言中提及。

【训练】

(1)下列两个前言哪个比较好？请作出判断并说明理由。

前言 1:《网络化随访对 2 型糖尿病患者血糖控制效果的 Meta 分析》

糖尿病是一种发病率、致残率较高的以慢性高血糖为特征的代谢性疾病。据统计，目前我国糖尿病病人约有 1.139 亿，居世界第一位。糖尿病属于非治愈性疾病，其漫长的疾病进程及严重并发症，给病人、家庭和社会带来沉重负担。研究证明，良好的血糖控制能有效降低糖尿病致残率、致死率，而出院后的规律随访对糖尿病患者血糖控制发挥着重要指导作用。随着延续性护理在国内的深入开展，随访方式趋于多样化。以网络为支持的随访逐渐被认为是一种可改善出院病人血糖控制情况和延缓疾病进展的有效方法。由于网络化随访近些年才在国内兴起，缺乏循证依据，因此本研究对当前公开发表的原始研究进行系统评价，旨在为网络化随访在出院糖尿病患者中的应用和推广提供循证依据。

前言 2:《新乡贤特征及其对乡村振兴的动力支撑探析》

当前，中国农村正经历着一场重大而艰巨的社会变迁与转型，作为解决好"三农"问题，全面实施"乡村振兴战略"的一剂良方，党和国家高度重视新乡贤培育和新乡贤文化的发展，提出"推动城乡发展一体化深入推进新农村建设，应加强农村思想道德建设，创新乡贤文化，弘扬善行义举，以乡情乡愁为纽带吸引和凝聚各方人士支持家乡建设，传承乡村文明"。基于此，新乡贤以其深厚的历史传承和现代的转换创新重新回归于社会，并逐渐得到各级政府的高度重视。如何正确认识新乡贤，并在乡村地方发展和社会治理中，凝聚乡贤的社会力量，发挥新乡贤的引领作用，是激发乡村建设与发展内驱动力，加快推进乡村振兴战略实施的重要议题。

(2)根据下列选题，分别写一段不少于 200 字的前言。

《信息技术时代高校思想政治教育实效性研究》

《教育信息化内涵的时代重赋》

《现代化信息技术如何与中专学前教育专业钢琴教学模式相整合》

《新文科背景下的语言学跨学科发展》

《反思英语在教育全球化中的作用》

《大学生领导力教育的困境与未来发展》

《基于 PPP 模式的内生型独立学院融资困境分析及创新发展策略》

《人工智能时代下基于创客空间的创新素质教育体系的构建研究》

《数字经济背景下电商直播农产品带货营销模式与可持续发展研究》

4. 正文

正文是研究论文最为核心的部分，是研究成果的具体反映和表述。人文社科类论文和科技类论文的正文部分有不同点，也有相同点。第一个不同点是正文行文逻辑和结构不同。人文社科类论文是在大量文献资料收集与分析的基础上，结合实际经验的积累，通过逻辑思考从而对该论题进行研究，结构上大多都遵循提出问题、分析问题和解决问题的思维。其中，明确论文研究对象、明晰论文逻辑与结构、阐述新观点是重点。科技类论文大多是基于对研究对象有关的实验而展开的，论文核心应该是实验方法、实验过程、实验数据分析、实验结果的阐述、实验影响的说明和研究结论的总结。人文社科类论文的主体部分包括以下内容：①提出问题——论点(或论题)。②分析问题——论据和论证。③解决问题——论证方法、步骤。④结论。科技类论文的主体部分包括以下内容：①理论分析——提出问题(或论题)。②实验装置、测试方法和实验过程。③对实验结果的分析、讨论，将实验结果与理论计算结果比较，得出研究结论。④实物照片、图表的说明。第二个不同点是表达方式不同。人文社科类论文会对中心观点和论证过程用严谨的语言进行详细的、逻辑性的阐述；科技类论文行文过程中，语言文字力求简单明了，大多采用绘制图表、运用公式和展示实验结果等方式来阐释论文观点。两者相同之处，主要在于都遵守学术性、科学性的原则。无论是哪一类研究论文，强调的都是对某事物从学科上、学术上的深入研究探讨，必须具有该学科的学科逻辑、学科术语和学科理论。

【训练】

(1)选择一门专业必修课程中自己感兴趣的话题，作为论文题目，写一篇研究论文。

(2)在中国知网上下载人文社科类论文或科技类论文一篇并进行分析。如下载的是人文社科类论文，说明该研究论文的研究结构、研究对象、研究论点；如下载的是科技类论文，说明该研究论文的实验方法、实验过程、实验分析过程及结果。

5. 结束语

结束语是一篇研究论文最后总结的部分，既起着画龙点睛的作用，又有展望未来的意义。这部分要与摘要、前言区分开。摘要是以直观的方式让读者可以在短时间内快速地对论文进行一个整体性把握，需将研究目的、对象、过程、观点和结论都呈现出来，更具完整性。前言是对研究论文的一个引入，仅是对该研究问题现状的一个客观描述。结束语的重点是对论文观点的重申，对论文价值的肯定，对未来研究的展望。结束语主要包含以下三类。①结论性结束语：对论文研究成果作出总结。②探索性结束语：未经证实的结论，是一种展望或理想。③设想性结束语：在研究和实验中的问题一时尚未解决，提出一种设想性意见，以引起后面研究者的兴趣，加强对该领域的研究。

【训练】

(1)在中国知网上，下载部分研究论文，认真阅读论文后，选出三个你认为写得很好的结束语，且说明理由。

(2)在中国知网上下载下列论文，然后分析给出的两个结束语，指出哪个结束语比较好并说明理由。

《项目化教学是提高工程型人才培养质量的有效之法》

结束语1：项目教学法是指师生通过共同实施完整的项目工作而进行的教学活动。在这里，项目可以是设计与制作一个产品，排除一个故障，提供一项服务等，可以是设计一个服务项目等大型项目，也可以是加工一个零件等小型项目，其目的在于促进学生职业能力的发展。项目教学相对传统的课堂教学方法来说，在知识传授、理念、师生关系、评价方法等方面都有差异。

结束语2：以项目为载体，按照项目开发的范式实施“知行合一”的教学，具有很强的实践性，能够实现传统课堂教学的六个转变，即从“理论—实践”认知逻辑向“实践—理论”的认知逻辑转变，从单向知识传授向“做中学”“研中学”转变，从“以教为中心”教学理念向“以学为中心”教学理念转变，从“大一统”的授课方式向“个性化”教学模式转变，从“绝对信奉教师”向“师生学习共同体”转变，从“单一化”的评价向“多元化”的评价转变。总而言之，项目教学是传统“灌输式”教学方法的根本转型，也是提高工程型人才培养质量的有效之法。

6. 参考文献

参考文献是研究论文必有的一部分内容，是论文内容的支撑性材料。参考文献的质量，一定程度上决定了该研究论文的水平。选择参考文献须把握以下三个方面：一是尽量引用该研究问题最新的文献、高水平期刊文献、高质量专著文献等，这样，文献资料质量才能高，在此基础上的研究质量才会高；二是参考文献的格式是需要格外注意的，期刊论文、专著、学位论文、报纸和电子资源等都有不同的格式要求；三是所列举的参考文献应按作者首字母或首字拼音顺序，依次列出，不应以文献重要与否或名人名家、非名人非名家的顺序排列。

参考文献著录标准详见上一章。

【训练】

查看下面参考文献，根据上一章提供的参考文献著录标准，指出存在的问题并改正。

[1]金保华．刘晓洁．建设世界城市背景下北京地方高校国际化人才培养：问题与对策[M]教育理论与实践，2016(07)：7—9

[2]单春艳，李作章，从要素到影响：研究生教育国际化内涵的扩展，教育探索[J]，2017(02).

[3]邱妘．国际化应用型创新人才评价体系构建[D]宁波大学学报(人文科学

版)，2017(6)

[4]王璐．高校国际化人才素质指标体系构建———以上海外国语大学为例[J]．上海：上海外国语大学，2010.

[5]江云．马俊坚．朱梅萍等．研究型中医院中医药国际化人才综合评价指标体系的初探[J]上海中医药杂志，2016(S1)；31－34

[6]国际癌症研究机构与美国环保署有关草甘膦致癌性证据的回顾[J]．倪志晶，孙玮奇，周志俊．环境与职业医学．2019(03)

[7]谢希德．创造学习的新思路[N]．人民日报，1998-12-25(10).

[8]一种多任务模式离子液体推进剂的制备、表征及催化分解研究[J]．王文涛，马智勇，丛伟民，张万生，夏连根，王晓东．推进技术．2020(02)

[9]离子液体电喷微推力器系统设计及性能初步研究[J]．郭云涛，李世鹏，武志文，朱康武，韩雨宁，孙振宁，王宁飞．推进技术．2020(01)

[10]王明亮．关于中国学术期刊标准化数据库系统工程的进展[EB/OL]．1998-08-16/1998-10-01.

[11]万锦．中国大学学报文摘(1983—1993)．英文版[DB/CD]．北京：中国大百科全书出版社，1996.

(二)研究论文发表训练

1. 加强自我评估

对已完成的人文社科论文的自我评估，从宏观角度来说就是判断论文是否达到“探索未知、推进经济社会发展、深化认识”的目的，达到什么程度，有哪些空白点还未论证清晰，从微观角度来说就是论文题目是否准确、合理和新颖，摘要是否概括全面，关键词是否准确合理，论文结构是否符合逻辑，论证方式是否周密科学，新观点是否正确，论文语言是否具有学术性等。对已完成的科技类论文的自我评估，从宏观角度来说就是判断对问题和现象及分析是否合理，实验过程是否严格遵守规范，实验结果是否具有可行性、可推广性等，从微观角度就是论文标题是否准确，摘要是否交代清晰，关键词是否为中心词，前言是否简洁明了，实验材料与方法是否说明清晰，论文语言是否属于学术语言等。

【训练】

(1)在中国知网下载《校企合作构建卓越工程师教育培养新模式》这篇研究论文，分析并对其质量进行评估。

(2)在中国知网下载《壳斗科柯属及厚鳞柯植物资源研究现状及展望》这篇研究论文，分析并对其质量进行评估。

(3)在中国知网下载《由通用迈向学术：大学英语老师转型发展研究》《通用英语向专门用途英语转型视角下的高校英语教师发展对策》这两篇论文。这两篇论文是属于同一主题的论文，对它们进行评估并说明理由。

(4)结合自身专业和创新活动项目，从自己撰写的研究论文里选择一篇，从语言组织、结构框架、逻辑思维、学术观点和创新性等角度进行自我评估，并说明评估理由。

(5)以班级为单位，分成若干学习小组，将自己的研究论文与小组成员的研究论文互换，互相进行评估，并说明理由。

2. 投稿坚持以需求为导向

只有研究论文的方向、内容、风格和成果与期刊需求是吻合的，才能更快地获得期刊的认可。我们打开文献搜索中的期刊界面，会发现上面依据不同学科进行了分类，这时可依据自己论文的所属领域选择学科。学科选择后，在出现的该学科领域中的期刊中任意点开一个，页面上就会呈现该期刊的详细信息，如是否为核心期刊、SCI、EI、ISTP等，期刊的综合因子和复合因子，期刊所属单位，出刊周期(半月刊、月刊、季刊)等，这类信息是选择向何期刊投稿的重要依据。此外，还需要查阅拟投稿的期刊专栏，关注专栏是否经常变动，确定其一般发表主题的文章类型，还需要了解期刊对作者的职称、单位、课题基金、文章风格及水平等方面是否有要求。经过这些前期了解的基础性信息，初步选择适合论文的期刊。

【训练】

(1)结合你所学的专业，调研可供该专业的论文发表的国内核心权威期刊及国外重要期刊。

(2)在中国知网上查询刊载《中药网络药理学研究中存在的问题与发展展望》《苦豆子资源现状、化学成分、毒性及其开发利用研究进展》这两篇论文的期刊，分别说明其综合因子、复合因子、期刊附属单位和出刊周期。

(3)《高教发展与评估》《食品工业》这两种期刊，在近三年里，有哪些发文专栏？一般涉及哪些主题？

(4)《北京邮电大学学报》《半导体技术》《电子设计与应用》这三本期刊，近一年内出版的研究论文作者中，教授、副教授、讲师、工程师和学生，所占比例各是多少？带有课题基金的比例为多少？

(5)在经历过自我评估和学生间互相评估的基础上，确定一篇可以投稿的研究论文，确定拟选择投稿的期刊并说明理由。

3. 了解且遵循流程及规则

选择论文拟发表的期刊后，需要遵循以下流程。

(1)分别登录这些期刊的网站，认真查看其发表规范。网站上会对本期刊发表的审稿周期、投稿格式、审稿专家、编辑部联系方式和稿件要求等信息进行说明。

(2)对比后择优选择更适合的期刊。如何择优？主要基于自身需求：期待短时间内见刊，就选择审稿周期较短的期刊；不想对论文格式大幅度修改，就选择与原稿格式要求相近的期刊；等等。

(3)与编辑部沟通以便了解其他更多信息，决定论文最终的发表期刊。

(4)依据投稿要求，正式投稿等待反馈。稿件格式必须按照期刊的规范格式，这是发表成功的关键。投稿之后，需要依据审稿周期定期关注期刊官网，查看反馈意见。

(5)在反馈之后，可能有三种结果。第一种结果，直接被拒收，此刻需要及时联系编辑询问原因，确定是否还有修改录用的机会以及稿件存在的问题，假如没有再录用的机会，就依据意见进行修改，再重新选择期刊进行投稿。第二种结果，修改后录用，此刻应在充分理解修改意见的前提下进行修改，如反馈意见简明易懂，可直接修改，不懂就应该直接咨询编辑部。同时在规定的时间内反馈修改稿件，不可超过约定时间。第三种结果，直接录用，这是最为理想的结果。修改稿件交给编辑部之后，及时关注信息，等待二次反馈。

(6)当二次反馈，甚至多次反馈后，也可能有两个结果。一是被拒，此时需修改再重新进行一遍投稿流程。二是被录用。当被录用之后，接收到编辑部发来的录用函，算是投稿成功的标志。录用函上，有正式见刊的时间和期号，假如与自己要求的见刊时间有偏差，可联系编辑部商讨是否可修改，没有偏差就可依据编辑部要求按期出刊。

【训练】

(1)任意选择本人所学专业的两种期刊，分别查找其投稿网站，下载投稿格式、找到编辑部联系方式。

(2)假如你是教育学领域的学生，现在因为特殊原因，想将手中的一篇论文在一个月内尽快发表出来，任意选择本人所学专业的两种期刊，说说你会选择哪一种，并说明理由。

(3)任意选择本人所学专业的两种期刊，以作者的身份进行注册，注册完成后登录投稿页面，下载投稿要求和规则。比较两种期刊在投稿要求和规则上的不同点和相同点。

(4)结合自己的创新课题或项目，在评估和选择期刊基础上，登录期刊网站按照相关要求和规范向本人所学专业的期刊投递一篇论文。

第二节　撰写和出版专著

专著是呈现创新成果的常见形式。本节主要介绍专著撰写与出版训练的基本途径与方法。

一、认识专著

专著是指作者专门针对某一问题进行深入研究而形成的，具有较高学术水平和一定创造性的著作。专著有如下要求。

第一，较高的可信度。可信度就是对人或事物可以信赖的程度。专著可信度源自专著内容的真实性和有效性。真实性是指专著内容有理有据，有客观现实给予支撑，不是虚构或者捏造的。有效性是指专著内容在一定的现实情境下具有推广性，符合一定的现实实际情况。事物只有具备有效性，才能经得起实践的检验。专著只有具有较高的可信度，才有可能成为高质量的专著。

第二，原创性。原创性是指作品的独立创作性。原创性可分为以下类型。①全部原创，即提出了前人未曾有过的想法和观点，篇章布局和内容结构都是首创；②核心观点原创；③局部原创，即结构框架新颖、写作方式新颖、支撑材料新颖、旧观念的改编和呈现方式新颖等方面的原创。一般来说，专著大多都是核心观念原创和局部原创，全部原创较少。专著区别于一般著作和编著之处，就在于专著的学术性强，内容原创性较高。专著原创性程度越高，价值越大。

第三，系统性。系统性是指一个事物内部各要素或事物与事物间存在紧密联系、互动、整体性的关系。具有系统性的事物，各组成要素既是单独的个体，又是不可分割的整体。专著突出强调的是对某一研究对象全面的、深入的研究，可以包括事物的起源、发展、转型和成熟，可以包括事物的内涵、外延和发展趋势，也可以包括事物的现状、问题、原因和解决路径等，这些要素都是密不可分的，组合在一起能够全面反映该研究对象。这就是专著系统性的主要体现。

第四，学术影响力和社会影响力。专著的外界评价非常重要，但起决定作用的还是专著本身的质量。专著的质量高低决定了它的学术影响力和社会影响力。学术影响力就是对学科发展有奠基作用、对解决重大学术理论问题有推动作用、对解决一般性学术理论问题有推动作用、对学术研究者进行研究具有指导意义、对不同学科交叉有促进作用等，简单来说就是对学术研究有积极的促进作用。社会影响力就是对社会政治、经济、文化和艺术等领域具有积极的促进作用。学术影响力和社会影响力不大的专著，质量相对来说是不高的。

二、专著撰写和出版训练

(一)专著撰写训练

撰写专著包括确定题目、确定纲目、收集资料、开始写作、修改定稿等几个步骤。

1. 确定题目

专著出版过程中，可以在书稿完成后与出版社联系，也可以在确定题目时与出版社联系。前一种情况，专著题目是由作者本人决定的；后一种情况，专著题目可由作者和出版社共同决定。专著题目须做到以下几点：一是题目须面向学科专业领域内未解决的理论或实践问题、考虑市场受众需求及日常生活实际，要有一定的创新性、现实性与理论价值；二是题目须严谨规范、言简意赅和科学准确，反映专著的研究对象和中心思想，切不可出现基本的语法错误。

【训练】

下面是一些专著的题目，谈谈你觉得题目是否合适并说明理由。

《钛酸铋钠基钙钛矿型无铅压电陶瓷性能与机理研究》

《化学链燃烧的特性及应用研究》

《基于 GPU 的 Spark 计算框架性能模型研究》

《研究型大学跨学科团队知识互动模型研究》

《农村留守儿童家庭弹性与希望感的关系：链式中介作用研究》

《不同施肥管理措施对农田土壤植物和微生物残留组分的影响》

《基于 FPGA 的 1024 点 FFT 在信号实时解码处理中的实现》

《试析威尔第歌剧〈命运之力〉、莱奥洛娜咏叹调〈安宁，安宁〉的钢琴伴奏艺术》

《20 世纪墨西哥女性作家的儿童视角叙事策略研究——以三位墨西哥经典女性作家作品为例》

《知识产权软件管理系统对企业的应用价值研究——以 W 公司人工智能大数据系统为例》

2. 确定纲目

纲目是指大纲结构和细目。当题目确定之后，专著纲目是第二个需要明确的部分。大纲结构是专著的骨骼，原则上要求结构要做到完整、科学和新颖。大纲结构的完整性、科学性、系统性是影响全书的重要因素。具体来说，大纲结构主要有这几种类型：要素并列式、要素总分式、要素对比式、要素递进式和一个中心式。专著细目一般来说，主要有六个层级的划分。

第一级：有的专著根据内容需要分为上篇和下篇，有的分为理论篇和实践篇，在此基础上再以章为单位划分，有的专著直接以章为单位划分，如第一章、第二章、第三章……

第二级：在章标题基础上，以节为单位来划分，如第一节、第二节、第三节……

第三级：在节标题下，以"一、二、三……"为标题进行划分。

第四级：以"(一)(二)(三)……"为标题进行划分。

第五级：以"1、2、3……"为标题进行划分。

第六级：以"(1)(2)(3)……"为标题进行划分。

在这六级细目下，还需要进行分类描述的，可以采用“a、b、c、d、e……”“①、②、③、④、⑤……”或者“Ⅰ、Ⅱ、Ⅲ、Ⅳ、Ⅴ、Ⅵ、Ⅶ、Ⅷ……”等。

专著纲目还需要注意以下几点：首先，上下级纲目之间必须是一种包含与被包含的关系，具体来说是阐释与被阐释的关系，下级标题内容应该是上级标题内容的进一步说明和深化；其次，上下级标题语句不可完全重复，应有差异性，上级标题应更具抽象化、统领性，下级标题应更具体化，更具说明性；最后，专著各级纲目间必须具有一定的逻辑性，逻辑性是纲目能够连接起来的关键，是纲目科学性与合理性的体现。

【训练】

(1)查找本人所学专业领域内的专著，说出有哪些专著的结构遵循“总分总”结构，哪些专著遵循“总分”结构。

(2)阅读彼得·德鲁克的《管理的实践》这本书，分析其结构框架，并指出其结构的优势和劣势。

(3)以“提高高校英语专业学生的实践能力研究”为专著题目，列出三级标题的结构框架。

(4)罗伯特·斯莱文著，吕红梅和姚梅林等译的《教育心理学：理论与实践》、张大均的《教育心理学》、皮连生的《教育心理学》这三本专著，都是围绕教育心理学领域而展开论述的。请认真分析三者的大纲结构，阐述三者各自的特点。

3. 收集资料

资料收集既是对某一研究对象曾经的研究成果和研究现状的总结与思考，又是开启新研究的前提。本书前面有章节对收集资料进行大量说明，此处不再论述。

4. 开始写作

在专著题目、纲要和相关材料已经准备就绪时，即可开始写作之路。在具体行文中，需做到以下几点：一是论证过程和内容须围绕各级标题展开，不可文不对题；二是专著收集整理的资料须经过多次加工，思考内化后采用，不可出现资料的简单拼凑和罗列，前后论证要做到符合逻辑和严谨周密；三是语言文字须具备一定的学术性，使用学科语言和学科理论，遵循学科逻辑，避免出现基础性错误。

5. 修改定稿

专著初稿完成后，须经历多次修改过程才可以定稿。初稿修改是由整体到局部依次来进行的。首先再次审视专著题目和纲要是否完整、严谨和具有新意，是否科学概括了专著的相关内容，是否准确表达了专著的核心思想和创新之处；其次须对专著正文进行审视，看其是否紧紧围绕各级标题来展开论述，看一看是否须对相关内容进行整合或分开阐述，前后论证是否符合逻辑规范，论证过程是否自然和合理，资料引用是否恰当；最后，须对专著的语言文字、图表、公式、参考文献及附录等的准确性进行审视。

(二)专著出版训练

社会上有诸多种类的图书出版机构，它们一般来说都有自己特殊的经营范围。专著撰写完成后需要根据研究成果所属领域和相应的资源条件来选择适合的出版机构。

【训练】

(1)收集出版社的相关资料，至少列举出5个出版社，并指出该出版社的经营范围。

(2)人民教育出版社、高等教育出版社、生活·读书·新知三联书店、湖北长江出版传媒集团，这些出版单位在本年度出版过哪些主题的书籍?

(3)查找中国社会科学出版社和科学出版社的相关资料，指出这两个出版社在出版书籍过程中的流程包括哪些。

(4)你所在的城市有哪些出版机构和单位，它们在经营范围方面有哪些区别?你的创新活动项目成果属于这些范围吗?

当选择适合的出版社后，就需要充分了解出版流程。具体来说，由作者与出版社之间进行商谈，达成出版意向，确定出版要求。出版社申报选题，选题通过后作者与出版社签订正式出版合同，稿件经三审三校后出版社向国家新闻出版署申请下发书号及CIP数据。

专著形成不是一次性的，而是一个反复的过程。充分了解出版的流程后可知，我们的研究成果仅是一个自认为成熟的成果而已，想要真正被社会认可必须经过一定的审核、修改和完善。只有经历过理论和实践的检验，才能产生更加完善的、科学的专著。因此，必须不断调整专著内容，力求专著成熟完善。出版流程是一个书稿自我调整的过程，主要强调的是局部修改，一般情况下不涉及整体结构框架。假如整体结构框架不符合条件，那么专著就很难出版。这个过程需要作者前期在写作的过程中深思熟虑，保证专著整体结构是严谨的、科学的、学术的。自我调整的过程，可能会涉及专著的字数、格式、排版、内容的整合与分解，还可能需要增加一些支撑性的资料，从而增加专著内容的可信度，这一切都是以追求成熟、完整为目的的。当作者根据论题完成书稿任务后，出版社负责书稿的编辑、校对、排版、设计、出片等工作，一切确认无误后安排印刷厂印刷装订图书，之后开始发行。

【训练】

(1)与已有出版经验的导师深度交谈，充分了解专著修改的过程。同时，争取收集到一本专著从初稿到终稿的原件，分析专著的演变，思考从中获得的启示。

(2)寻找身边正在出版专著的导师，申请协助导师参与出版过程，充分熟悉专著撰写过程和出版流程。

第三节　研发和申请专利

创新成果是创新者或单位经过长期的艰苦努力，不断试验、改进，花费相当大的人力、物力和财力之后取得的果实，是研发人员的智慧和汗水的结晶。创新成果一旦应用到生产实践中去，就可转化为现实生产力，产生巨大的社会效益和经济效益。正因为如此，如果不采取一定的保护措施，很有可能会被人剽窃、仿造或复制。由于剽窃、仿造或复制者不需要研发及其费用和专利申请及其费用，其成本当然相当低，会给发明者和发明单位造成巨大的损失，严重挫伤发明者和发明单位的积极性，甚至可能严重影响国家的利益。因此，创新成果保护就显得特别重要。世界各国的创新者，都十分重视创新成果的保护。除了极少数创新产品如可口可乐的配方可以采用严守机密的方法实现自我保护以外，绝大多数的创新成果都是采用申请专利的办法实现有效保护的。

一、认识专利

(一)专利及其类型

当代的专利一般是由政府机关或者代表若干国家的区域性组织根据申请而颁发的一种文件，这种文件记载了发明创造的内容，并且在一定时期内产生这样一种法律状态：在一般情况下对于获得专利的发明创造他人只有经专利权人许可才能实施。

专利文献作为技术信息最有效的载体，囊括了全球90%以上的最新技术情报，相比一般技术刊物所提供的信息早5～6年，而且70%～80%的发明创造只通过专利文献公开，并不见诸其他科技文献，相对于其他文献形式，专利更具有新颖、实用的特征。可见，专利文献是世界上最大的技术信息源，另据实证统计分析，专利文献包含了世界科技技术信息的90%～95%。

我国专利有三种类型：①发明；②实用新型；③外观设计。发明是指对产品、方法或者其改进所提出的技术方案。在申报专利的发明之中，从《中华人民共和国专利法》(2020年第四次修正版)中关于发明人和专利权人的有关规定出发，又有“职务发明”和“非职务发明”之分。“职务发明”是指发明人或设计人执行本单位的任务或者主要是利用本单位的物质条件所完成的创造发明。职务发明创造申请专利的权利属于该单位，申请被批准后，该单位为专利权人。该单位可以依法处置其职务发明创造申请专利的权利和专利权，促进相关发明创造的实施和运用。“非职务发明”也称个人发明或自由发明，指的是凡未列入本单位工作计划，发明人或设计人在业余时间利用自筹资金和设备完成的发明创造。非职务发明申请专利的权利属于发明人或者设计人。实用新型是指对产品的形状、构造或者其结合所提出的适于实用的新的技术方案。外观设计是指对产品的整体或者局部的形状、图案或者其结合以及色彩与形状、图案的结合所作出的富有美感并适于工业应用的新设计。对于实用新型与外观设计而言，针对的一般不是整体，而是某件实物的局部或者整体理念中的局部想法，这与发明有着很大的区别。

国家依照专利法，对发明创造加以保护。发明人或发明单位将自己研发的技术申报专利并获批之后，依据专利法，发明人或发明单位可在一定期间内获得其对该项技术排他性的独占权——专利权。除法律规定的极少数特殊情况外，他人要实施获得专利权的技术，必须取得专利权人的同意，并签订书面许可合同，向专利权人支付使用费，否则就是侵权。出现侵权，专利权人或利害关系人有权请求专利管理机关进行处理，或向人民法院申诉，并要求赔偿损失。利用专利法保护发明创造是世界各国公认的最有效的途径。

(二)专利的要求

1. 具备适当的原创性和新颖性

原创性是衡量发明、实用新型和外观设计有无价值、价值大小的最为基础、直接的标准。专利不同于研究论文和专著。对于后两者来说，创新性虽然是进行价值判断重要的标准，但是这两者想要实现完全创新、核心创新是非常困难的，很多研究论文和专著都是在前人研究的基础上，提炼思考后的产物，不可能做到完全创新，大多都是局部创新。但是，对于专利来说，原创性是评估专利的基础性标准，没有特色，没有原创性，专利是不可能申请成功的。

2. 具有一定的可行性

可行性是判断评估发明、实用新型和外观设计的另一重要标准。狭义的可行性即技术专利使企业现有资源和条件确保生产作业计划的执行。广义的可行性即技术专利在农业、工业、科技、文化、日常生活等广泛的领域，在现有条件下可以实施执行。有些专利仅限于想法、理念和思维层面，现有条件下无法在实际生活工作中直接实现，有的专利则可以直接面向社会进行应用，为相关领域提供便利，改变工作生活方式，提高工作办事效率。一般情况下，无法应用或者无法广泛应用的专利，专家在评估过程中对其价值认可度不会很高，甚至会认为其价值低。

3. 具备一定的发展性和实用性

发展性是为补充可行性这一评估标准而提出来的，具体是指专利在未来对行业、社会所产生的影响的发展变化程度，简单来说就是专利价值的未来可能性和实用性。专利的发展性和实用性主要体现在两个方面：①一些专利初期不能进行实际应用，但是对其他方面有一定的指导和启发价值，这种专利也是有价值的；②随着社会发展和科技进步，一些事物仅仅只能符合现在需求是不够的，这种专利应变能力较差，这种事物在未来的世界肯定是要被淘汰的，故它的价值相对就低些，高水平高质量的专利则具备了一定的发展性，能够满足不断变化的需求，故它的价值相对较高。

二、专利研发和申请训练

(一)专利研发训练

1. 明确研发需求

研发某种技术，前期需要明确研发设计需求，研发需求是研发设计专利的动力和源泉。明确研发需求，要了解目前所要研发的产品或技术的基本现状，从而了解该技术的发展态势有哪些，技术优势在哪里，存在的技术问题是什么，等等。只有在研发之前充分了解研发对象的现状，才能更清晰、明确地确定研发需求。

【训练】

(1)假如你是某品牌牙膏研发部门的负责人，面对牙膏品牌激烈的竞争环境，不得不推出新品。请根据市场调研情况，具体谈一谈下一步研发的需求。

(2)如果你要研发一项为残疾人生活、工作和学习带来便利的专利，请结合市场调研情况谈一谈研发需求。

(3)以“大众对机器人做家务的态度”为主题，设计一个调查问卷且进行实地调查，整理分析机器人做家务的市场需求和潜力。

2. 需要分析研发利弊

在明确研发需求后，根据目前已经掌握的技术信息，评价待研发技术的成功率及研发成本等问题。假如研发技术成功率低，研发成本很高，那么该项研发项目就需要重新思考，决定是否需要扭转研发方向。分析研发利弊，须考虑侵权可能性和控制研发成本两个方面。如果该领域专利布局比较充分，或者存在较强大的专利联盟，那么存在侵权的风险比较大，如果侵权风险较大，可考虑以降低成本的策略绕开专利权利要求的保护范围。但是需要注意的是，针对一项专利的独立权利要求进行专利规避比较简单，但是针对具有专利联盟式的专利规避难度较大。该环节可以通过专利检索制定本领域技术生命周期图来完成。

【训练】

(1)假如你是某品牌手机技术研发部的负责人，近期部门对手机屏幕的研发有了新的技术突破，但是该技术的价值性有待考量，研发成功率未知，是否侵权也不明确。请你对市场上手机屏幕相关技术进行调查，并分析手机屏幕技术的发展现状。

(2)在中国专利法律网相关网站，下载有关专利侵权的典型案例。分析案例如何构成侵权，造成侵权的原因，以及侵权后果。

(3)结合自身专业和创新活动项目，研发一项专利。针对你要研发设计的专利进行成本评估，并从人力、物力和财力三个方面具体进行说明。

3. 初步拟定研发方向并分析技术创新点

拟定研发方向是研发专利环节中非常重要的一步，对专利研发具有指导意义。研发方向是由自身研发技术基础、市场研发需求、研发利弊三者共同决定的，缺一不可。没有一定的研发基础作为支撑是无法持续、完整地完成研发任务的，没有市场研发需求的引导，研发出来的专利价值性是有待考量的。如果不能很好地发挥研发优势和规避研发劣势，研发方向就很有可能存在问题。其中，研发人员须尽可能提供更多的研发方向，以便对其进行分析，提供更广的研发思路。

在拟定多个研发方向后，须依次分析每个研发方向的技术创新点。对于发明专利来说，应考虑该研发方向是否在原产品、方法的技术方案基础上有新的技术贡献点，运行原理和工作方式是否更加经济有效，材料物质是否更环保等。对于实用新型专利来说，应考虑产品的形状、构造或者其结合所提出的新的技术方案是否更实用、经济、便民、美观。对于外观设计专利来说，应考虑产品的形状、图案以及色彩是否更美观，所以它更适用于工业应用。

【训练】

(1)下面先设定一个主题，再根据后面的词语，尽可能进行发散思维，确定以该主题为中心的技术研发的方向。

电脑键盘。颜色、水果、饮料、声音、手指、胳膊、高低、大小、折叠、数字、音符、隐藏、电磁。

电梯。桶装水、桌子、残疾人、儿童、商场、时间、空间、购物、商品、奖牌、窗户、蹦极。

床。洗澡、看剧、衣服、沙发、柔软、坚硬、校园、老年人、吃饭、圆与方、商场、携带。

水壶。夏天、冬天、落叶、冰冷、炎热、塑料、手柄、手套、暖气、冰块、加热纸、毛巾。

公交。气、水果、红线、黄线、绿线、床椅、白纸、开窗、卡片、美食、雨水、楼梯、手柄。

(2)在对残疾人生活、工作和学习带来便利的专利进行市场调查后，在需求分析的基础上，确定下一步的研发方向。

(3)在以“大众对机器人做家务的态度”为主题的问卷调查结束后，在市场需求和潜力分析基础上，确定下一步的研发方向。

4. 提出自己的技术方案，并进行侵权检索、侵权分析和无效分析

经过研发人员与专利研发小组的充分沟通，在完成以上步骤的基础上，确定待研发产品的技术方案。此方案是建立在研发人员自身知识储备及通过专利检索对研发人员自身知识储备不足的基础上补充的。对最终确定的技术方案进行专利侵权检索，试图在专利数据库中寻找有可能涉嫌侵权的有效专利，为下一步的专利侵权分析做准备。专利侵权分析是将最终确定的技术方案甚至是样品与检索获得的有可能侵权的有效专利进行专利侵权比对，其适用原则主要包括全面覆盖原则和等同判定原则。无效分析是指在进行专利侵权分析后，如果判定该专利技术方案涉嫌严重侵权，基于专利无效的成本低于专利规避设计的成本，建议申请该专利无效，出具专利无效分析报告。通过专利无效手段，可以适当调整策略变更为专利许可或者转让等方式达成目的。

【训练】

(1)登录中国发明协会网站、中国专利信息网等，下载两篇专利技术方案，认真阅读且进行分析，指出该方案的优点和缺点。

(2)结合自己的专业和创新课题，研发设计一个专利。在具体研发设计专利之前，拟定一份专利技术方案。

(3)当前，专利侵权事件仍然存在。但仍有一部分专利很类似，结果并不构成侵权。一方面，登录中国专利网，找出两项很类似的专利设计，认真分析为什么不构成侵权；另一方面，找出两项表面上并不相似却构成侵权的专利设计，认真分析为什么构成侵权。

5. 专利规避设计及完成样品测试

根据全面覆盖原则，进行专利规避设计。专利规避设计的原则是：尽可能减少或者改变待规避有效专利的独立权利要求。如果规避设计成功，研发人员可以在该专利研发小组的指导下完成样品测试，专利申请成功后，产品或技术便可推向市场。

【训练】

(1)假如你是某服装公司的设计师，你负责的夏季新款在申请专利权和生产之前，发现同领域的一个公司旗下的某个品牌与你的产品非常相似。面对这种情况，你该如何进行规避设计，从而获得自己的品牌专利权?

(2)假如你是一个平面设计师，在给某饮料品牌设计外在包装过程中，提交给品牌负责人的设计稿，与另外一个品牌的包装设计在颜色、材质、图案等方面有相似之处，该责任人要求你进行修改，你应该如何修改?

(3)结合自己的专业和创新课题，研发设计一个专利。当你专利设计接近完成时，请进行相关的调查，考虑一下，假如有侵权的可能性，你该如何修改从而进行专利规避设计。

(二)专利申请训练

1. 明确专利权属性，在适当时间和空间内申请专利

专利申请的目的，就是获得专利权。专利权的基本属性是独占性、时间性和地域性。独占性含有两层意思。一是对一项发明创造，只授予一次专利权，即专利局对某一项发明创造，不能今天授权给A，明天又授权给B。也就是说，当你的专利还未申请之前，假如已经有人申请了相关的专利，你的专利申请成功的概率就很低。二是专利权人对其专利，在一定期限和地域内，享有他的独占实施权。时间性是指专利权在一定期限内才有效，超过法定有效期限，专利权就失效了。《中华人民共和国专利法》规定发明专利权的期限为20年，实用新型专利权的期限为10年，外观设计专利权的期限为15年，均自申请日起计算。地域性包括两个意思：一是各国专利法对专利权的规定具有独立性，可以根据本国的国情而定，他国无权干涉；二是在一国依法授予的专利权只在该国受到保护，而在其他国家，则不受保护。如果发明人希望在另一国取得某项技术的专利权，就必须向该国申请专利。

在申请专利过程中，还须按照《中华人民共和国专利法》的基本原则，对于同样的发明创造只能授予一项专利权。当出现两个或两个以上的人就同一发明创造分别提出专利申请的情况时，有两种处理原则：一是先发明原则，是指同一发明创造如有两个以上的人分别提出专利申请，应把专利权授予最先做出此项发明创造的人，而不问其提出专利申请时间的早晚，但由于在采取此项原则时，在确定谁是最先发明人的问题上往往会遇到很多实际困难，因此，世界上只有美国、加拿大和菲律宾等少数国家采用这种原则；二是先申请原则，是指当两个以上的人就同一发明分别提出申请时，不问其作出该项发明的时间的先后，而按提出专利申请时间的先后为准，即把专利权授予最先提出申请的人，中国和世界上大多数国家都采用这一原则。

只有非常熟悉并掌握专利权的内涵、性质及专利申请的原则，才能在整个申请过程中，避免错误，在合适的时间、地点和权限内成功地申请专利。

【训练】

(1)假如有某项专利，其专利说明书写明适用范围是中国，那么该专利能在欧洲生产并推向受中国专利保护的市场吗？为什么？

(2)某项实用新型专利，在市场生产销售已经有12年了，请问该实用新型专利还受专利局保护吗？

(3)当你在研究设计一项专利时，你知道另一个课题组也在进行类似领域的专利研发工作，而且他们的研发方向、对象及方法，和你的研究都有相似之处。学习了申请专利的两大原则，你该如何做？

2. 找准合法专利机构，弄清专利申请的流程

找合法正规的专利机构是基础，有利于正当、高效地取得专利权。假如找不合法的非正规的专利机构，容易出现专利信息泄露、申请流程不规范、申请材料缺失、代理机构携款失踪等，引发一系列知识产权纠纷，最终直接导致专利申请失败。

弄清专利申请流程是专利申请全过程的关键。专利申请流程分以下五步。

第一步，对发明创造成果进行判断。据《中华人民共和国专利法》(2020 年第四次修正版)第二条、第五条及第二十五条的规定，对自己的发明创造成果是否属于专利法所指的发明创造，是否属于专利保护的范围作出判断。比如，必须弄清楚科技创新属于什么领域，它们是否属于可申请专利的技术领域等。专利法规定下列技术领域是不可申请专利的技术领域：①科学发现；②智力活动的规则和方法；③疾病的诊断和治疗方法；④动物和植物品种；⑤原子核变换方法及用原子核变换方法获得的物质；⑥对平面印刷品的图案、色彩或者二者的结合作出的主要起标识作用的设计。同时还要根据《中华人民共和国专利法》第二十二条的规定，对自己完成的发明、实用新型是否具备新颖性、创造性、实用性，外观设计是否具备专利法第二十三条规定的条件作出初步判断。

第二步，进行市场调查和预测。通过调查看看社会需求如何，是否具有商业价值，不仅要调查近期需求，还要预测远期需求。

第三步，选择申请专利的种类。根据《中华人民共和国专利法》第二条的规定，我国有发明、实用新型、外观设计三种专利。如果发明创造涉及的是一种方法或是没有固定形状的产品(例如气态、液态、粉末、颗粒状物质、各种金属、非金属材料等)，无论它是大发明还是小发明，都只能申请发明专利，没有别的选择。但是，当发明创造涉及的是有一定形态、构造的产品时，便有多种选择方案。如果该产品市场寿命预计为 10 年以上，或者还要经过较长时间的开发、试验才能投放市场，但商业价值却可能较大，技术水平也较高，可选择申请发明专利。如果该产品市场寿命最长不超过 10 年，可以考虑申请实用新型专利。因为实用新型专利申请手续简便，审批速度快、申报花钱少，对申请人较为合算。特别是对缴纳专利费用有困难的申请人，可以作为优选方案。当发明创造涉及的是产品外形的变更，则还可以考虑申请外观设计专利。由于外观设计专利申请费、年费比实用新型更低，审批速度往往也更快，申请文件的准备也较简单，其保护期达到 15 年，因此，对申请人来说，选择申请外观设计专利更合算。如果该产品虽然市场寿命较长，但创造性较低，申请发明专利可能不易获得批准，也可以考虑申请实用新型专利。以后应当力求通过改进，提出新的专利申请，以达到延长保护期限的目的。

【训练】

(1)下列技术中，哪些不可进行专利申请？选出并说明理由。

骨骼模型、建模过程及其系统

一种列表切换方法及终端

传输数据的方法、终端设备和网络设备

限制平面量子器件中的垂直连接的超导谐振器

一种植物新品种

诊断疾病的新方法

电池、香味吸入器、控制电池的方法及程序

(2)针对发明、实用新型、外观设计这三种专利，分别举例并说明其为什么隶属于这种专利。

(3)在专利申请的过程中，需要根据很多因素来决定选择哪种专利类型。假如专利创新性不高，使用寿命在8年左右，应该选择哪种专利类型？假如专利目前还需要进一步的研发，才能达到更好地使用效果和市场效益，应该选择哪种专利类型？

(4)专利申请过程中，可以适当选择一些专利申请咨询管理机构咨询。说出你所知道的专利申请咨询管理机构，并指出它们的经营业务范围。

第四步，备齐申请文件。专利申请前，应备齐各种专利申请文件。发明专利的申请文件包括：发明专利请求书、说明书(说明书有附图的，应当提交说明书附图)、权利要求书、摘要(必要时应当有摘要附图)等。实用新型专利的申请文件包括：实用新型专利请求书、说明书、说明书附图、权利要求书、摘要及其摘要附图等。外观设计专利的申请文件包括：外观设计专利请求书、图片或者照片等。

第五步，确定发明人或者设计人。我国专利法依据发明创造的不同性质规定在我国有权申请并取得专利的主体主要有以下几种。①发明人、设计人。对于非职务发明创造，发明人和设计人不限条件，即不限年龄、性别、职业、政治面貌、健康状况及居住地等，只要有正常的行为能力都有权申请专利，并取得专利权。②发明人、设计人所属单位。对于职务发明创造，专利申请权属于发明人、设计人所属的单位。专利批准以后，单位申请的，专利权归单位持有。两个以上单位协同或者一个单位接受其他单位委托所完成的发明创造，除另有协议外，申请权属于完成或共同完成的单位，专利权归该申请单位所有。③申请权的合法继受人或继受单位。专利法规定申请权和专利权可以转让。有权申请的人和单位可以根据自己的意愿将专利申请权转让给第三者。但全民所有制单位转让专利申请权的，应经国务院主管部门批准。

【训练】

(1)登录中国发明协会网站、中国专利信息网等，下载两篇专利申请文件，认真阅读并分析专利的申请请求书、说明书及附图、权利要求书、摘要及其附图等。指出这些文件优点和缺点。

(2)对于非职务发明来说，对发明人和设计人在年龄、性别、职业、政治面貌、健康状况及居住地等条件上，有硬性要求吗？

(3)专利分为发明、实用新型、外观设计三种，这三种在申请文件上是有所区别的，分别下载这三种类型的申请请求书、说明书，并进行比较，指出相同点和不同点。

(4)根据自己的专业和创新活动项目，研发设计一项专利。严格按照专利申请要求，写出一份专利申请的请求书、说明书和权利要求书。

3. 规范申请格式，按法律要求提交材料

办理专利申请手续的基本要求如下。

(1)以书面形式办理

《中华人民共和国专利法实施细则》规定，《中华人民共和国专利法》和该细则规定的各种手续，应当以书面形式办理；以面谈、电话、电报、电传、胶片、实物等形式办理的手续，在专利申请、审查程序中均视为未提出，不具有法律效力。国务院专利行政部门收到专利申请文件之日为递交日。如果申请文件是邮寄的，以寄出的邮戳日为递交日。如邮戳不清晰，除申请人能提供证明外，将以专利局收到之日为递交日。

(2)按要求撰写和提交各类文件

《中华人民共和国专利法》规定，申请发明或者实用新型专利的，应当提交请求书、说明书及其摘要和权利要求书等文件。而这些文件均应使用专利局制定的统一表格。另外，需要注意其适用文字：《中华人民共和国专利法》及其实施细则规定提交的各种文体应当使用中文，不应使用外文和少数民族文字。除了提交上述文件外，有时还需要提交必要的附件，主要有：由代理人代理申请手续时，要提交代理人委托书；属于发明人或个人申请的，应提交由单位开具的非职务发明的证明文件。准备好基本的申请文件后，可以向专利局面交或通过邮局寄交专利申请。寄交专利申请时，应使用与申请文件相应的大信封，各类申请文件均不应折叠。

(3)缴纳费用

向专利局申请专利和办理其他手续，应当按照规定缴纳费用。根据有关规定，各种专利费用，可以直接向专利局缴纳。申请专利缴费确有困难的，可以按规定请求专利局减缓缴费。

专利被社会认可过程中，需明确专利权属性，在适当时间和空间内申请专利，找准合法专利机构，弄清专利申请的流程，规范申请格式，按法律要求提交材料。只有做到这些，才能提高专利被社会认可的概率。

【训练】

(1)某人在申请专利的过程中，以电话和电传的形式与专利局办理业务，你觉得他能申请成功吗？为什么？

(2)结合自己的专业和创新课题，设计研发一项专利。研发成功后，将专利申请书、说明书和权利书等文件，以邮寄的方式递交到专利局。

(3)假如由于特殊原因，你无法缴纳专利申请相关费用，此时需要提交减缓请求书。请在专利局相关网站上下载文件，填写一份减缓请求书。

第四节　艺术作品形成能力的培育

艺术作品是创新成果呈现的一种特殊形式，其传播渠道有发表、参展、参赛和拍卖等。本节主要介绍艺术作品的基本类型、艺术作品的传播渠道，以及艺术作品形成能力的训练方法。

一、认识艺术作品

(一)艺术作品及其基本类型

艺术创作是一种以一定的世界观为指导，运用特定的创作方法，通过对现实生活观察、体验、研究、分析、选择、加工、提炼生活素材，塑造艺术形象，创作艺术作品的创造性劳动，是人类为自身审美需要而进行的精神生产活动，是一种独立的、纯粹的、高级形态的审美创造活动，是一项源于生活而高于生活的创新活动，进行创作的过程是一个不断突破，不断实现创新的过程。新颖的想法、巧妙的构思、精彩的布局和超前的艺术审美等，都能促使一件优秀艺术作品的问世，同时这些都是创新的一种体现。艺术创作以社会生活为源泉，并不是简单地复制生活现象，实质上是一种特殊的审美创造。

艺术作品主要包括音乐作品、美术作品、舞蹈作品、书法作品等。每一种艺术作品都有独特之处，都有自身的创作方向和需遵守的创作范式。

音乐是一种用有组织的声音构成的听觉意象，来表达人们的思想感情与社会现实生活的艺术形式。音乐作品的创作，具体来说，一是指在现有的音乐种类与风格范畴内进行艺术创作，如古典音乐，创作的音乐作品无论如何创新，如何进行创作，都属于古典音乐，或者是以古典音乐为主，其他音乐种类为辅；二是突破现有的音乐种类与风格进行创新的创作，探索全新的音乐种类与风格。

美术是一种以线条、色彩或者其他方式构成的平面或者立体的造型艺术创作形式，可分为绘画、雕塑、工艺美术和建筑艺术等类别。以表现形式来划分，则可分为纯欣赏美术和实用美术。纯欣赏美术作品是指仅能够供人们观赏的独立的艺术作品，比如油画、国画、壁画、工笔画、素描和水彩画等。实用美术作品是指美术作品内容与具有使用价值的物体相结合，物体借助于美术作品而兼具观赏价值和实用价值。美术作品创作指美术种类和表现形式的创作，具体来说，一是指在现有的美术种类与表现形式范畴内进行美术创作，包括同一种类的内部创作、不同种类相融合和多种美术表现形式相融合等；二是突破现有的美术种类与表现形式，探索新的种类和表现形式。

舞蹈是一种使用身体来完成各种优雅或高难度的动作，以有节奏的动作为主要表现手段的艺术形式，一般有音乐伴奏，可分专业舞蹈、国际标准交际舞和时尚舞蹈，其中专业舞蹈主要有古典舞、芭蕾舞、民族舞、民间舞、现代舞、踢踏舞和爵士舞，国际标准交际舞有拉丁舞和摩登舞，时尚舞蹈有迪斯科、锐舞、街舞、啦啦队舞和热舞劲舞等。以表现形式划分，可分独舞、双人舞、三人舞、群舞、组舞等。舞蹈作品创作就是指舞蹈种类、表现形式的创作，具体来说，一是指现有的舞蹈种类与表现形式范畴内，进行舞蹈创作，包括一种种类内部创作、不同种类相融合和多种舞蹈表现形式融合等；二是突破现有的舞蹈种类与表现形式，探索新的舞蹈种类和表现形式。

书法是一种展现文字美的艺术形式。书法是汉字特有的一种传统艺术。以类型来划分，书法不仅有软笔和硬笔之分，还有楷书、隶书、行书、草书、篆书等字体之分。以款式来划分，书法可分斗方、三井、中堂、条幅、横批、对联、匾额、长卷及扇面等。书法作品创作，具体来说，一是指在现有的书法类型和款式范畴内，进行书法创作，追求一些形式上的创新或其他局部创新；二是突破现有的书法类型和款式，探索新的书法类型与款式。

(二)艺术作品的要求

1. 具备较高的原创性

艺术作品主要由艺术品的设计理念、表现形式和潜在内涵三者构成。一件有价值有意义的艺术品就在于独特的设计理念、新颖的表现方式和深刻的社会内涵。千篇一律的设计构思是复制，是没有价值的，普通的表现方式是无法吸引群众的注意，是没有创新性的，直白无深度的艺术作品是无法打动观众、无法引起观众情感共鸣的。也就是说没有原创性的艺术作品，没有创新性的艺术作品，价值肯定是不高的。

2. 具备美感

艺术作品之所以被称为艺术品，是因为它的特殊性，即美学价值。艺术作品可以给我们以视觉、听觉、触觉和心理不一样的感受，这是其他作品无法做到的。美学是一门传统学科，又是一门新兴学科，其强调事物的美主要看是否符合事物的客观属性，人的精神感受是否舒适畅达，心灵是否有所触动、净化等。例如舞蹈动作自然、柔美、强劲，音乐旋律激发联想，书法笔风苍劲有力，都是符合美学基本标准和规律的，这样的艺术作品才是有价值可言的。在对艺术作品进行价值判断时，是否符合美学标准是从专业的角度提出来的对作品本身的考核方式。艺术作品需要具备一定的美感，没有美感的作品，不是艺术创新作品。

3. 具备学科影响力

任何艺术作品都是在该艺术领域下创作出来的，都是该学科的创作成果，衡量其价值需要将其放在学科大背景下进行评估。学科影响力，具体来说，是对艺术领域理论与实践的促进能力，以及对艺术种类和形式的突破的影响，对艺术疑难问题的解决作用，对艺术领域未来社会发展趋势的积极促进作用等。

4. 具备社会影响力

艺术作品的社会影响力就是艺术作品问世之后，是否被社会认可及被社会受众接受的程度。社会接受程度高，至少说明该艺术作品被社会认可，符合社会主流价值观念，是有一定价值的。艺术作品不同于其他实物产品，艺术作品的差异性主要在于艺术理念、创意想法和表现形式。在被接受的基础上，对人类思想、情感、思维和心灵等有深远的影响的作品，价值更高。艺术作品属于社会的产物，其价值必须经过社会的检验。对社会影响越大，其价值性相对来说也越大。

5. 具备未来发展性

艺术作品的欣赏、评判与其他事物有所不同，在一定程度上具有滞后性。一些艺术作品特别是美术作品和音乐作品在当代社会中，或许不能被人们所接受，甚至被人们认为有损常理，但是随着社会的发展，人们的思想观念和思维方式发生了翻天覆地的变化后，这些之前不能被人们接受的作品却成为人们眼中的佳作，甚至开拓了艺术领域的新世界，起到了引领作用。因此，判断艺术创作作品的价值，要用发展的眼光，不能局限在某一时间和空间中，要看其未来发展性。有些作品在当下某段时间非常受市场欢迎，但是随着时间和市场的变化，逐渐被人们淡忘，这种艺术作品的价值也是不高的，只有长久地对人们产生影响的作品才能称得上是经典。未来发展性越大，潜力越大，价值可能就越大；未来发展性低，仅在一段时间内流行的艺术作品，价值肯定是不大的。

原创性、美感、学科影响力、社会影响力和未来发展性是衡量艺术作品价值的重要指标，艺术作品的质量和价值是这 5 个要素共同决定的，缺一不可。

二、艺术作品的传播渠道

艺术作品的传播渠道主要有 4 种：发表、参展、参赛和拍卖。

发表是指将艺术创作以一种作品的形式刊登在艺术杂志或者报纸上。音乐、舞蹈、美术和书法不同领域有不同的期刊、杂志、报纸，它们是艺术作品的重要传播渠道。

参展是指艺术作品按照展览会的要求参加艺术展览会，或者艺术创作者自己举办展览会，以供大众欣赏、学习和交流。艺术作品展是一个将艺术作品展现给社会的机会，也是一个将自己优缺点都暴露出来的挑战，更是一个促进艺术作品问世的契机。通过参展，让更多的人知道艺术作品，认可它们的价值，实现社会价值。大型的艺术作品展览会有：中国艺术博览会、中国书坛新人新作展、中国油画展、威尼斯国际艺术双年展、日本濑户内国际艺术节、马斯特里赫特欧洲艺术和古董博览会、米兰三年展等。

很多从事艺术的人，都会选择通过参赛让大众对他们的作品熟知而开始进入艺术殿堂，然后再凭着作品被大众喜爱而成为艺术家。比赛对于有才能的人来说，可谓是最为直接、最有效的平台。比赛不仅是艺术者崭露头角的途径，更是促使他们艺术作品真正形成、被社会认可的关键载体。大型的比赛有：全国美术作品展览暨中国美术奖创作奖获奖提名作品展览、全国大学生书画艺术大赛、美国亚历山大卢奇绘画奖、“声韵东方”国际交流大赛、全国大学生原创音乐大赛、“筑梦之星”原创音乐大赛、“桃李杯”舞蹈比赛、“荷花奖”校园舞蹈大赛等。

拍卖是特殊的商品交易方式，是在公开场合在买卖双方自愿基础上以一定金额的方式标记作品价值的方式，有利于艺术作品价值实现，也是实现艺术作品价值最为直接的方式。在拍卖会上，主持人将艺术作品公开展示在大众面前，观众在艺术作品所处时代、稀有程度、样品完整性、市场受欢迎程度、外形、色泽以及未来潜在价值等基础上，依据自身收藏兴趣和拍购目的来选择艺术作品。时代越久远、稀有程度越高、外形越完整、色泽越亮丽，艺术作品就越容易拍卖成功，成交金额越高。因此，艺术作品能否拍卖成功，以何种金额拍卖直接反映了艺术作品的价值。拍卖主要以英格兰拍卖、荷兰式拍卖、两者相结合三种方式进行，在拍卖行中举行，大型的拍卖行有德国纳高、英国大维德拍卖和中国保利等，也有小型拍卖会，一般在商场或者其他公共场所举行。

发表、展览、参赛以及拍卖是艺术作品形成的重要阶段。艺术作品形成不仅是艺术家作品的完成，还须经过社会检测，获得社会认可。画家家里的手绘稿、音乐家脑海里的旋律、作词人写的歌词初稿、舞者自编的舞式和书法家练字的手稿等，都是艺术创作过程中必须经历的过程。当艺术家们通过长时间的艺术创作，有了较为成熟的作品，再通过发表、展览、参赛和拍卖被社会认可后，艺术作品的形成才完成。

三、艺术作品形成能力训练

（一）艺术作品创作能力训练

1. 深入社会生活，收集分析素材

社会生活是一切创作的源泉。丰富的素材是进行创作的条件和基础。要培养学生艺术作品创作能力，一方面需要为学生深入社会生活收集素材提供条件和支撑，另一方面应鼓励学生自身深入生活、感悟生活。

【训练】

(1)举例说出你所知道的艺术类活动有哪些，并指出它们的不同点。

(2)结合自己专业和创新活动项目，将自身现有的艺术作品投寄到校内外各种

类型的活动中，积极参与该领域的交流学习，启发思路。

(3)以班级为单位，组织本班学生进行一次外出采风。采风过程中，感受大自然，收集艺术创作素材，进行一次艺术创作。

(4)旅游景区的景观一般来说分为自然景观和人文景观，两者都需要艺术创作者深入生活、收集素材、增加经验等，具有重要的意义和价值。请你谈谈深入两种景观之后对艺术创作的感悟。

2. 观察与基本功训练密切结合

艺术创作不仅仅是一个创作的过程，更是一个认真观察模仿的过程。创作初期可以观察并模仿大师有影响力的作品，这对后期进行艺术创作具有很深刻的影响。因此，想要培养艺术作品产生能力，就必须提高观察能力。提高和培养观察能力，有以下几种方法。

(1)小处着手法。通过观察日常生活的细微之处寻找创新的契机。要做“有心人”，善于发现问题。真正做到细致入微地观察，并做深入分析，找出问题的原因，且在观察分析基础上找到解决问题的方法。

(2)考察重复法。通过着重关注、考察自然界和人类社会中反复或重复出现的现象获得发明创新成果的方法。当然这个方法是建立在事情是客观重演的基础上。通过对重复出现的事情，如花开花落、四季轮回和潮起潮落等现象的观察，都可以找出它们隐含的潜在规律，这为认识事物本质和模仿创作奠定了基础。

(3)激发好奇心法。教学环境是学生学习效果的重要影响因素。激发好奇心，需创设民主和谐的教学环境，引导学生主动提问、质疑。在民主和谐的环境中，师生像朋友一样交流互动，这样才不会抑制学生的好奇心，才会对事物保持一颗探究的心。

(4)变换视角法。观察过程中，总会选择一个观察基点，在不同的观察基点下所观察的事物是不一样的，看到不同的事物形象，得到不同的认识。当习惯一个视角看问题时，可能会局限在一定的范围中，这时变换视角、变换思维方式才能发现新的信息，获得新的思路。

【案例】“8∶05”的发现

澳大利亚的菲利普岛上有一块石碑，碑上醒目地写着：“仙企鹅登陆时间为傍晚8∶05。”每到傍晚，来自世界各地的游客便云集海滩，抬手看表，静待奇观的出现。果然，8∶05刚到，一只体态魁梧的仙企鹅即分秒不差地向岸边遨游而来。这是仙企鹅群的“首领”。只见它上岸东张西望地“侦察”一番，判断无敌后，回头“嘎”一声令下，排成三路纵队的众企鹅随之鱼贯登陆，顷刻之间就有成千上万只仙企鹅直扑海滩，令人惊叹不已。

如此趣事，玩味良久，在赞叹岛民善于开发旅游资源之外，免不了心存疑虑：他们为何会准确地知道仙企鹅正好在傍晚8∶05登陆“表演”？据说其中奥妙至今尚无权威定论，但有一点是肯定无疑的：澳大利亚菲利普岛的居民之所以敢刻碑预报仙企鹅的登陆时间，显然是由于仙企鹅群多次在此时刻于此地重复登陆。他们基于细致的观察，从重复现象中找到了一种客观规律。

该案例主要运用考察重复法。生活中，要注意观察我们周围有没有不同寻常的现象，用细致入微的眼光去看待经常出现的事物，特别是关注自然界和人类社会中反复出现的现象，事物存在或者消逝都有时间性和空间性，在掌握大量的观察资料的基础上，对事物进行精心地研究，从而为获得发明创造奠定基础。考察重复，乃是创作创造的经典方式。

【训练】

(1)运用小处着手法，仔细观察你与周围人相处的日常活动，把所观察到的有趣的地方，与周围人分享。

(2)运用小处着手法，仔细观察你身边的各种事物，从而发现它们的现有功能有哪些，进一步思考它们是否还存在潜在功能。

(3)运用小处着手法，仔细观察学校校园的各个方面，如校园风景、制度文化和人文风情等，从中找出几个最有感触的地方。

(4)运用变换视角法，同你朋友进行一天的角色互换，以对方的身份、习惯和视角等进行生活。经历一天后，说出你以前没有注意到的地方。

(5)运用变换视角法，以月亮、除夕、油田、雪花和儿童这几个主题词为依据，设想不一样的场景。要求：①在主题词前加修饰词，构成不同场景；②每一主题至少设想 3 个不同的场景；③场景设想，可以通过多种形式，例如语言描述、图画创作、音乐编曲和舞蹈编舞等展示。

(6)利用手机或者其他电子设备，每隔一周将你艺术创作的过程做成录像。每一次录像结束，认真观看自己的创作过程，反复对比每次录像的差异。从这个过程中，找出自己的缺点并改正，找出自己的优点并发扬。

3. 提高想象力、审美力和艺术灵敏力

艺术创作除了需要认真观察，大量收集素材，做充足的准备工作以外，还需要一定的想象力、审美力和艺术灵敏力，这是进行艺术创作必备的精神品质。首先，扩大知识面，提高专业水平。知识储备的多少是想象力、审美力和艺术灵敏力的基础。其次，关注专业前沿，学习大师作品。专业前沿和大师作品一般都代表着当今时代艺术的发展方向和趋势，对进行艺术创作具有最直接的影响。经常研读各种艺术期刊，拓宽自己的艺术知识面。关注艺术领域的公众号，定期选择一些有意义有价值的资料进行集体分享学习。最后，加强逻辑和非逻辑思维训练。想象力、审美力和艺术灵敏力都是建立在判断、推理、形象思维、发散思维和变通思维等一定的逻辑思维和非逻辑思维之上的。逻辑思维有利于发现问题、直接

创新、筛选设想、评价成果、推广应用和总结提高，从而达到对具体对象本质规定的把握。而非逻辑思维由于不受逻辑规则的限制，往往具有较大的创造性，能够别开生面，另辟蹊径，跳出原有思维框架局限性，取得一些意想不到的效果。两者相结合，一方面有利于理性分析艺术领域的问题和发展趋势，提高审美力和艺术灵敏力；另一方面有助于突破艺术的原框架，提高想象力和创新力。

【训练】

(1)以班级、小组或寝室为单位，进行常识类艺术专业知识竞赛活动，拓宽知识面。

(2)选择若干本历史书籍阅读，谈谈对你进行艺术创作的影响。

(3)按照学号将全班学生分成若干学习小组。每组定期组织学习本专业的大师作品，然后选出代表与全班同学分享，其他同学要积极参与点评。

(4)以“孩童”为主题进行小说创作，完成之后以班为单位组织学生轮流发言，相互分享并相互点评。

(5)《自杀的高卢人》和《蒙娜丽莎的微笑》都是非常著名的、有价值的艺术作品。分析这两件作品，探析作品潜在的内涵和独特的艺术价值。

(6)结合自身专业和兴趣领域，阐述近些年国内外的艺术潮流并预测其未来发展趋势。

(二)艺术作品传播渠道运用训练

1. 艺术作品发表训练

艺术作品发表与研究论文发表几乎没有太大差异，都是按照自我评估、选择合适期刊、跟编辑部沟通交流及修改作品等流程来进行的。想要将艺术作品尽快在符合自己期望的期刊杂志上发表出来，必须知道在自己专业领域有哪些高水平、高质量的期刊，这些期刊投稿的流程与规范，同一类型的不同期刊有什么不同，如何选择符合自己作品的期刊等。这些具体的发表规范在研究论文部分已详细说明，这里不作过多介绍。

【训练】

(1)在中国知网上，查找音乐、美术、舞蹈及书法领域各有哪些核心期刊。每一领域至少举出 3 本期刊，同时说明这些期刊有哪些区别。

(2)结合自己专业和创新活动项目，进行艺术作品创作。将成熟的艺术作品投寄到合适的期刊、杂志。

(3)选择艺术作品领域的三种期刊，比较它们在投稿、收稿和审稿方面有何区别。

(4)根据自身情况，制作一份简历投寄到与自己所学领域相近的杂志社，以争取到短期内进行实习的机会。实习期间，掌握研究论文收录、审稿、校对和出刊的全部流程。

2. 艺术作品展览训练

艺术作品展览是为了展示产品和技术、拓展渠道、促进销售、传播品牌而进行的一种宣传活动，也是艺术作品取得社会认可的重要途径之一。展览分为两种情况，一种是将自己与他人的艺术作品一起放在展览会上进行展示，另一种是单独将自己作品放在展览会上展示。

艺术作品参加集体展览会流程如下：选择好参加某个展览会后，与展览会主办单位取得联系，了解相关的报展信息，如展会介绍资料、参展申请表格、参展费用情况、有关服务、展馆展位图、参展人员等。填好参展表格，返回给大会主办者，等待审核通过。

自己举办展览会，相对来说这样的展览会规模相对较小，难度较大。在该过程中，需要考虑到展览场地、流程、环境和受众等因素，这些因素直接影响个人艺术作品展览会能否成功举办。

【训练】

(1)列举过去三年国内外有重大影响的艺术作品展览会。

(2)通过查阅相关资料，说出中国艺术博览会、新人新作展、日本濑户内国际艺术节、马斯特里赫特欧洲艺术和米兰三年展分别属于哪些领域，分别展览过哪些有名气的艺术作品?

(3)通过查找相关资料，说出中国油画展和威尼斯国际艺术双年展的展览流程和规则。

(4)以班级为单位划分小组，由学生和老师共同确定一个艺术主题，将创作出来的艺术作品进行评比，并在校园内进行展出。

(5)假如校外某单位与学校合作，近期打算将学生艺术作品在市某会展中心展出或某剧场演出，请为其撰写一个策划案。

3. 艺术作品参赛训练

参赛对于艺术人才和艺术作品来说，是最为直接、非常重要的展示。比赛不仅是艺术者崭露头角的途径，更是艺术作品真正形成、取得社会认可的重要方式。通过参加比赛，一方面可以证明自己及其作品，并使之被大众认知认可；另一方面可以从比赛中找出自己及其作品的不足进行改正，从而增加被社会接受的可能性。

在参加比赛过程中，需要注意以下几点：第一，充分了解比赛的基本信息，如举办方、级别、观众、评委和规则。具体来说，举办方是有经济实力的企业、各级政府，或高等院校；比赛级别是国际级、国家级、省级、市级或其他级别；观众主要集中在哪一年龄段，属于哪种群体；比赛规则是否合理、公正；等等。掌握这些基本信息，对是否决定参加比赛非常重要。第二，参加比赛要求参赛者独立创作，在比赛中不仅比艺术水平、创新精神，而且比心理素质，比临场发挥，很多情况下会要求参赛者根据比赛确定的主题和规则在特定条件、时间内进行创作，约束性较强。第三，在对以上两点充分了解和自我评估的基础上，最终决定是否参赛。

【训练】

(1)在美国亚历山大卢奇绘画奖、“声韵东方”国际交流大赛和中国“桃李杯”舞蹈比赛中，呈现过哪些著名的作品？这些作品为何能够被社会认可？

(2)分别说出“筑梦之星”原创音乐大赛和“桃李杯”舞蹈比赛的举办方、性质、观众、规则。

(3)“白石杯”中国青少年书画大赛、美国亚历山大卢奇绘画奖、“声韵东方”国际交流大赛，这三个比赛都是艺术领域比较知名的比赛。查找资料后，说明三者在比赛规则方面的相同点和不同点。

(4)为学校今年的艺术创作大赛写一个策划案，详细标注比赛时间、地点、规则、评委、流程和奖励等。

(5)以班级为单位划分小组，由老师和学生确定一个艺术主题，规定时间进行创作。将创作出来的艺术作品放在学校宣传网站上，供学校师生投票，确定票数最高的前三名作品，给予奖励。

(6)结合自己专业和创新活动项目，准备一件具有创意的艺术作品，选择合适的比赛时机参赛。

(7)以“蝉鸣”为主题，结合自身的专业，在三天内在小说、绘画、音乐、舞蹈四种形式中任选一种创作艺术作品。

4. 艺术作品拍卖训练

在拍卖过程中，应格外注意艺术作品的包装与宣传。现代社会中，艺术作品呈现给社会大众的第一印象就是艺术作品的外在形式。对于艺术作品而言，有的作品的潜在内涵普通大众根本无法体会到；有的作品个人色彩和情感很浓厚，甚至与社会主流趋势相差很远，这时想要在拍卖会上获得大众的青睐是非常困难的。针对这类问题，艺术作品的包装与宣传显得非常重要。对艺术作品进行包装宣传的过程，其实就是一个自我阐释、自我说明的过程，一个让更多人认识自己作品的过程，更是一个拉近与观众关系的过程，是一个艺术作品落地生活的过程。

对于如何包装宣传，不同艺术作品方式是不一样的，主流方式是运用网络精心设计并宣传，找权威人士给予评价，深入民间大众找反馈，用文字图片给予支撑，增强外在形式的设计感，等等。当然，切不可过度包装与宣传，艺术作品一旦出现在大众视野中，特别是在网络发达的时代，艺术作品的受众有可能就是成千上亿的网民。过度包装与宣传得不偿失。

【训练】

(1)近三年在国内外成功举办的大型艺术作品拍卖会有哪些？小型拍卖会有哪些？

(2)假设你创作出一组以“熊猫与自然”为主题的画作后，打算参与拍卖会。你打算如何对作品进行包装与宣传？

(3)根据自身情况，制作一份简历投寄到与自身专业领域相近的大型拍卖行，争取短期内实习的机会。实习期间，掌握各种类型拍卖会的规范流程。

(4)结合自己专业和创新活动项目，准备一件成熟的艺术作品，选择参加适合自己作品的拍卖会。